城镇道路工程施工与质量验收规范

实施手册

编著　颜安平　孙文友
　　　钟永兵　陶勤俭
主审　史官云

中国建筑工业出版社

图书在版编目（CIP）数据

城镇道路工程施工与质量验收规范实施手册/颜安平等编著. —北京：中国建筑工业出版社，2009
ISBN 978-7-112-11514-3

Ⅰ. 城…　Ⅱ. 颜…　Ⅲ. ①城市道路—道路施工—建筑规范—手册②城市道路—道路工程—工程验收—建筑规范—手册　Ⅳ. U415-65

中国版本图书馆 CIP 数据核字（2009）第 192972 号

城镇道路工程施工与质量验收规范
实 施 手 册

编著　颜安平　孙文友
　　　钟永兵　陶勤俭
主审　史官云

*

中国建筑工业出版社出版、发行（北京西郊百万庄）
各地新华书店、建筑书店经销
北京千辰公司制版
北京市书林印刷有限公司印刷

*

开本：850×1168 毫米　1/32　印张：11¼　字数：324 千字
2010 年 1 月第一版　　2010 年 1 月第一次印刷
定价：**39.00** 元
ISBN 978-7-112-11514-3
（18767）

本手册针对国家住房和城乡建设部发布的《城镇道路工程施工和质量验收规范》CJJ 1—2008，提供了实施该规范所急需的道路工程建设施工从原材料（产品）进场到工程竣工验收全过程工程质量控制的检查用表共128份，其中包括完整的检查、检测、控制、验收操作用表。并列举了操作用表的填写范例，为市政工程技术人员熟悉表式填写提供了示范的作用。可供城镇道路建设施工企业直接应用，也可供建设业主、监理、质监和城建档案管理部门工作参考。

*　　　*　　　*

责任编辑：田启铭　王春能
责任设计：赵明霞
责任校对：陈　波　王雪竹

前　言

由国家住房和城乡建设部批准发布的《城镇道路工程施工与质量验收规范》CJJ 1—2008（以下简称新道路规范）于2008年9月1日开始实施，原建设部行业标准《市政道路工程质量验收评定标准》CJJ 1—90同时废止。新道路规范出台后没有规定相应的施工与质量控制过程质量检查、检测和验收的相应操作用表。新道路规范实施以来，各施工企业和市政工程建设质量监督机构普遍反映目前工程施工技术资料相当混乱，这样在实际工作中就很难评定城镇道路工程的施工质量和进行工程竣工验收。为此，我们在充分调研的基础上，组织了市政工程质量监督、施工、监理和城建档案管理等单位的专业技术人员，编著了这本《城镇道路工程施工与质量验收规范实施手册》。

本手册提供了实施新道路规范所急需的道路工程建设施工从原材料（产品）进场到工程竣工验收全过程工程质量控制的检查用表共128份，覆盖了新道路规范中12个分项工程检验批主控项目和一般项目的全部检查内容，构成了实施新道路规范完整的检查、检测、控制、验收操作用表。本手册还列举了操作用表的填写范例，为市政工程技术人员熟悉表式填写提供了示范的作用。

本手册内容全面、实用，具有很强的可操作性，可供城镇道路建设施工企业直接应用，也可供建设业主、监理、质监和城建档案管理部门工作参考。本手册在编著过程中，得到了浙江省市政行业协会和温岭市环球市政工程有限公司的关心和支持；吸取了杭州、宁波、温州、绍兴、金华、台州等地市政工程施工企业、工程监理单位、质量监督机构、档案管理部门专业技术人员的意见；参考了交通运输部公路工程相关规范，在此一并深表谢意。

本手册由颜安平、孙文友、钟永兵、陶勤俭编著，史官云主审，参加审稿的还有沈麟祥、宋必红、徐为民、崔海兴、朱汶迁、周松国、周朝阳、唐东欣、钱宏春、刘相玉、陈艳蓉、赵翔、魏红。

由于作者水平有限，本实施手册难免存在缺陷和疏漏，恳请市政行业专家、同行和读者批评、指正、赐教。

史官云

2009-6-2

目　　录

1 工程质量概述

1.1 工程质量概述

1.1.1 质量的概念和意义

国际标准化组织（ISO）通过其质量保证技术委员会（ISO/TC 176）于1986年6月15日发布ISO 8402《质量术语》标准，对“质量”这一词汇下了如下定义：质量——反映产品或服务满足明确或隐含需要能力的特征和特性的总和。国际著名质量管理专家朱兰博士曾多次提到：20世纪是生产的世纪，21世纪是质量的世纪。世界各国国力的竞争在很大程度上是国家经济实力的竞争，而经济实力的竞争在很大程度上是市场产品的质量竞争。产品的质量就是产品自有的属性，它是通过某种形式首先是使用价值来体现、来满足产品拥有者的需要。它的使用价值一般包含了产品的性能、安全性、可靠性、寿命和经济性。近年来，由于世界环境的恶化和能源无节制的消耗，国际上质量管理方面的专家又对产品的质量提出了环保和节能的要求，也就是说优质的产品除了满足顾客（接受产品的用户可能是一个组织也可能是一个自然人）的要求外，还要满足社会对产品的质量要求，主要表现在产品的安全性、环保性和节能性三个方面。由于顾客的要求往往因人而异、因时而异、因地而异，因此产品质量的标准和服务的水准也往往各有不同，还要受供需双方合法签具的有效合同条款的约束。质量必须以顾客的要求为源，以顾客的满意为终。质量有广义和狭义之分，产品质量从广义上讲，它包含了产品实体的品质和产品生产前、生产中、生产后的工作人员的工作质量和服务质量。所谓广义是指围绕产品研发、制造、销售、售后服务等一系列的工作质量、服务质量和产品实体的“符合性”质量；

而狭义的产品质量往往仅指产品实体的“适用性质量”，是指产品的可使用性，即它的安全、可靠、实用、经济等几方面性能的优劣程度。

质量是社会有效财富的重要标志。从人们的衣、食、住、行到国家安全的有效防卫、社会环境的和谐和社会经济的可持续发展，国家和社会成员家庭及个人的富裕程度都和他（他们）所拥有的财富的质量有关。毫无质量可言的财富等于是零。如果“财富”性能低劣、不可靠、不安全、不经济，人们就会鄙弃它，它就会失去了任何使用的价值，也就不再成为财富。所以，可以这样说，有质量的物质（产品）就是财富，无质量的物质（产品）就是垃圾。

质量是反映国家综合实力的重要内容。一个国家的综合实力除了体现在政治上外，就是体现在物质上，而且归根到底，还是物质为第一性。纵观 21 世纪世界，各国都提出了富民强国的发展目标。如果一个国家的产品质量一直处于劣势，那么它在国际大家庭中就失去话语权，在强势霸国面前，很难说出一个“不”字，很难“和平共处”。改革开放以来，我国经济形势发展良好，产品质量不断提高、经济实力不断增长，国外列强不得不和我国“握手言和”，在国际重大问题决策上不得不邀请我国参与。由此可见，质量已是国家综合国力提升的重要内容。

质量是企业生存发展的重要根基。质量是企业的生命，一个企业或者社会其他组织只有在保证产品质量、工作质量和服务质量的前提下，才能创造出较好的经济效益和社会效益，所谓“今天的质量就是明天的市场”，“今天不好好工作，明天就会失去工作”，都是这个道理。在市场经济发展到了今天这样如此激烈的竞争阶段，有很多企业因产品质量的因素而倒闭。企业只有在获得较好的效益时，才能得以生存和发展；企业只有产品质量获得顾客的满意，才能树立良好的社会形象，建立“最使顾客满意”的社会信誉，企业才有强有力的生命和可持续发展的动力。

1.1.2 建设工程质量的概念和意义

建设工程一般是指土木工程、房屋建筑、设备安装和管线敷设等工程，按照专业可以划分为：土木工程建设业；线路、管道和设备安装业；建筑装饰装修业。按功能、用途划分，可以分为工业建设项目、民用建设项目、城镇基础设施项目等。工程建设就是将资源（资金和实物）转化为可以开展社会、政治、经济活动的场所和设施的一种经济活动，它对国民经济的发展和人们开展社会活动和改善生活品质起着核心和依赖的作用。工程建设过程是一种或多种资源发生转化，形成新的一种或多种资源的过程，它具有自有的特点和规律。

建设工程质量概念有狭义和广义之分。从狭义上讲，建设工程质量仅指工程实体的质量。工程实体质量的优劣是工程建设决策、计划、规划、勘察、设计、施工、监理、质监和部件供应商各单位各环节合作形成产品质量综合反映，也可以说建设而成的工程在国家法律法规、标准规范和合同条款约束下，符合为顾客（建设业主或投资方）一定需要而规定的技术条件的物质性能，主要是满足安全、适用、可靠、美观、经济、环保和节能的性能。从广义上讲，建设工程质量除了工程实体质量外，还包括了建设参与者的工作质量和服务质量。它反映在建设参与者的服务是否及时、主动、诚恳、守信和合理；工作水准是否先进、合法、标准和高效。工程质量的“符合性”，直接关系到国民经济又好又快地发展和人民生命财产的安全。目前，国内外专家都趋向从广义上来理解和要求建设工程质量，因此，加强工程质量管理是一个十分重要的现实问题和一项重要的工作内容。建设工程的质量管理着重于参与工程建设活动的各方主体所建立的质量方针、质量管理、质量体系、质量控制和质量保证五方面内容的有机组合和协调实施。所谓质量方针就是指该社会组织（目前来讲，存在着多种经济组合形式）最高管理者发布经某种授权形式确定的该组织总的质量宗旨和质量目标；质量管理就是为实现质量方针所制订和实施的全部职责、权利和义务；质量体系就是为实现质量管理所具备的该组织网络、程序、过程和资源；质量控制就是为达到质量目标而实施的管理措施和技术措施及相应的活动，例如开展全面质量管理活动（TQM）；质量保证实际上是对某一产品或者服务为满足规定的质量水准而提供的有效且必需的精神和物质上的一系列带有强制性的活动。

我国政府十分重视建设工程的质量，人大、国务院、住房和城乡建设部相继出台了《建筑法》、《建设工程质量管理条例》、《国务院办公厅关于加强基础设施工程质量管理的通知》、《建设工程质量管理办法》等一系列法律法规。建立和落实、强化了工程质量行政领导人责任制、项目法人责任制、参建单位工程质量领导人责任制、工程质量终身负责制。建设工程的质量不仅关系到建设投资的效益正常发挥，而且还涉及到国家社会环境的保护和人民生命财产的安全，同时也关系到一个企业、一个区域、一个国家和民族的形象和声誉。我国对工程质量的管理采取政府强制监督和企业责任制并举的方式实施。国家通过人大立法，政府制定相关法律、法规、规章制度和办法对工程建设所涉及的各责任方主体进行质量管理上的约束：该做什么？不该做什么？做好了怎么办？做坏了怎么办？对这类质量管理上的问题都以法规的形式作出了规定。同时，国家还通过授权县级以上地方政府的工程质量监督机构和具有相应资质的社会第三方工程质量监理、工程质量检验、监测单位对工程建设过程中的质量管理行为和工程实体质量进行管理和检测。各级政府部门还结合具体工程建设状况组织相关人员对本地区、本部门的建设工程进行质量检查和质量评估，并积极利用政府的新闻发布会和社会媒体的影响力，将社会关注的特定工程质量告诉于民，给民以知情权。参与工程建设的各方主体对工程质量都负有各自的相应自我约束责任。

建设单位（项目业主或项目投资方）必须按照国家批准的建设文件，通过公开招标的形式选择优秀的具有相应资格的勘察、设计、施工、监理单位和产品供应商，同时接受政府授权的工程质量监督机构的监督，做好施工许可和质量监督等各类报建工作。建设单位不得以任何理由或通过贿赂形式，强制或诱导设计、施工等单位或人员违背工程建设法规和降低工程质量、安全标准，以及擅自变更工程建设用途或提高工程建设标准。在整个工程建设过程中，建设单位始终处于组织领导地位，它有权对工程质量进行检查和监督，并负有相应的工程建设的质量责任。

工程勘察、设计单位在工程建设过程中，对于工程质量控制和管理承担了重要的责任。勘察是设计的依据，设计是施工的依据。勘察、设计单位在承担工程建设勘察、设计任务时，必须按照本单位的勘察、设计资质和业务能力进行建设工程勘察、设计。同时，必须按照国家现行的工程建设法规、标准、规范、规定和合同约定独立开展勘察、设计工作。不能因建设单位无理由要求随意地变更设计规划条件和设计标准，尤其是涉及到有关安全、抗震、消防、卫生、环保、节能等方面强制性条文的规定。勘察、设计单位必须对本单位编制的勘察、设计文件的质量负责。因勘察不实、设计不当而造成建设工程的质量缺陷和事故，勘察、设计单位应承担相应的行政或法律责任。

工程建设监理单位虽受建设单位委托对工程建设实施过程中施工单位的质量行为进行检查、监督、判决，但它必须依据国家工程建设的法律、法规、标准、规定和合同的约定内容开展活动。在工程建设监理活动中，总监理工程师、监理工程师和一般监理人员，应具有相应任职资格及按照本人所具有的资格进行监理业务活动。不得违规转让监理业务、出借资质证书、接受建设单位和施工单位的贿赂或诱导，不严格履行监理职责。在工程建设监理过程中，不得损害国家、社会、建设单位、施工单位和其他社会组织及公民合法权益。因建设监理单位或其人员的错误行为造成建设工程质量缺陷和事故，应承担相应的行政处罚，甚至法律责任。

工程建设的施工单位对工程质量负有直接的责任。根据《建筑法》和《建设工程质量管理条例》的规定，施工单位必须在其资质等级许可的范围内参加相应的工程建设招投标活动，中标后承接相应的工程建设施工任务，并与建设单位签订符合规范的施工发包承包合同。严格按照勘察、设计文件提供的施工图和国家、行业颁发的技术标准和规范进行精心施工。施工单位必须对本单位施工的建设工程质量负责；必须认真履行合同约定的条款；必须接受政府及工程建设质量监督机构、监理单位、建设单位对工程质量的检查和监督。施工单位是工程建设的具体实施者，是使建设单位的投资形成效益，是建设产品最终形成其功能和价值的关键操作者，因此，施工单位的产品质量管理和控制及其作业人员的工作质量和服务水准对工程建设成功与否及产品质量优劣起到决定性的作用。上述作用的体现主要表现在其施工准备阶段的工作质量；施工阶段的质量控制；竣工验收后保修阶段的服务质量。施工单位及其人员因作出违反国家工程建设质量管理行为均会受到行政和法律的处罚。工程建设质量缺陷引起的人身和财产损害，因施工单位责任所造成的，施工单位还必须按相关规定或司法判决，给予受害人赔偿。

1.1.3　道路工程质量概念和意义

城市道路工程是城市市政基础设施的重要组成部分，是工程建设中一项重要的内容。城市基础设施是城市经济发展的重要基础，是城市环境的重要组成，也是城市居民生活的重要载体。市政工程项目是一种特殊的产品，不管它的投资者、建设者、使用者是谁，它的工程质量好坏事关社会的公众利益和社会经济活动的安全发展。市政工程量大面广，它包含了道路、桥梁、广场、城雕、隧道、公共交通、排水、供水、供气、供热、园林、环卫、污水处理、垃圾处置、防灾、民防、地下公共设施及其附属的土建及管道和设备安装工程。这些工程的建设牵连着社会活动的各个方面。要充分保持它社会服务性的功能和安全，那么首要的、关键的就是要确保市政工程的规划、设计、施工质量以及交付使用后的养护维修质量。

道路按其使用功能来划分，应该有公路、城镇道路、厂区道路、观光游览道路和乡村道路之别。其功能的不同，设计的标准和使用的要求也各不相同。城镇道路是指在城镇规划区域内，供车辆及行人交通所需具有相应的技术条件和附属设施的道路，它又有快速路、主干路、次干路、支路四大类之分。城镇道路是某一区域社会政治、经济、文化活动集中地——城镇的主要基础设施，是这一区域范围内人流、物流的交通路线，主要作用在于安全、迅速、舒适地通行行人和车辆，为城镇经济产业发展和居民生活出行、购物等需要服务；同时也是布置城镇公共事业所需的地上地下管线敷设、园林绿化、沿街建筑规划和街坊社区划分的基础；为城镇公共设施、城市家具布设提供有效的空间；同时，城镇道路还担负着为防空、防火、防地震等灾害发生时提供避难场所；也为城镇建筑物提供采光、通风等自然环境。

道路工程结构主要为路基、基层、路面及附属设施。城镇道路主要由车行道、人行道、平侧石及附属设施四个部分组成。车行道是道路的行车部分，主要供各种车辆行驶，分机动车道和非机动车道。车道的宽度取决于通车车辆的多少及车速而定，一般每条机动车道宽度在3.5～3.75m之间，每条非机动车道宽度在2～2.5m之间。一条道路的车行道可由一条或数条机动车道和数条非机动车道组成。人行道是供行人步行交通所用，人行道的宽度取决于行人交通的数量，人行道每条步行宽度在0.75～1m左右，由数条步行带组成，一般宽度在4～5m，但在车站、剧场、医院、学校、商业网点等行人集散地段的人行道，应考虑行人滞留、自行车停放等因素，适当加宽。为了保证行人交通的安全，人行道与车行道应有所分隔，一般高出车行道15～17cm。平侧石处于车行道和人行道的分界位置，它也是车行道路面排水设施的一个组成部分，同时又起到保护道路路面层结构边缘部分的作用。侧石与平石共同构成路面排水边沟，侧石与平石的线形确定了车行道的线形，平石的平面宽度属车行道宽度范围。平侧石一般由混凝土或石料加工而成。附属设施有给排水设施、交通隔离设施、沿路杆线和电力通信等地下管线、沿路绿化、交通标志、安全监控和城市家具等设施。

城镇道路工程是城镇交通的命脉，其道路工程建设质量的好坏直接影响这个城镇的经济发展、城镇形象和居民安居乐业。改革开放三十年来，在大力发展经济，加快城市化建设进程中，全国各地建设了大量的市政基础设施，俗话说：“若要富，先造路”，所以城镇道路建设成为各地经济发展、招商引资、提升品位、改善环境、创建和谐社会的重大举措，城镇道路建设工程往往列为政府的重点工程、民心工程、实事工程，且取得了很大的成效。但是，我们不能否认，这三十年来，在道路工程建设中也出现了不少基础不稳、路基坍塌、路面开裂、路面起伏、桥台跳车、排水不畅、窨井下沉等质量不良的病害，个别工程被群众称之为“豆腐渣工程”、“烂泥工程”、“害民工程”、“腐败工程”。

“百年大计，质量第一”是工程建设的一项带有根本性的宗旨。国家住房和城乡建设部针对目前我国城镇道路工程建设状况，已于 2008 年 4 月 2 日正式发布了新一版的国家行业标准《城镇道路工程施工与质量验收规范》CJJ 1—2008，并已于 2008 年 9 月 1 日开始实施。该规范较之原《市政道路工程质量检验评定标准》CJJ 1—90 在内容上有较大的扩充，在技术要求上有较大的提高，并且列出了质量检验标准中的主控项目和一般项目，同时提出了必须严格执行的强制性条文。我们应该以此为契机，严格按照城镇道路施工工程质量检验评定标准和施工质量验收标准进行城镇道路的建设，强化各个检验批，各个环节的质量管理，以工程质量控制为核心，同时和安全控制、投资控制、进度控制进行有机结合，把我国的城镇道路工程建设质量提高到新的高度。

1.2 城镇道路工程质量评价准则

1.2.1 城镇道路工程质量验收分类的划分：

（一）城镇道路工程质量验收应划分为单位（子单位）工程、分部（子分部）工程、分项工程和检验批。

（二）单位工程的划分应按下列原则确定：

1. 建设单位招标文件确定的每一个独立合同应为一个单位工程。

2. 当合同文件包含的工程内涵较多，或工程规模较大或由若干独立设计组成时，宜按工程部位或工程量、每一独立设计将单位工程分成若干子单位工程。

（三）分部工程的划分应按下列原则确定：

1. 单位（子单位）工程应按工程的结构部位或特点、功能、工程量划分分部工程。

2. 分部工程的规模较大或工程复杂时宜按材料种类、工艺特点、施工工法等，将分部工程划为若干子分部工程。

（四）分部（子分部）工程可由一个或若干个分项工程组成，应按主要工种、材料、施工工艺等划分分项工程。

（五）分项工程可由一个或若干检验批组成。检验批应根据施工、质量控制和专业验收需要划定（各地区应根据城镇道路建设实际需要，划定适应的检验批）。

1.2.2 城镇道路工程质量验收与评价：

（一）施工中应按下列规定进行施工质量控制，并应进行过程检验、验收：

1. 工程采用的主要材料、半成品、成品、构配件、器具和设备应按相关专业质量标准进行进场检验和使用前复验。现场验收和复验结果应经监理工程师检查认可。凡涉及结构安全和使用功能的，监理工程师应按规定进行见证取样检测，并确认合格。

2. 各分项工程应按 CJJ 1—2008 规范进行质量控制，各分项工程完成后应进行自检、交接检验，并形成文件，经监理工程师检查签认后，方可进行下个分项工程施工。

（二）工程施工质量应按下列要求进行验收：

1. 工程施工质量应符合 CJJ 1—2008 规范和相关专业验收规范的规定。

2. 工程施工应符合工程勘察、设计文件的要求。

3. 参加工程施工质量验收的各方人员应具备规定的资格。

4. 工程质量的验收均应在施工单位自行检查评定合格的基础上进行。

5. 隐蔽工程在隐蔽前，应由施工单位通知监理工程师和相关单位人员进行隐蔽验收，确认合格，并形成隐蔽验收文件。

6. 监理工程师应按规定对涉及结构安全的试块、试件和现场检测项目，进行见证取样检测并确认合格。

7. 检验批的质量应按主控项目和一般项目进行验收。

8. 对涉及结构安全和使用功能的分部工程应进行抽样检测。

9. 承担复验或检测的单位应为具有相应资质的独立第三方。

10. 工程的外观质量应由验收人员通过现场检查共同确认。

（三）隐蔽工程应由专业监理工程师负责验收。检验批及分项工程应由专业监理工程师组织施工单位项目专业质量（技术）负责人等进行验收。关键分项工程及重要部位应由建设单位项目负责人组织总监理工程师、施工单位项目负责人和技术质量负责人、设计单位专业设计人员等进行验收。分部工程应由总监理工程师组织施工单位项目负责人和技术质量负责人等进行验收。

（四）检验批合格质量应符合下列规定：

1. 主控项目的质量应经抽样检验合格。

2. 一般项目的质量应经抽样检验合格；当采用计数检验时，除有专门要求外，一般项目的合格点率应达到80%及以上，且不合格点的最大偏差值不得大于规定允许偏差值的1.5倍。

3. 具有完整的施工原始资料和质量检查记录。

（五）分项工程质量验收合格应符合下列规定：

1. 分项工程所含检验批均应符合合格质量的规定。

2. 分项工程所含检验批的质量验收记录应完整。

（六）分部工程质量验收合格应符合下列规定：

1. 分部工程所含分项工程的质量均应验收合格。

2. 质量控制资料应完整。

3. 涉及结构安全和使用功能的质量应按规定验收合格。

4. 外观质量验收应符合要求。

（七）单位工程质量验收合格应符合下列规定：

1. 单位工程所含分部工程的质量均应验收合格。

2. 质量控制资料应完整。

3. 单位工程所含分部工程验收资料应完整。

4. 影响道路安全使用和周围环境的参数指标应符合设计规定。

5. 外观质量验收应符合要求。

（八）单位工程验收应符合下列要求：

1. 施工单位应在自检合格基础上将竣工资料与自检结果，报监理工程师申请验收。

2. 监理工程师应约请相关人员审核竣工资料进行预检，并据结果写出评估报告，报建设单位。

3. 建设单位项目负责人应根据监理工程师的评估报告组织建设单位项目技术质量负责人、有关专业设计人员、总监理工程师和专业监理工程师、施工单位项目负责人参加工程验收。该工程的设施运行管理单位应派员参加工程验收。

（九）工程竣工验收，应由建设单位组织验收组进行。验收组应由建设、勘察、设计、施工、监理、设施管理等单位的有关负责人组成，亦可邀请有关方面专家参加。验收组组长由建设单位担任。

工程竣工验收应在构成道路的各分项工程、分部工程、单位工程质量验收均合格后进行。当设计规定进行道路弯沉试验、荷载试验时，验收必须在试验完成后进行。道路工程竣工资料应于竣工验收前完成。

（十）工程竣工验收应符合下列规定：

1. 质量控制资料应符合 CJJ 1—2008 规范相关的规定。

检查数量：查全部工程。

检查方法：查质量验收、隐蔽验收、试验检验资料。

2. 安全和主要使用功能应符合设计要求。

检查数量：查全部工程。

检查方法：查相关检测记录，并抽检。

3. 观感质量检验应符合 CJJ 1—2008 规范要求。

检查数量：全部。

检查方法：目测并抽检。

（十一）竣工验收时，应对各单位工程的实体质量进行检查。

（十二）当参加验收各方对工程质量验收意见不一致时，应由政府行业行政主管部门或工程质量监督机构协调解决。

（十三）工程竣工验收合格后，建设单位应按规定将工程竣工验收报告和有关文件，报政府行政主管部门备案。

1.3 《城镇道路工程施工与质量验收规范》CJJ 1—2008 主控项目

1.3.1 主控项目的术语：

城镇道路工程中主控项目是指：城镇道路工程中的对质量、安全、卫生、环境保护和公众利益起决定性作用的检验项目。

1.3.2 路基工程的主控项目：

路基工程主控项目列表 **表 1-1**

分部工程名称	分项工程名称	检验批主控项目
路基	土方路基（挖方）	压实度
		弯沉值（mm/100）
	土方路基（填方）	压实度
		弯沉值（mm/100）
	石方路基（路堑）	边坡
	石方路基（填石）	压实密度（或沉降差）
		弯沉值（mm/100）
	路肩	肩线
		压实度
	路基处理（换填土）	压实度
		弯沉
	路基处理（砂垫层）	材料要求
		压实度

续表

分部工程名称	分项工程名称	检验批主控项目
路基	路基处理（反压护道）	压实度
	路基处理（土工材料）	土工材料
		材料铺设方法
	路基处理（袋装砂井）	规格、质量
		下沉
		井深
	路基处理（塑料排水板）	规格质量
		下沉
		板深
	路基处理（砂桩）	砂桩材料
		复合地基承载力
		桩长
	路基处理（碎石桩）	材料
		复合地基承载力
		桩长
	路基处理（粉喷桩或水泥搅拌桩）	材料
		桩长
		桩身均匀性
		复合地基承载力

1.3.3 基层工程的主控项目：

基层工程主控项目列表 **表 1-2**

分部工程名称	分项工程名称	检验批主控项目
基层	（石灰稳定土）基层	材料
		压实度
		无侧限抗压强度
		弯沉值（mm/100）

续表

分部工程名称	分项工程名称	检验批主控项目
基层	【石灰、粉煤灰砂砾（碎石）】基层	材料
		压实度
		无侧限抗压强度
		弯沉值（mm/100）
	（石灰、粉煤灰钢渣）基层	材料
		压实度
		无侧限抗压强度
		弯沉值（mm/100）
	（水泥稳定土类）基层	材料
		压实度
		无侧限抗压强度
		弯沉值（mm/100）
	（级配砂砾、砾石）基层	材料
		压实度
		弯沉值
	（级配碎石、碎砾石）基层	材料
		压实度
		弯沉值
	（沥青碎石）基层	材料
		压实度
		弯沉值
	（沥青贯入式）基层	材料
		压实度
		弯沉值

1.3.4 面层工程主控项目：

面层工程主控项目列表　　表 1-3

分部工程名称	分项工程名称	检验批主控项目
面层	（粘层）面层	材料要求
	（透层）面层	材料要求
	（封层）面层	材料要求
		沥青用量
	（热拌沥青混合料）面层	原材料、混合料
		压实度
		面层厚度
		弯沉值
	（冷拌沥青混合料）面层	材料要求
		压实度
		面层厚度
	（沥青贯入式）面层	材料要求
		压实度
		弯沉值
		面层厚度
	（沥青表面处治）面层	材料要求
	水泥混凝土路面模板	隔离剂
		支模
	水泥混凝土路面钢筋	原材料质量及传力杆、拉杆安装
	水泥混凝土面层	材料要求
		试件弯拉强度
		面层厚度（mm）
		抗滑构造深度
	路面料石面层	石材质量
		砂浆抗压强度

续表

分部工程名称	分项工程名称	检验批主控项目
面层	路面预制混凝土砌块面层	砌块强度
		砂浆抗压强度
广场与停车场	广场与停车场料石面层	石材质量
		砂浆抗压强度
	广场与停车场预制块面层	砌块强度、外形尺寸
		砂浆抗压强度
	广场与停车场沥青混合料面层	压实度
		面层厚度（mm）
	广场与停车场水泥混凝土面层	材料要求
		试件弯拉强度
		面层厚度（mm）
		抗滑构造深度
人行道	料石人行道面层	路床与基层压实度
		砂浆抗压强度
		石材强度、外观尺寸
		盲道铺砌
	预制块人行道面层	路床与基层压实度
		砌块强度
		砂浆抗压强度
		盲道铺砌
	沥青混合料人行道面层（含盲道砖）	路床与基层压实度
		沥青混合料

1.3.5 人行地道结构工程主控项目：

人行地道结构工程主控项目列表 **表 1-4**

分部工程名称	分项工程名称	检验批主控项目
人行地道结构	人行地道开挖地基	地基承载力、压实度
		钎探

续表

分部工程名称	分项工程名称	检验批主控项目
人行地道结构	人行地道防水	防水材料及配合比
		外观检查
	人行地道基础模板	隔离剂
		支模
	人行地道基础钢筋	原材料
	人行地道基础混凝土	混凝土强度
	人行地道墙、顶模板	隔离剂
		支模
	现浇人行地道墙、顶钢筋	原材料
	人行地道墙、顶混凝土	混凝土强度
	人行地道模板拆除	底模及支架拆除时的混凝土强度
		预应力构件
	人行地道预制墙板	混凝土强度
	人行地道预制顶板	混凝土强度
	人行地道构件安装	预制构件混凝土强度
		杯口、板缝混凝土强度
	人行地道砌筑墙体	结构厚度
		砂浆强度

1.3.6 挡土墙工程主控项目：

挡土墙工程主控项目 **表 1-5**

分部工程名称	分项工程名称	检验批主控项目
挡土墙	挡土墙地基	地基承载力（触探）
		地基承载力（钎探）
	挡土墙基础模板	隔离剂
		支模

续表

分部工程名称	分项工程名称	检验批主控项目
挡土墙	挡土墙基础钢筋	原材料
	挡土墙混凝土基础	混凝土强度
	现浇钢筋混凝土挡土墙模板	隔离剂
		支模
	现浇钢筋混凝土挡土墙钢筋	原材料
	现浇混凝土挡土墙	混凝土强度
		伸缩缝、沉降缝
	挡土墙滤层、泄水孔	材料要求
		泄水断面及坡度
	挡土墙回填土	压实度
	挡土墙帽石	石材质量
	挡土墙栏杆	——
	装配式挡土墙板预制	混凝土强度
	装配式挡土墙板安装	焊接
		杯口混凝土强度
	砌筑挡土墙	材料质量
		砂浆强度
	加筋挡土墙砌块与筋带安装	拉环、筋带材料
		拉环、筋带数量、安装
	（金属）声屏障	降噪效果
		材料要求（基础混凝土强度）
	防眩板	材料要求
		防眩板直顺度

1.3.7 附属构筑物主控项目：

附属构筑物主控项目列表　　　表 1-6

分部工程名称	分项工程名称	检验批主控项目
附属构筑物	路缘石	混凝土路缘石强度
	雨水支管与雨水口	管材质量
		基础混凝土强度
		砂浆强度
		沟槽回填土
	排水沟或截水沟	预制块强度
		预制盖板钢筋品种、规格、数量，混凝土强度
		砂浆强度
	倒虹管	地基承载力
		管材质量
		混凝土强度
		砂浆强度
		闭水试验
		回填土压实度
	预制管涵洞	地基承载力
		管材质量
		混凝土强度
		砂浆强度
		闭水试验
		回填土压实度
	护坡	预制砌块强度
		砂浆强度
		基础混凝土强度
	隔离墩	混凝土强度
		预埋件焊接
	隔离栅	材质、规格、防腐处理
		隔离栅柱（金属、混凝土）

续表

分部工程名称	分项工程名称	检验批主控项目
附属构筑物	护栏	护栏材质
		立柱材质
		柱基混凝土
		护栏柱置入深度
	（砌体）声屏障	降噪效果
		材料要求
		混凝土强度
		砂浆强度

2 道路工程施工质量检验控制用表

2.1 单位（分部）工程质量验收表式

2.1.1 单位（子单位）工程质量竣工验收记录

单位（子单位）工程质量竣工验收记录表　　表 2-1

表 A.0.4　　　　编号：________

工程名称					
施工单位					
道路类型			工程造价		
项目经理		项目技术负责人		制表人	
开工日期	年　月　日		竣工日期	年　月　日	

序号	项　目	验　收　记　录	验　收　结　论 （监理或建设单位填写）
1	分部工程	共　分部，经查　分部，符合标准及设计要求　分部	
2	质量控制资料核查	共　项，经审查符合要求　项，经核定符合规范要求　项	
3	安全和主要使用功能核查及抽查结果	共核查　项，符合要求　项，共抽查　项，符合要求　项，经返工处理符合要求　项	
4	观感质量检验	共抽查　项，符合要求　项，不符合要求　项。	
5	综合验收结论		

参加验收单位	建设单位	监理单位	施工单位	设计单位	勘察单位
	（单位公章） 项目负责人： （签字） 年　月　日	（单位公章） 总监理工程师： （签字） 年　月　日	（单位公章） 项目经理： （签字） 年　月　日	（单位公章） 项目负责人： （签字） 年　月　日	（单位公章） 项目负责人： （签字） 年　月　日

注：本表由施工单位制表人填写，总监理工程师（建设单位项目专业技术负责人）组织施工单位项目经理和有关勘察、设计单位项目负责人进行验收，如有其他单位参加可增设签字盖章栏。

2.1.2 分部（子分部）工程检验记录

分部（子分部）工程检验记录表 **表 2-2**

A.0.3-1 表 编号：________

工程名称			分部工程名称		
施工单位		项目经理		项目技术负责人	
分包单位		分包单位负责人		分包项目经理	
施 工 员		质 量 员		日 期	年 月 日
序号	分项工程名称		检验批数	合格率%	质 量 情 况
1					
2					
3					
4					
5					
6					
7					
8					
9					
10					
11					
12					
质量控制资料					
安全和功能检验（检测）报告					
观感质量验收					
分部（子分部）工程检验结果			平均合格率（%）		
参加验收单位	施工单位 项目经理： （签字） 年 月 日		监理（建设）单位 总监理工程师 （或建设单位项目专业技术负责人）：（签字） 年 月 日	设计单位 项目负责人： （签字） 年 月 日	勘察单位 项目负责人： （签字） 年 月 日

注：本表由施工单位制表人填写，总监理工程师（建设单位项目专业负责人）组织施工项目经理和有关勘察、设计单位项目负责人进行验收，并应按上表进行记录。如有分包单位参加可增设签字盖章栏（重要分部验收要求质量员、技术负责人参加）。

2.1.3 单位（分部）工程检验汇总表

单位（分部）工程检验汇总表 **表 2-3**

A. 0. 3-2 表 编号：________

工程名称					
施工单位					
单位工程名称			分部工程名称		
项目经理		项目技术负责人		制表人	
序号	外 观 检 查		质 量 情 况		
1					
2					
3					
4					
5					
6					
7					
8					
9					
10					
11					
12					
序号	分部（子分部）工程名称		合格率（%）	质 量 情 况	
1					
2					
3					
4					
5					
6					
7					
8					
9					
10					
11					
12					
平均合格率（%）					
检 查 结 果					
施 工 员（签字） 年 月 日			质量检查员（签字） 年 月 日		

注：本表由施工单位制表人填写，施工员和质量检查员进行核对确认，并应按上表进行记录。此表的检查结果填写到 A. 0. 4 表内。

2.1.4 分项工程质量验收记录

分项工程质量验收记录表 **表 2-4**

A.0.2表 编号：________

<table>
<tr><td>工程名称</td><td colspan="5"></td></tr>
<tr><td>施工单位</td><td colspan="5"></td></tr>
<tr><td>单位工程名称</td><td colspan="2"></td><td>分部工程名称</td><td colspan="2"></td></tr>
<tr><td>分项工程</td><td colspan="2"></td><td>检验批数</td><td colspan="2"></td></tr>
<tr><td>分包单位</td><td></td><td>分包项目经理</td><td></td><td>施工班组长</td><td></td></tr>
<tr><td>项目经理</td><td></td><td>项目技术负责人</td><td></td><td>制表人</td><td></td></tr>
</table>

<table>
<tr><td rowspan="2">序号</td><td rowspan="2">检验批
部位、区段</td><td colspan="2">施工单位自检情况</td><td colspan="2">监理（建设）单位验收情况</td></tr>
<tr><td>合格率（%）</td><td>检验结论</td><td>合格率（%）</td><td>检验结论</td></tr>
<tr><td>1</td><td></td><td></td><td></td><td></td><td></td></tr>
<tr><td>2</td><td></td><td></td><td></td><td></td><td></td></tr>
<tr><td>3</td><td></td><td></td><td></td><td></td><td></td></tr>
<tr><td>4</td><td></td><td></td><td></td><td></td><td></td></tr>
<tr><td>5</td><td></td><td></td><td></td><td></td><td></td></tr>
<tr><td>6</td><td></td><td></td><td></td><td></td><td></td></tr>
<tr><td>7</td><td></td><td></td><td></td><td></td><td></td></tr>
<tr><td>8</td><td></td><td></td><td></td><td></td><td></td></tr>
<tr><td>9</td><td></td><td></td><td></td><td></td><td></td></tr>
<tr><td>10</td><td></td><td></td><td></td><td></td><td></td></tr>
<tr><td>11</td><td></td><td></td><td></td><td></td><td></td></tr>
<tr><td>12</td><td></td><td></td><td></td><td></td><td></td></tr>
<tr><td colspan="2">平均合格率（%）</td><td colspan="2"></td><td colspan="2"></td></tr>
</table>

<table>
<tr><td>施工单位检查结果</td><td>项目质量检查员（签字）：

项目技术负责人（签字）：

年 月 日</td><td>验收结论</td><td>监理工程师（签字）：

（或建设单位项目专业技术负责人）：

年 月 日</td></tr>
</table>

注：本表由施工单位制表人填写，监理工程师（或建设单位项目技术负责人）组织施工单位项目技术负责人及质量检查员等进行验收，并应按上表进行记录。此处增加了“质量检查员”，以突出质量检查员的质量责任。关键分项工程要求设计单位参加时，增加设计单位参加人员签字。

2.1.5 检验批质量检验记录

检验批质量检验记录表 **表 2-5**

表 A.0.1

编号：000000□□

<table>
<tr><td colspan="3">工程名称</td><td></td><td colspan="2">分部工程名称</td><td colspan="5"></td><td colspan="5">分项工程名称</td><td colspan="3"></td></tr>
<tr><td colspan="3">施工单位</td><td></td><td colspan="2">技术负责人</td><td colspan="5"></td><td colspan="5">项目经理</td><td colspan="3"></td></tr>
<tr><td colspan="3">分包单位</td><td></td><td colspan="2">分包项目经理</td><td colspan="5"></td><td colspan="5">施工班组长</td><td colspan="3"></td></tr>
<tr><td colspan="3">工程数量</td><td></td><td colspan="2">验收部位（或桩号）</td><td colspan="5"></td><td colspan="5">项目技术负责人</td><td colspan="3"></td></tr>
<tr><td colspan="3">交方班组</td><td></td><td colspan="2">接方班组</td><td colspan="5"></td><td colspan="5">检查日期</td><td colspan="3">年 月 日</td></tr>
<tr><td rowspan="2">检查项目</td><td rowspan="2">序号</td><td rowspan="2">检查内容</td><td rowspan="2">检验依据/允许偏差（规定值或±偏差值）</td><td colspan="2">检 验 频 率</td><td colspan="13">检查结果/实测点偏差值或实测值</td></tr>
<tr><td>范 围</td><td>点 数</td><td>1</td><td>2</td><td>3</td><td>4</td><td>5</td><td>6</td><td>7</td><td>8</td><td>9</td><td>10</td><td>应测点数</td><td>合格点数</td><td>合格率（%）</td></tr>
<tr><td rowspan="4">主控项目</td><td>1</td><td></td><td></td><td></td><td></td><td></td><td></td><td></td><td></td><td></td><td></td><td></td><td></td><td></td><td></td><td></td><td></td><td></td></tr>
<tr><td>2</td><td></td><td></td><td></td><td></td><td></td><td></td><td></td><td></td><td></td><td></td><td></td><td></td><td></td><td></td><td></td><td></td><td></td></tr>
<tr><td>3</td><td></td><td></td><td></td><td></td><td></td><td></td><td></td><td></td><td></td><td></td><td></td><td></td><td></td><td></td><td></td><td></td><td></td></tr>
<tr><td>4</td><td></td><td></td><td></td><td></td><td></td><td></td><td></td><td></td><td></td><td></td><td></td><td></td><td></td><td></td><td></td><td></td><td></td></tr>
<tr><td>一般项目</td><td>1</td><td></td><td></td><td></td><td></td><td></td><td></td><td></td><td></td><td></td><td></td><td></td><td></td><td></td><td></td><td></td><td></td><td></td></tr>
</table>

续表

检查项目	序号	检查内容	检验依据/允许偏差（规定值或±偏差值）	检验频率		检查结果/实测点偏差值或实测值												
				范围	点数	1	2	3	4	5	6	7	8	9	10	应测点数	合格点数	合格率（%）
一般项目	2																	
	3																	
	4																	
	5																	
	6																	
平均合格率（%）																		
施工单位检查评定结论			项目专业质量检查员：（签字）															
监理（建设）单位意见			监理工程师：（签字） （或建设单位项目专业技术负责人）：（签字）　　年　月　日															

注：本表由施工项目专业质量检查员（制表人）填写，监理工程师（建设单位项目技术负责人）组织项目专业质量检查员等进行验收，并应按上表进行记录。编号前两位00为分部编号，中间两位00为子分部编号，后两位00为分项工程编号，□□为检验批编号，凡是没有子分部的分部工程其中间编号全为“00”以满足编码框架需要。

2.2 单位（子单位）工程、分部（子分部）工程、分项工程、检验批编码表

（城镇道路工程分部分项及检验批划分框架共123个编码）

2.2.1 城镇道路分部（子分部）工程与相应的分项工程及检验批的划分及系统编号表（1）

城镇道路分部（子分部）工程与相应的分项工程及检验批的划分及系统编号表（1） 表2-6

序号	分部工程 编号	分部工程名称	子分部工程 编号	子分部工程名称	分项工程 编号	分项工程名称	检验批 编号	划分原则	系统编号
1	01	路基	00		01	土方路基（挖方）	01	每条路或路段	01 00 01 01
					02	土方路基（填方）	01	每条路或路段	01 00 02 01
					03	石方路基（路堑）	01	每条路或路段	01 00 03 01
					04	石方路基（填石）	01	每条路或路段	01 00 04 01
					05	路肩	01	每条路肩	01 00 05 01
					06	路基处理（换填土）	01	每条处理段	01 00 06 01
					07	路基处理（砂垫层）	01	每条处理段	01 00 07 01
					08	路基处理（反压护道）	01	每条处理段	01 00 08 01
					09	路基处理（土工材料）	01	每条处理段	01 00 09 01
					10	路基处理（袋装砂井）	01	每条处理段	01 00 10 01

续表

分部工程			子分部工程		分项工程		检验批		系统编号
序号	编号	分部工程名称	编号	子分部工程名称	编号	分项工程名称	编号	划分原则	
1	01	路基	00		11	路基处理（塑料排水板）	01	每条处理段	01 00 11 01
					12	路基处理（砂桩处理）	01	每条处理段	01 00 12 01
					13	路基处理（碎石桩处理）	01	每条处理段	01 00 13 01
					14	路基处理（粉喷桩处理或水泥搅拌桩）	01	每条处理段	01 00 14 01
					15	路基处理（湿陷性黄土路基强夯处理）	01	每条处理段	01 00 15 01
2	02	基层	00		01	石灰土基层（石灰稳定土）	01	每条路或路段	02 00 01 01
					02	石灰、粉煤灰稳定砂砾（碎石）基层	01	每条路或路段	02 00 02 01
					03	石灰、粉煤灰钢渣基层	01	每条路或路段	02 00 03 01
					04	水泥稳定土类基层	01	每条路或路段	02 00 04 01
					05	级配砂砾（砾石）基层	01	每条路或路段	02 00 05 01
					06	级配碎石（碎砾石）基层	01	每条路或路段	02 00 06 01
					07	沥青碎石基层	01	每条路或路段	02 00 07 01
					08	沥青贯入式基层	01	每条路或路段	02 00 08 01

2.2.2 城镇道路分部（子分部）工程与相应的分项工程及检验批的划分及系统编号表（2）

城镇道路分部（子分部）工程与相应的分项工程及检验批的划分及系统编号表（2）　　表 2-7

分部工程			子分部工程		分项工程		检验批		系统编号
序号	编号	分部工程名称	编号	子分部工程名称	编号	分项工程名称	编号	划分原则	
3	03	面层	01	沥青混合料面层	01	粘层	01	每条路或路段	03 01 01 01
					02	透层	01	每条路或路段	03 01 02 01
					03	封层	01	每条路或路段	03 01 03 01
					04	热拌沥青混合料面层	01	每条路或路段	03 01 04 01
					05	冷拌沥青混合料面层	01	每条路或路段	03 01 05 01
			02	沥青贯入式与沥青表面处治面层	01	沥青贯入式面层	01	每条路或路段	03 02 01 01
					02	沥青表面处治面层	01	每条路或路段	03 02 02 01
			03	水泥混凝土面层	01	水泥混凝土面层模板	01	每条路或路段	03 03 01 01
					02	水泥混凝土面层钢筋	01	每条路或路段	03 03 02 01
					03	水泥混凝土面层混凝土	01	每条路或路段	03 03 03 01
			04	铺砌式面层	01	料石面层	01	每条路或路段	03 04 01 01
					02	预制混凝土砌块面层	01	每条路或路段	03 04 02 01
4	04	广场与停车场	00		01	料石面层	01	每个广场或划分的区段	04 00 01 01
					02	预制混凝土砌块面层	01	每个广场或划分的区段	04 00 02 01
					03	沥青混合料面层	01	每个广场或划分的区段	04 00 03 01
					04	水泥混凝土面层	01	每个广场或划分的区段	04 00 04 01

续表

分部工程			子分部工程		分项工程		检验批		系统编号
序号	编号	分部工程名称	编号	子分部工程名称	编号	分项工程名称	编号	划分原则	
5	05	人行道	00		01	料石人行道铺砌面层（盲道砖）	01	每条路或路段	05 00 01 01
					02	混凝土预制块铺砌人行道面层（含盲道砖）	01	每条路或路段	05 00 02 01
					03	沥青混合料铺筑面层	01	每条路或路段	05 00 03 01

2.2.3 城镇道路分部（子分部）工程与相应的分项工程及检验批的划分及系统编号表（3）

城镇道路分部（子分部）工程与相应的分项工程及检验批的划分及系统编号表（3） **表 2-8**

分部工程			子分部工程		分项工程		检验批		系统编号
序号	编号	分部工程名称	编号	子分部工程名称	编号	分项工程名称	编号	划分原则	
6	06	人行地道结构	01	现浇钢筋混凝土人行地道结构	01	地基（开挖）	01	每座通道	06 01 01 01
					02	防水	01	每座通道	06 01 02 01
					03	基础模板	01	每座通道	06 01 03 01
					04	基础钢筋	01	每座通道	06 01 04 01
					05	混凝土基础	01	每座通道	06 01 05 01

续表

分部工程			子分部工程		分项工程		检验批		系统编号
序号	编号	分部工程名称	编号	子分部工程名称	编号	分项工程名称	编号	划分原则	
6	06	人行地道结构	01	现浇钢筋混凝土人行地道结构	06	墙与顶板模板	01	每座通道	06 01 06 01
					07	墙与顶板钢筋	01	每座通道	06 01 07 01
					08	墙与顶板混凝土	01	每座通道	06 01 08 01
					09	模板拆除	01	每座通道	06 01 09 01
			02	预制安装钢筋混凝土人行地道结构	01	地基开挖与支护	01	每座通道	06 02 01 01
					02	防水	01	每座通道	06 02 02 01
					03	基础模板	01	每座通道	06 02 03 01
					04	基础钢筋	01	每座通道	06 02 04 01
					05	混凝土基础	01	每座通道	06 02 05 01
					06	墙板构件预制	01	每座通道	06 02 06 01
					07	顶板构件预制	01	每座通道	06 02 07 01
					08	墙板、顶板安装	01	每座通道	06 02 08 01
			03	砌筑墙体、钢筋混凝土顶板人行地道结构	01	地基	01	每座通道	06 03 01 01
					02	防水	01	每座通道	06 03 02 01
					03	基础模板	01	每座通道	06 03 03 01

续表

分部工程			子分部工程		分项工程		检验批		系统编号
序号	编号	分部工程名称	编号	子分部工程名称	编号	分项工程名称	编号	划分原则	
6	06	人行地道结构	03	砌筑墙体、钢筋混凝土顶板人行地道结构	04	基础钢筋	01	每座通道	06 03 04 01
					05	混凝土基础	01	每座通道	06 03 05 01
					06	砌体砌筑	01	每座通道	06 03 06 01

2.2.4 城镇道路分部（子分部）工程与相应的分项工程及检验批的划分及系统编号表（4）

城镇道路分部（子分部）工程与相应的分项工程及检验批的划分及系统编号表（4） **表 2-9**

分部工程			子分部工程		分项工程		检验批		系统编号
序号	编号	分部工程名称	编号	子分部工程名称	编号	分项工程名称	编号	划分原则	
6	06	人行地道结构	03	砌筑墙体、钢筋混凝土顶板人行地道结构	07	顶部构件预制	01	每座通道或分段	06 03 07 01
					08	顶部构件、顶板安装	01	每座通道或分段	06 03 08 01
					09	顶部现浇模板	01	每座通道或分段	06 03 09 01
					10	顶部现浇钢筋	01	每座通道或分段	06 03 10 01
					11	顶部现浇混凝土	01	每座通道或分段	06 03 11 01
					12	模板拆除	01	每座通道或分段	06 03 12 01

续表

分部工程			子分部工程		分项工程		检验批		系统编号
序号	编号	分部工程名称	编号	子分部工程名称	编号	分项工程名称	编号	划分原则	
7	07	挡土墙	01	现浇钢筋混凝土挡土墙	01	地基	01	每道挡土墙地基或分段	07 01 01 01
					02	基础模板	01	每道挡土墙地基或分段	07 01 02 01
					03	基础钢筋	01	每道墙体或分段	07 01 03 01
					04	混凝土基础	01	每道墙体或分段	07 01 04 01
					05	墙模板	01	每道墙体或分段	07 01 05 01
					06	墙钢筋	01	每道墙体或分段	07 01 06 01
					07	墙混凝土	01	每道墙体或分段	07 01 07 01
					08	滤层、泄水孔	01	每道墙体或分段	07 01 08 01
					09	回填土	01	每道墙体或分段	07 01 09 01
					10	帽石	01	每道墙体或分段	07 01 10 01
					11	栏杆	01	每道墙体或分段	07 01 11 01
			02	装配式钢筋混凝土挡土墙	01	地基	01	每道挡土墙地基或分段	07 02 01 01
					02	基础模板	01	每道墙体或分段	07 02 02 01
					03	基础钢筋	01	每道墙体或分段	07 02 03 01
					04	混凝土基础	01	每道墙体或分段	07 02 04 01
					05	挡土墙板预制	01	每道墙体或分段	07 02 05 01

2.2.5 城镇道路分部（子分部）工程与相应的分项工程及检验批的划分及系统编号表（5）

城镇道路分部（子分部）工程与相应的分项工程及检验批的划分及系统编号表（5）　　表 2-10

分部工程			子分部工程		分项工程		检验批		系统编号
序号	编号	分部工程名称	编号	子分部工程名称	编号	分项工程名称	编号	划分原则	
7	07	挡土墙	02	装配式钢筋混凝土挡土墙	06	墙板安装（含焊接）	01	每道墙体或分段	07 02 06 01
					07	滤层、泄水孔	01	每道墙体或分段	07 02 07 01
					08	回填土	01	每道墙体或分段	07 02 08 01
					09	帽石	01	每道墙体或分段	07 02 09 01
					10	栏杆	01	每道墙体或分段	07 02 10 01
			03	砌筑挡土墙	01	地基	01	每道挡土墙地基或分段	07 03 01 01
					02	基础模板	01	每道墙体或分段	07 03 02 01
					03	基础钢筋	01	每道墙体或分段	07 03 03 01
					04	混凝土基础	01	每道墙体或分段	07 03 04 01
					05	基础砌筑	01	每道墙体或分段	07 03 05 01
					06	墙体砌筑	01	每道墙体或分段	07 03 06 01
					07	滤层、泄水孔	01	每道墙体或分段	07 03 07 01
					08	回填土	01	每道墙体或分段	07 03 08 01
					09	帽石	01	每道墙体或分段	07 03 09 01
					10	栏杆	01	每道墙体或分段	07 03 10 01

续表

分部工程			子分部工程		分项工程		检验批		系统编号
序号	编号	分部工程名称	编号	子分部工程名称	编号	分项工程名称	编号	划分原则	
7	07	挡土墙	04	加筋土挡土墙	01	地基	01	每道挡土墙地基或分段	07 04 01 01
					02	基础模板	01	每道墙体或分段	07 04 02 01
					03	基础钢筋	01	每道墙体或分段	07 04 03 01
					04	混凝土基础	01	每道墙体或分段	07 04 04 01
					05	加筋挡土墙砌块与筋带安装	01	每道墙体或分段	07 04 05 01
					06	滤层、泄水孔	01	每道墙体或分段	07 04 06 01
					07	回填土	01	每道墙体或分段	07 04 07 01
					08	帽石	01	每道墙体或分段	07 04 08 01
					09	栏杆	01	每道墙体或分段	07 04 09 01

2.2.6 城镇道路分部（子分部）工程与相应的分项工程及检验批的划分及系统编号表（6）

城镇道路分部（子分部）工程与相应的分项工程及检验批的划分及系统编号表（6） **表 2-11**

分部工程			子分部工程		分项工程		检验批		系统编号
序号	编号	分部工程名称	编号	子分部工程名称	编号	分项工程名称	编号	划分原则	
8	08	附属构筑物	00		01	路缘石	01	每条路或路段	08 00 01 01
					02	雨水支管与雨水口	01	每条路或路段	08 00 02 01

续表

分部工程			子分部工程		分项工程		检验批		系统编号
序号	编号	分部工程名称	编号	子分部工程名称	编号	分项工程名称	编号	划分原则	
8	08	附属构筑物	00		03	排（截）水沟	01	每条路或路段	08 00 03 01
					04	倒虹管	01	每座结构	08 00 04 01
					05	涵洞	01	每座结构	08 00 05 01
					06	护坡	01	每条路或路段	08 00 06 01
					07	隔离墩	01	每条路或路段	08 00 07 01
					08	隔离栅	01	每条路或路段	08 00 08 01
					09	护栏	01	每条路或路段	08 00 09 01
					10	声屏障（砌体）	01	每条路或路段	08 00 10 01
					11	声屏障（金属）	01	每条路或路段	08 00 11 01
					12	防眩板	01	每条路或路段	08 00 12 01

注：本表个别分项工程根据质量检验规定做了适当的调整和添加，如：（1）土方路基由原来的一个分项变为两个分项（挖方）和（填方）；（2）路基处理由原来的一个分项变为十个分项工程；（3）凡是有钢筋混凝土的一律由一个变为三个，分别为模板、钢筋、混凝土；（4）声屏障由一个变为两个，即：砌体和金属。挡土墙分段可按沉降缝与沉降缝之间划分。

3 分项工程、检验批质量验收记录表

3.1 路 基 工 程

3.1.1 土方路基（挖方）检验批质量检验记录

3.1.1.1 土方路基（挖方）检验批质量检验记录表

土方路基（挖方）检验批质量检验记录表 **表 3-1**

表 A.0.1

编号：010001□□

<table>
<tr><td colspan="3">工程名称</td><td></td><td colspan="2">分部工程名称</td><td colspan="5"></td><td colspan="5">分项工程名称</td><td colspan="3">挖方路基</td></tr>
<tr><td colspan="3">施工单位</td><td></td><td colspan="2">技术负责人</td><td colspan="5"></td><td colspan="5">项目经理</td><td colspan="3"></td></tr>
<tr><td colspan="3">分包单位</td><td></td><td colspan="2">分包项目经理</td><td colspan="5"></td><td colspan="5">施工班组长</td><td colspan="3"></td></tr>
<tr><td colspan="3">工程数量</td><td></td><td colspan="2">验收部位（或桩号）</td><td colspan="5"></td><td colspan="5">项目技术负责人</td><td colspan="3"></td></tr>
<tr><td colspan="3">交方班组</td><td></td><td colspan="2">接方班组</td><td colspan="5"></td><td colspan="5">检查日期</td><td colspan="3">年 月 日</td></tr>
<tr><td rowspan="2">检查项目</td><td rowspan="2">序号</td><td rowspan="2">检查内容</td><td rowspan="2">检验依据/允许偏差（规定值或±偏差值）</td><td colspan="2">检 验 频 率</td><td colspan="13">检查结果/实测点偏差值或实测值</td></tr>
<tr><td>范 围</td><td>点 数</td><td>1</td><td>2</td><td>3</td><td>4</td><td>5</td><td>6</td><td>7</td><td>8</td><td>9</td><td>10</td><td>应测点数</td><td>合格点数</td><td>合格率（%）</td></tr>
<tr><td>主控项目</td><td>1</td><td>压实度</td><td>城市快速路、
主干路≥95%
次干路≥93%
支路及其他小路≥90%</td><td>1000m²</td><td>3</td><td></td><td></td><td></td><td></td><td colspan="6">检验报告编号：</td><td></td><td></td><td></td></tr>
</table>

续表

检查项目	序号	检查内容	检验依据/允许偏差（规定值或±偏差值）	检验频率		检查结果/实测点偏差值或实测值												
				范围	点数	1	2	3	4	5	6	7	8	9	10	应测点数	合格点数	合格率（%）
主控项目	2	弯沉值（mm/100）	≯设计规定	每车道每20m	1					检验报告编号：								
一般项目	1	路床纵断高程（mm）	−20；+10	20m	1													
	2	路床中线偏位（mm）	≤30	100m	2													
	3	路床平整度（mm）	≤15	20m	1～3													
	4	路床宽度（mm）	≥设计值+B	40m	1													
	5	路床横坡	±0.3%且不反坡	20m	2～6													
	6	边坡（%）	不陡于设计值	20m	2													
平均合格率（%）																		
施工单位检查评定结论			项目专业质量检查员：（签字）															
监理（建设）单位意见			监理工程师：（签字） （或建设单位项目专业技术负责人）：（签字）　年　月　日															

注：1. B 为施工时必要的附加宽度。
2. 本表由施工项目专业质量检查员填写，监理工程师（建设单位项目技术负责人）组织项目专业质量检查员等进行验收，并应按上表进行记录。
3. 路床平整度、路床横坡检验频率与路宽有关。

3.1.1.2　010001□□说明

1.《城镇道路工程施工与质量验收规范》CJJ 1—2008 相关内容

〔6.3〕路基（挖方）

〔6.3.1〕路基施工前，应将现状地面上的积水排除、疏干，将树根坑、井穴、坟坑等进行技术处理，并将其填平。

〔6.3.2〕路基范围内遇有软土地层或土质不良、边坡易被雨水冲刷的地段，当设计未做规定时，应按规范 3.5.0 条办理变更设计，并据以制定专项施工方案。

〔6.3.3〕人机配合土方作业，必须设专人指挥。机械作业时，配合作业人员严禁处在机械作业和走行范围内。配合人员在机械走行范围内作业时，机械必须停止作业。

〔6.3.4〕路基填、挖接近完成时，应恢复道路中线、路基边线，进行整形，并碾压成活。压实度应符合上表的有关规定。

〔6.3.5〕当遇有翻浆时，必须采取处理措施。当采用石灰土处理翻浆时，土壤宜就地取材。

〔6.3.7〕路堑、边坡开挖方法应根据地势、环境状况、路堑尺寸及土壤种类确定。

〔6.3.8〕路堑边坡的坡度应符合设计规定，如地质情况与原设计不符或地层中夹有易塌方土壤时，应及时办理设计变更。

〔6.3.9〕土方开挖应根据地面坡度、开挖断面、纵向长度及出土方向等因素结合土方调配，选用安全、经济的开挖方案。

〔6.3.10〕挖方施工应符合下列规定：

1）挖土时应自上而下分层开挖，严禁掏洞开挖。作业中断或作业后，开挖面应做好稳定边坡。

2）机械开挖作业时，必须避开构筑物、管线，在距管道边缘 1m 范围内应采用人工开挖；在距直埋电缆 2m 范围内必须采用人工开挖。

3）严禁挖掘机等机械在电力架空下线路下作业。需在其一侧作业时，垂直及水平安全距离应符合表〔6.3.10〕的规定。

〔6.3.11〕弃土、暂存土均不得妨碍各类地下管线等构筑物的正常使用与维护、且应避开建筑物、围墙、架空线等。严禁占压、损坏、掩埋各种检查井、消防栓等设施。

主 控 项 目

1）路基压实度符合上表 010001 规定。检查数量：每 $1000m^2$、每压实层取 3 点。检验方法：环刀法、灌砂法或灌水法。

2）弯沉值：不大于设计规定。检查数量：每车道、每 20m 测 1 点。检验方法：弯沉仪检测。

一 般 项 目

1）路基允许偏差应符合上表 010001 规定。

2）路床应平整、坚实，无显著轮迹、翻浆、波浪、起皮等现象，路堤边坡应密实、稳定、平顺等。

挖掘机、起重机（含吊物、载物）等机械与电力架空线路的最小安全距离　表〔6.3.10〕

电　压（kV）		<1	10	30	110	220	330	500
安全距离（m）	沿垂直方向	1.5	3.0	4.0	5.0	6.0	7.0	8.5
	沿水平方向	1.5	2.0	3.5	4.0	6.0	7.0	8.5

3.1.2 土方路基（填方）检验批质量检验记录

3.1.2.1　土方路基（填方）检验批质量检验记录表（见表 3-2）

3.1.2.2　010002□□说明

《城镇道路工程施工与质量验收规范》CJJ 1—2008 相关内容：

〔6.3〕路基（填方）

〔6.3.12〕填方施工应符合下列规定：

1）填方前应将地面积水、积雪（冰）和冻土层、生活垃圾等清除干净。

土方路基（填方）检验批质量检验记录表

表 3-2

表 A. 0. 1

编号：010002□□

工程名称		分部工程名称		分项工程名称	填方路基
施工单位		技术负责人		项目经理	
分包单位		分包项目经理		施工班组长	
工程数量		验收部位（或桩号）		项目技术负责人	
交方班组		接方班组		检查日期	年 月 日

检查项目	序号	检查内容		检验依据/允许偏差（规定值或±偏差值）	检验频率		检查结果/实测点偏差值或实测值												
					范围	点数	1	2	3	4	5	6	7	8	9	10	应测点数	合格点数	合格率（%）
主控项目	1	压实度	0～80	城市快速路、主干路≥95%；次干路≥93%；支路及其他小路≥90%	1000m²	3					检验报告编号：								
	2		>80～150	城市快速路、主干路≥93%；次干路≥90%；支路及其他小路≥90%							检验报告编号：								
	3		>150	城市快速路、主干路≥90%；次干路≥90%；支路及其他小路≥87%							检验报告编号：								
	4	弯沉值（mm/100）		≯设计规定	每车道每 20m	1					检验报告编号：								

续表

<table>
<tr><th rowspan="2">检查项目</th><th rowspan="2">序号</th><th rowspan="2">检查内容</th><th rowspan="2">检验依据/允许偏差（规定值或±偏差值）</th><th colspan="2">检 验 频 率</th><th colspan="13">检查结果/实测点偏差值或实测值</th></tr>
<tr><th>范 围</th><th>点 数</th><th>1</th><th>2</th><th>3</th><th>4</th><th>5</th><th>6</th><th>7</th><th>8</th><th>9</th><th>10</th><th>应测点数</th><th>合格点数</th><th>合格率（%）</th></tr>
<tr><td rowspan="6">一般项目</td><td>1</td><td>路床纵断高程（mm）</td><td>−20；+10</td><td>20m</td><td>1</td><td></td><td></td><td></td><td></td><td></td><td></td><td></td><td></td><td></td><td></td><td></td><td></td><td></td></tr>
<tr><td>2</td><td>路床中线偏位（mm）</td><td>≤30</td><td>100m</td><td>2</td><td></td><td></td><td></td><td></td><td></td><td></td><td></td><td></td><td></td><td></td><td></td><td></td><td></td></tr>
<tr><td>3</td><td>路床平整度（mm）</td><td>≤15</td><td>20m</td><td>1～3</td><td></td><td></td><td></td><td></td><td></td><td></td><td></td><td></td><td></td><td></td><td></td><td></td><td></td></tr>
<tr><td>4</td><td>路床宽度（mm）</td><td>≥设计值+B</td><td>40m</td><td>1</td><td></td><td></td><td></td><td></td><td></td><td></td><td></td><td></td><td></td><td></td><td></td><td></td><td></td></tr>
<tr><td>5</td><td>路床横坡</td><td>±0.3%且不反坡</td><td>20m</td><td>2～6</td><td></td><td></td><td></td><td></td><td></td><td></td><td></td><td></td><td></td><td></td><td></td><td></td><td></td></tr>
<tr><td>6</td><td>边坡</td><td>不陡于设计值</td><td>20m</td><td>2</td><td></td><td></td><td></td><td></td><td></td><td></td><td></td><td></td><td></td><td></td><td></td><td></td><td></td></tr>
<tr><td colspan="3">平均合格率（%）</td><td colspan="16"></td></tr>
<tr><td colspan="3">施工单位检查评定结论</td><td colspan="16">项目专业质量检查员：（签字）</td></tr>
<tr><td colspan="3">监理（建设）单位意见</td><td colspan="16">监理工程师：（签字）
（或建设单位项目专业技术负责人）：（签字） 年 月 日</td></tr>
</table>

注：1. B 为施工时必要的附加宽度；

2. 本表由施工项目专业质量检查员填写，监理工程师（建设单位项目技术负责人）组织项目专业质量检查员等进行验收，并应按上表进行记录。

2）填方材料的强度（CBR）值应符合设计要求，其最小强度应符合表6.3.12规定。不得使用淤泥、沼泽土、泥炭土、冻土、有机土以及含生活垃圾的土做路基填料。对液限大于50%、塑性指数大于26、可溶盐含量大于5%、700℃有机质烧失量大于8%的土，未经处理不得用作路基填料。

路基填料强度（CBR）的最小值　　表〔6.3.12〕

填方类型	路床顶面下深度（cm）	最小强度（%）	
		城市快速路、主干路	其他等级道路
路床	0～30	8.0	6.0
路基	30～80	5.0	4.0
路基	80～150	4.0	3.0
路基	>150	3.0	2.0

3）填方中使用房渣土、工业废渣等需经过试验，确认可靠并经建设单位、设计单位同意后方可使用。

4）路基填方高度应按设计标高增加预沉降量。预沉量应根据工程性质、填方高度、填料种类、压实系数和地基情况与建设单位、监理工程师、设计单位共同商定确认。

5）不同性质的土应分类、分层填筑，不得混填，填土中大于10cm的土块应打碎或剔除。

6）填土应分层进行。下层填土验收合格后，方可进行上层填筑。路基填土宽度每侧应比设计规定宽50cm。

7）路基填土中宜做成双向横坡，一般土质填筑横坡宜为2%～3%，透水性小的土类填筑横坡宜为4%。

8）透水性较大的土壤边坡不宜被透水性较小的土壤覆盖。

9）受潮湿及冻融影响较小的土壤应填在路基的上部。

10）在路基宽度内，每层虚铺厚度应视压实机具的功能确定。人工夯实虚铺厚度应小于20cm。

11）路基填土中断时，应对已填路基表面土层压实并进行维护。

12）原地面横坡向在1：10～1：5时，应先翻松表面再进行填土，原地面横向坡度陡于1：5时应做成台阶形，每节台阶宽度不宜小于1m，台阶顶面应向内倾斜；在沙土地段可不作台阶，但应翻松表面土。

主 控 项 目

1）路基压实度符合上表010002规定。检查数量：每1000m²、每压实层取3点。检验方法：环刀法、灌砂法或灌水法。

2）弯沉值：不大于设计规定。检查数量：每车道、每20m测1点。检验方法：弯沉仪检测。

一 般 项 目

1）路基允许偏差应符合上表010002规定。

2）路床应平整、坚实，无显著轮迹、翻浆、波浪、起皮等现象，路堤边坡应密实、稳定、平顺等。

3.1.3 石方路基（路堑）检验批质量检验记录

3.1.3.1 石方路基（路堑）检验批质量检验记录表（见表3-3）

3.1.3.2 010003□□说明

《城镇道路工程施工与质量验收规范》CJJ 1—2008相关内容：

〔6.4〕路基（石方、路堑）

〔6.4.1〕施工前应根据地质条件、工程作业环境，选定施工机具设备。

〔6.4.2〕开挖路堑时发现岩性有突变时，应及时报请设计单位办理变更设计。

〔6.4.3〕采用爆破法施工石方必须符合现行国家标准《爆破安全规程》GB 6722的有关规定，并应符合下列规定：

1）施工前，应进行爆破设计，编制爆破设计书或说明书，制定专项施工方案，规定相应的安全技术措施。经市、区政府主管部门批准。

石方路基（路堑）检验批质量检验记录表

表 3-3

表 A. 0. 1

编号：010003□□

工程名称		分部工程名称		分项工程名称	石方路基（路堑）
施工单位		技术负责人		项目经理	
分包单位		分包项目经理		施工班组长	
工程数量		验收部位（或桩号）		项目技术负责人	
交方班组		接方班组		检查日期	年　月　日

检查项目	序号	检查内容	检验依据/允许偏差（规定值或±偏差值）	检验频率		检查结果/实测点偏差值或实测值												
				范围	点数	1	2	3	4	5	6	7	8	9	10	应测点数	合格点数	合格率（%）
主控项目	1	边坡	上边坡必须稳定，严禁有松石、险石	全数														
一般项目	1	路床纵断高程（mm）	+50；−100	20m	1													

续表

检查项目	序号	检查内容	检验依据/允许偏差（规定值或±偏差值）	检验频率		检查结果/实测点偏差值或实测值												
				范围	点数	1	2	3	4	5	6	7	8	9	10	应测点数	合格点数	合格率（%）
一般项目	2	路床中线偏位（mm）	≤30	100m	2													
	3	路床宽（mm）	≥设计值＋B	40m	1													
	4	边坡	不陡于设计规定	20m	2													
平均合格率（%）																		
施工单位检查评定结论			项目专业质量检查员：（签字）															
监理（建设）单位意见			监理工程师：（签字） （或建设单位项目专业技术负责人）：（签字）　年　月　日															

注：1. B 为施工时必要的附加宽度；

2. 本表由施工项目专业质量检查员填写，监理工程师（建设单位项目技术负责人）组织项目专业质量检查员等进行验收，并应按上表进行记录。

2）在市区、居民稠密区，宜采用静音爆破，严禁使用扬弃爆破。

3）爆破工程应按批准的时间进行爆破，在起爆前必须完成对爆破影响区内的房屋、构筑物和设备的安全防护、交通管制与疏导，安全警戒且施爆区内人、畜等已撤至安全地带，指挥与操作系统人员就位。

4）起爆前爆破人员必须确认装药与导爆、起爆系统安装正确有效。

〔6.4.4〕爆破施工必须由取得爆破专业技术资质的企业承担，爆破工应经技术培训持证上岗。现场必须设专人指挥。

主 控 项 目

1. 上边坡必须稳定，严禁有松石、险石。

检查数量：全数检查。

检验方法：观察。

一 般 项 目

2. 挖石方路基允许偏差应符合上表010003规定。

3.1.4 石方路基（填石）检验批质量检验记录

3.1.4.1 石方路基（填石）检验批质量检验记录表（见表3-4）

3.1.4.2 010004□□说明

《城镇道路工程施工与质量验收规范》CJJ 1—2008相关内容：

〔6.4〕路基（石方、填石）

〔6.4.5〕石方填筑路基应符合下列要求。

1）修筑填石路堤应进行地表清理，先码砌边部，然后逐层水平填筑石料，确保边坡稳定。

2）施工前先修试验段，以确定能达到最大压实干密度的松铺厚度与压实机械组合，及相应的压实遍数、沉降差等施工参数。

表 A.0.1

石方路基（填石）检验批质量检验记录表

表 3-4

编号：010004□□

工程名称		分部工程名称		分项工程名称	石方路基（填石）
施工单位		技术负责人		项目经理	
分包单位		分包项目经理		施工班组长	
工程数量		验收部位（或桩号）		项目技术负责人	
交方班组		接方班组		检查日期	年　月　日

检查项目	序号	检查内容	检验依据/允许偏差（规定值或±偏差值）	检验频率		检查结果/实测点偏差值或实测值												
				范围	点数	1	2	3	4	5	6	7	8	9	10	应测点数	合格点数	合格率（%）
主控项目	1	压实密度	$\rho_d \geq 20kN/m^3$（不嵌缝） $\rho_d \geq 21kN/m^3$（嵌缝）	$1000m^2$	3				检验报告编号：									
	2	弯沉值（mm/100）	≯设计规定	20m	1				报告编号：									
	3																	
一般项目	1	路床纵断高程（mm）	−20；+10	20m	1													

续表

检查项目	序号	检查内容	检验依据/允许偏差（规定值或±偏差值）	检验频率		检查结果/实测点偏差值或实测值												
				范围	点数	1	2	3	4	5	6	7	8	9	10	应测点数	合格点数	合格率（%）
主控项目	2	路床中心偏位（mm）	≤30	100m	2													
	3	路床平整度（mm）	≤20	20m	1～3													
	4	路床宽度（mm）	≥设计值+B	40m	1													
	5	路床横坡	±0.3%且不反坡	20m	2～6													
	6	边坡	不陡于设计值	20m	2													
平均合格率（%）																		
施工单位检查评定结论			项目专业质量检查员：（签字）															
监理（建设）单位意见			监理工程师：（签字） （或建设单位项目专业技术负责人）：（签字）　　年　月　日															

注：1. B 为施工时必要的附加宽度；

2. 本表由施工项目专业质量检查员填写，监理工程师（建设单位项目技术负责人）组织项目专业质量检查员等进行验收，并应按上表进行记录。

3）填石路堤宜选用12t以上的振动压路机、25t以上的轮胎压路或2.5t以上的夯锤压（夯）实。

4）路基范围内管线、构筑物四周的沟槽宜回填土料。

主 控 项 目

压实密度应符合试验路段确定的施工工艺，沉降差不应大于试验路段确定的沉降差（压实密度：不嵌缝 $\rho_d \geqslant 20kN/m^3$；嵌缝 $\rho_d \geqslant 21kN/m^3$）。

检查数量：每1000m²，抽检3点。

检验方法：沉降差用水准仪测量，压实密度用灌砂法或灌水法。

一 般 项 目

1. 路床顶面应嵌缝牢固，表面均匀、平整、稳定，无推移、浮石。

检查数量：全数检查。

检验方法：观察。

2. 边坡应稳定、平顺，无松石。

检查数量：全数检查。

检验方法：观察。

3. 填石方路基允许偏差应符合上表010004规定。

有 关 说 明

《规范》CJJ 1—2008对填石路堤压实密度以试验路段来确定。

我们根据沿海地区填石路堤的大量工程经验，参照《公路路基施工技术规范》JTG F10—2006、《公路路基设计规范》JTG D30—2004填石路堤的压实质量标准如下：

填石路堤的压实质量标准 〔表3-4.1〕

分区	路床顶面以下深度（m）	硬质石料孔隙率（%）	中硬石料孔隙率（%）	软质石料孔隙率（%）
上路堤	0.8～1.50	≤23	≤22	≤20
下路堤	>1.50	≤25	≤24	≤22

填料孔隙率计算公式如下：

$$\eta=1-\rho_d/G$$

注：η——孔隙率；ρ_d——填料干密度；G——填料视密度。

例：凝灰岩填石路堤的填料干密度 $\rho_d=20.1kN/m^3$；$G=26kN/m^3$ 则 $\eta=1-\rho_d/G=1-20.1/26=22.7\%$。

按照上述要求上路堤软质石料孔隙率≤20%（以凝灰岩为例），则 $\rho_d=(1-\eta)\times G\geqslant20.8kN/m^3$；下路堤软质石料孔隙率≤22%，则 $\rho_d=(1-\eta)\times G\geqslant20.28kN/m^3$。

我们平时在市政道路填石路堤采用灌砂法按最小干密度 ρ_d（嵌缝 $\rho_d\geqslant21kN/m^3$；不嵌缝 $\rho_d\geqslant20kN/m^3$）来控制压实密度，可操作性强，工程质量能满足要求。

（注：压实密度单位之间换算关系：$\rho_d=21kN/m^3=2.1g/cm^3$；$\rho_d=20kN/m^3=2.0g/cm^3$）

3.1.5 路肩检验批质量检验记录

3.1.5.1 路肩检验批质量检验记录表（见表 3-5）

3.1.5.2 010005□□说明

《城镇道路工程施工与质量验收规范》CJJ 1—2008 相关内容：

〔6.5〕路肩

〔6.5.1〕路肩应与路基、基层、面层等同步施工。

〔6.5.2〕路肩应平整、坚实，直线段路肩应直顺，曲线段路肩应顺畅。

一 般 项 目

1. 肩线应顺畅、表面平整，不积水、不阻水。

检查数量：全数检查。

检验方法：观察。

2. 路肩压实度应大于或等于 90%。

检查数量：每 100m，每侧各抽 1 点。

检验方法：环刀法、灌砂法或灌水法。

3. 路肩允许偏差应符合表 010005 规定。

路肩检验批质量检验记录表

表 3-5

表 A.0.1

编号：010005□□

<table>
<tr><td colspan="3">工程名称</td><td></td><td colspan="2">分部工程名称</td><td colspan="5"></td><td colspan="5">分项工程名称</td><td colspan="3">路肩</td></tr>
<tr><td colspan="3">施工单位</td><td></td><td colspan="2">技术负责人</td><td colspan="5"></td><td colspan="5">项目经理</td><td colspan="3"></td></tr>
<tr><td colspan="3">分包单位</td><td></td><td colspan="2">分包项目经理</td><td colspan="5"></td><td colspan="5">施工班组长</td><td colspan="3"></td></tr>
<tr><td colspan="3">工程数量</td><td></td><td colspan="2">验收部位（或桩号）</td><td colspan="5"></td><td colspan="5">项目技术负责人</td><td colspan="3"></td></tr>
<tr><td colspan="3">交方班组</td><td></td><td colspan="2">接方班组</td><td colspan="5"></td><td colspan="5">检查日期</td><td colspan="3">年 月 日</td></tr>
<tr><td rowspan="2">检查项目</td><td rowspan="2">序号</td><td rowspan="2">检查内容</td><td rowspan="2">检验依据/允许偏差（规定值或±偏差值）</td><td colspan="2">检 验 频 率</td><td colspan="13">检查结果/实测点偏差值或实测值</td></tr>
<tr><td>范 围</td><td>点 数</td><td>1</td><td>2</td><td>3</td><td>4</td><td>5</td><td>6</td><td>7</td><td>8</td><td>9</td><td>10</td><td>应测点数</td><td>合格点数</td><td>合格率（%）</td></tr>
<tr><td rowspan="6">一般项目</td><td>1</td><td>肩线</td><td>肩线应顺畅、表面平整，不积水、不阻水</td><td>全数</td><td></td><td></td><td></td><td></td><td></td><td></td><td></td><td></td><td></td><td></td><td></td><td></td><td></td><td></td></tr>
<tr><td>2</td><td>压实度</td><td>≥90%</td><td>100m</td><td>1</td><td></td><td></td><td colspan="8">检验报告编号：</td><td></td><td></td><td></td></tr>
<tr><td>3</td><td>宽度（mm）</td><td>≥设计规定</td><td>40m</td><td>2</td><td></td><td></td><td></td><td></td><td></td><td></td><td></td><td></td><td></td><td></td><td></td><td></td><td></td></tr>
<tr><td>4</td><td>横坡</td><td>±0.1%且不反坡</td><td>40m</td><td>2</td><td></td><td></td><td></td><td></td><td></td><td></td><td></td><td></td><td></td><td></td><td></td><td></td><td></td></tr>
<tr><td>5</td><td></td><td></td><td></td><td></td><td></td><td></td><td></td><td></td><td></td><td></td><td></td><td></td><td></td><td></td><td></td><td></td><td></td></tr>
<tr><td></td><td></td><td></td><td></td><td></td><td></td><td></td><td></td><td></td><td></td><td></td><td></td><td></td><td></td><td></td><td></td><td></td><td></td></tr>
<tr><td colspan="3">平均合格率（%）</td><td colspan="16"></td></tr>
<tr><td colspan="3">施工单位检查评定结论</td><td colspan="16">项目专业质量检查员：（签字）</td></tr>
<tr><td colspan="3">监理（建设）单位意见</td><td colspan="16">监理工程师：（签字）
（或建设单位项目专业技术负责人）：（签字） 年 月 日</td></tr>
</table>

注：本表由施工项目专业质量检查员填写，监理工程师（建设单位项目技术负责人）组织项目专业质量检查员等进行验收，并应按上表进行记录。

3.1.6 路基处理（换填土）检验批质量检验记录

路基处理（换填土）检验批质量检验记录表 **表 3-6**

表 A.0.1

编号：010006□□

工程名称		分部工程名称		分项工程名称	路基处理换填土
施工单位		技术负责人		项目经理	
分包单位		分包项目经理		施工班组长	
工程数量		验收部位（或桩号）		项目技术负责人	
交方班组		接方班组		检查日期	年 月 日

检查项目	序号	检查内容		检验依据/允许偏差（规定值或±偏差值）	检验频率		检查结果/实测点偏差值或实测值												
					范围	点数	1	2	3	4	5	6	7	8	9	10	应测点数	合格点数	合格率（%）
主控项目	1	压实度	0～80	城市快速路、主干路≥95% 次干路≥93% 支路及其他小路≥90%	1000m²	3					检验报告编号：								
	2		＞80～150	城市快速路、主干路≥93% 次干路≥90% 支路及其他小路≥90%							检验报告编号：								
	3		＞150	城市快速路、主干路≥90% 次干路≥90% 支路及其他小路≥87%							检验报告编号：								

续表

检查项目	序号	检查内容	检验依据/允许偏差（规定值或±偏差值）	检验频率		检查结果/实测点偏差值或实测值												
				范围	点数	1	2	3	4	5	6	7	8	9	10	应测点数	合格点数	合格率（%）
主控项目	4	弯沉值（mm/100）	≯设计规定	20m	1					报告编号：								
一般项目	1	路床纵断高程（mm）	−20；+10	20m	1													
	2	路床中线偏位（mm）	≤30	100m	2													
	3	路床平整度（mm）	≤15	20m	1～3													
	4	路床宽度（mm）	≥设计值+B	40m	1													
	5	路床横坡	±0.3%且不反坡	20m	2～6													
	6	边坡	不陡于设计值	20m	2													
平均合格率（%）																		
施工单位检查评定结论			项目专业质量检查员：（签字）															
监理（建设）单位意见			监理工程师：（签字） （或建设单位项目专业技术负责人）：（签字）　　年　月　日															

注：1. B 为施工时必要的附加宽度；
2. 本表由施工项目专业质量检查员填写，监理工程师（建设单位项目技术负责人）组织项目专业质量检查员等进行验收，并应按上表进行记录。

3.1.7 路基处理（砂垫层）检验批质量检验记录

路基处理（砂垫层）检验批质量检验记录表 **表 3-7**

编号：010007□□

表 A.0.1

<table>
<tr><td colspan="3">工程名称</td><td></td><td colspan="2">分部工程名称</td><td colspan="5"></td><td colspan="5">分项工程名称</td><td colspan="3">路基处理砂垫层</td></tr>
<tr><td colspan="3">施工单位</td><td></td><td colspan="2">技术负责人</td><td colspan="5"></td><td colspan="5">项目经理</td><td colspan="3"></td></tr>
<tr><td colspan="3">分包单位</td><td></td><td colspan="2">分包项目经理</td><td colspan="5"></td><td colspan="5">施工班组长</td><td colspan="3"></td></tr>
<tr><td colspan="3">工程数量</td><td></td><td colspan="2">验收部位（或桩号）</td><td colspan="5"></td><td colspan="5">项目技术负责人</td><td colspan="3"></td></tr>
<tr><td colspan="3">交方班组</td><td></td><td colspan="2">接方班组</td><td colspan="5"></td><td colspan="5">检查日期</td><td colspan="3">年 月 日</td></tr>
<tr><td rowspan="2">检查项目</td><td rowspan="2">序号</td><td rowspan="2">检查内容</td><td rowspan="2">检验依据/允许偏差（规定值或±偏差值）</td><td colspan="2">检验频率</td><td colspan="13">检查结果/实测点偏差值或实测值</td></tr>
<tr><td>范围</td><td>点数</td><td>1</td><td>2</td><td>3</td><td>4</td><td>5</td><td>6</td><td>7</td><td>8</td><td>9</td><td>10</td><td>应测点数</td><td>合格点数</td><td>合格率（%）</td></tr>
<tr><td rowspan="3">主控项目</td><td>1</td><td>材料要求</td><td>砂垫层的材料质量符合设计要求</td><td>每批次</td><td>1次</td><td></td><td></td><td></td><td></td><td colspan="6">检验报告编号：</td><td></td><td></td><td></td></tr>
<tr><td>2</td><td>压实度</td><td>≥90%</td><td>1000m²</td><td>3</td><td></td><td></td><td></td><td></td><td colspan="6">检验报告编号：</td><td></td><td></td><td></td></tr>
<tr><td></td><td></td><td></td><td></td><td></td><td></td><td></td><td></td><td></td><td></td><td></td><td></td><td></td><td></td><td></td><td></td><td></td><td></td></tr>
<tr><td>一般项目</td><td>1</td><td>宽度</td><td>≥设计值+B</td><td>40m</td><td>1</td><td></td><td></td><td></td><td></td><td></td><td></td><td></td><td></td><td></td><td></td><td></td><td></td><td></td></tr>
</table>

续表

检查项目	序号	检查内容	检验依据/允许偏差（规定值或±偏差值）		检验频率		检查结果/实测点偏差值或实测值												
					范围	点数	1	2	3	4	5	6	7	8	9	10	应测点数	合格点数	合格率（%）
一般项目	2	厚度	≥设计规定	200m	路宽<9m	2													
					路宽9～15m	4													
					路宽>15m	6													
平均合格率（%）																			
施工单位检查评定结论			项目专业质量检查员：（签字）																
监理（建设）单位意见			监理工程师：（签字） （或建设单位项目专业技术负责人）：（签字） 年 月 日																

注：1. 本表由施工项目专业质量检查员填写，监理工程师（建设单位项目技术负责人）组织项目专业质量检查员等进行验收，并应按上表进行记录。

2. B 为必要的附加宽度。

3.1.8 路基处理（反压护道）检验批质量检验记录

3.1.8.1 路基处理（反压护道）检验批质量检验记录表

路基处理（反压护道）检验批质量检验记录表 **表 3-8**

表 A.0.1

编号：010008□□

工程名称		分部工程名称		分项工程名称	路基处理反压护道
施工单位		技术负责人		项目经理	
分包单位		分包项目经理		施工班组长	
工程数量		验收部位（或桩号）		项目技术负责人	
交方班组		接方班组		检查日期	年 月 日

<table>
<tr><th rowspan="2">检查项目</th><th rowspan="2">序号</th><th rowspan="2">检查内容</th><th rowspan="2">检验依据/允许偏差（规定值或±偏差值）</th><th colspan="2">检验频率</th><th colspan="13">检查结果/实测点偏差值或实测值</th></tr>
<tr><th>范围</th><th>点数</th><th>1</th><th>2</th><th>3</th><th>4</th><th>5</th><th>6</th><th>7</th><th>8</th><th>9</th><th>10</th><th>应测点数</th><th>合格点数</th><th>合格率（%）</th></tr>
<tr><td rowspan="3">主控项目</td><td>1</td><td>压实度</td><td>≥90%</td><td>200m</td><td>3</td><td></td><td></td><td></td><td></td><td colspan="6">检验报告编号：</td><td></td><td></td><td></td></tr>
<tr><td></td><td></td><td></td><td></td><td></td><td></td><td></td><td></td><td></td><td colspan="6"></td><td></td><td></td><td></td></tr>
<tr><td></td><td></td><td></td><td></td><td></td><td></td><td></td><td></td><td></td><td colspan="6"></td><td></td><td></td><td></td></tr>
</table>

续表

检查项目	序号	检查内容	检验依据/允许偏差（规定值或±偏差值）	检验频率		检查结果/实测点偏差值或实测值												
				范围	点数	1	2	3	4	5	6	7	8	9	10	应测点数	合格点数	合格率（%）
一般项目	1	宽度	符合设计要求	全数														
	2	高度	符合设计要求	全数														
平均合格率（%）																		
施工单位检查评定结论	项目专业质量检查员：（签字）																	
监理（建设）单位意见	监理工程师：（签字） （或建设单位项目专业技术负责人）：（签字） 年 月 日																	

注：本表由施工项目专业质量检查员填写，监理工程师（建设单位项目技术负责人）组织项目专业质量检查员等进行验收，并应按上表进行记录。

3.1.9 路基处理（土工材料）检验批质量检验记录

3.1.9.1 路基处理（土工材料）检验批质量检验记录表（见表3-9）

3.1.9.2 010009□□说明

《城镇道路工程施工与质量验收规范》CJJ 1—2008相关内容：

特殊土路基（土工材料）

采用土工材料处理取消软土路基应符合下列要求：

1）土工材料应由耐高温、耐腐蚀、抗老化、不易断裂的聚合物材料制成。其抗拉强度、顶破强度、负荷延伸率等均应符合设计及有关产品质量标准的要求。

2）土工材料铺设前，应对基面压实整平。宜在原地基上铺设一层30～50cm厚的砂垫层。铺设土工材料后，运、铺料等施工机具不得在其上直接行走。

3）每压实层的压实度、平整度经检验合格后，方可于其上铺设土工材料。土工材料应完好，发生破损应及时修补或更换。

4）铺设土工材料时，应将其沿垂直于路轴线展开，并视填土层厚度选用符合要求的锚固钉固定、拉直，不得出现扭曲、折皱等现象。土工材料纵向搭接宽度不应小于30cm，采用锚接时其搭接宽度不得小于15cm；采用胶结时胶接宽度不得小于5cm，其胶结强度不得低于土工材料的抗拉强度。相邻土工材料横向搭接宽度不应小于30cm。

5）路基边坡留置的回卷土工材料，其长度不应小于2m。

6）土工材料铺设完后，应立即铺筑上层填料，其间隔时间不应超过48h。

7）双层土工材料上、下层接缝应错开，错缝距离不应小于50cm。

主控项目

1. 土工材料技术质量指标应符合设计要求。

检查数量：按进场批次，每批次按5%抽检。

路基处理（土工材料）检验批质量检验记录表

表 3-9

表 A. 0. 1

编号：010009□□

工程名称		分部工程名称		分项工程名称	路基处理土工材料
施工单位		技术负责人		项目经理	
分包单位		分包项目经理		施工班组长	
工程数量		验收部位（或桩号）		项目技术负责人	
交方班组		接方班组		检查日期	年　月　日

<table>
<tr><th rowspan="2">检查项目</th><th rowspan="2">序号</th><th rowspan="2">检查内容</th><th rowspan="2" colspan="2">检验依据/允许偏差（规定值或±偏差值）</th><th colspan="2">检验频率</th><th colspan="13">检查结果/实测点偏差值或实测值</th></tr>
<tr><th>范围</th><th>点数</th><th>1</th><th>2</th><th>3</th><th>4</th><th>5</th><th>6</th><th>7</th><th>8</th><th>9</th><th>10</th><th>应测点数</th><th>合格点数</th><th>合格率（%）</th></tr>
<tr><td rowspan="2">主控项目</td><td>1</td><td>土工材料</td><td colspan="2">技术质量符合设计要求</td><td>进场批次</td><td>5%</td><td></td><td></td><td></td><td></td><td colspan="6">检验报告编号：</td><td></td><td></td><td></td></tr>
<tr><td>2</td><td>材料铺设方法</td><td colspan="2">敷设、胶接、锚固和回卷长度应符合设计要求</td><td>全数检查</td><td></td><td></td><td></td><td></td><td></td><td></td><td></td><td></td><td></td><td></td><td></td><td></td><td></td><td></td></tr>
<tr><td rowspan="3">一般项目</td><td rowspan="3">1</td><td rowspan="3">下支承面平整度（mm）</td><td rowspan="3">≤15</td><td rowspan="3">20m</td><td>路宽<9m</td><td>1</td><td></td><td></td><td></td><td></td><td></td><td></td><td></td><td></td><td></td><td></td><td></td><td></td><td></td></tr>
<tr><td>路宽9～15m</td><td>2</td><td></td><td></td><td></td><td></td><td></td><td></td><td></td><td></td><td></td><td></td><td></td><td></td><td></td></tr>
<tr><td>路宽>15m</td><td>3</td><td></td><td></td><td></td><td></td><td></td><td></td><td></td><td></td><td></td><td></td><td></td><td></td><td></td></tr>
</table>

续表

检查项目	序号	检查内容	检验依据/允许偏差（规定值或±偏差值）		检验频率		检查结果/实测点偏差值或实测值												
					范围	点数	1	2	3	4	5	6	7	8	9	10	应测点数	合格点数	合格率（%）
一般项目	2	下支承面拱度	±1%	20m	路宽 ＜9m	2													
					路宽 9～15m	4													
					路宽 ＞15m	6													
平均合格率（%）																			
施工单位检查评定结论			项目专业质量检查员：（签字）																
监理（建设）单位意见			监理工程师：（签字） （或建设单位项目专业技术负责人）：（签字）　　年　月　日																

注：本表由施工项目专业质量检查员填写，监理工程师（建设单位项目技术负责人）组织项目专业质量检查员等进行验收，并应按上表进行记录。

检验方法：查出厂合格证，进场复检。

2. 土工材料的敷设、胶接、锚固和回卷长度应符合设立要求。

检查数量：全数检查。

检验方法：用尺量。

一 般 项 目

3. 下支承面不得有突刺、尖角。

检查数量：全数检查。

检验方法：观察。

4. 土工合成材料铺设允许偏差应符合表 6.8.4-2 规定。

土工合成材料铺设允许偏差表　　　　表〔6.8.4-2〕

项　　目	允许偏差	检验频率			检验方法
		范围（m）	点　数		
下支承面平整度（mm）	≤15	路宽	<9m	1	用 3m 直尺和塞尺连续量两尺，取较大值
			9～15m	2	
			>15m	3	
下支承面拱度	±1%	路宽	<9m	2	用水准仪测量
			9～15m	4	
			>15m	6	

3.1.10 路基处理（袋装砂井）检验批质量检验记录

3.1.10.1 路基处理（袋装砂井）检验批质量检验记录表（见表 3-10）

3.1.10.2 010010□□说明

《城镇道路工程施工与质量验收规范》CJJ 1—2008 相关内容：

特殊土路基（袋装砂井）

采用袋装砂井排水应符合下列要求：

1）宜采用含泥量小于 3%的粗砂或中砂做填料。砂袋的渗透系数应大于所用砂的渗透系数。

路基处理（袋装砂井）检验批质量检验记录表

表 3-10

表 A.0.1

编号：010010□□

工程名称		分部工程名称		分项工程名称	路基处理袋装砂井
施工单位		技术负责人		项目经理	
分包单位		分包项目经理		施工班组长	
工程数量		验收部位（或桩号）		项目技术负责人	
交方班组		接方班组		检查日期	年 月 日

检查项目	序号	检查内容	检验依据/允许偏差（规定值或±偏差值）	检验频率		检查结果/实测点偏差值或实测值												
				范围	点数	1	2	3	4	5	6	7	8	9	10	应测点数	合格点数	合格率（%）
主控项目	1	规格、质量	砂的规格和质量、砂袋织物质量必须符合设计要求	不同材料进场批次	1次					检验报告编号：								
	2	下沉	下沉时不得出现扭结、断裂等现象	全数检查														
	3	井深	不小于设计要求，砂袋在井口外应伸入砂垫层30cm以上	全数检查														

续表

检查项目	序号	检查内容	检验依据/允许偏差（规定值或±偏差值）	检验频率		检查结果/实测点偏差值或实测值												
				范围	点数	1	2	3	4	5	6	7	8	9	10	应测点数	合格点数	合格率（%）
一般项目	1	井间距（mm）	±150	全部	抽查2%且不少于5处													
	2	砂井直径（mm）	+10；0															
	3	井竖直度	≤1.5%H															
	4	砂井灌砂量	−5%G															
平均合格率（%）																		
施工单位检查评定结论			项目专业质量检查员：（签字）															
监理（建设）单位意见			监理工程师：（签字） （或建设单位项目专业技术负责人）：（签字）　年　月　日															

注：1. H 为桩长或孔深，G 为灌砂量。

2. 本表由施工项目专业质量检查员填写，监理工程师（建设单位项目技术负责人）组织项目专业质量检查员等进行验收，并应按上表进行记录。

2）砂袋存放使用中不应长时间暴晒。

3）砂袋安装应垂直入井，不应扭曲、缩颈、断割或磨损，砂袋在孔口外的长度应能顺直伸入砂垫层不小于 30cm。

4）袋装砂井的井距、井深、井径等应符合设要求。

规范中讲到的袋装砂井质量检验应符合下列规定。

主 控 项 目

1）砂的规格和质量、砂袋织物质量必须应符合设计要求。

检查数量：按不同材料进场批次，每批检查 1 次。

检验方法：查检验报告。

2）砂袋下沉时不得出现扭结、断裂等现象。

检查数量：全数检查。

检验方法：观察并记录。

3）井深不小于设计要求，砂袋在井口外应伸入砂垫层 30cm 以上。

检查数量：全数检查。

检验方法：钢尺量测。

一 般 项 目

4）袋装砂井允许偏差应符合表〔6.8.4-3〕规定。

袋装砂井允许偏差表　　　　表〔6.8.4-3〕

项　目	允许偏差	检验频率		检验方法
		范围（m）	点　数	
井间距（mm）	±150	全部	抽查 2%且不少于 5 处	两井间，用钢尺量
砂井直径（mm）	+10；0			查施工记录
井垂直度	≤1.5%H			查施工记录
砂井灌砂量	−5%G			查施工记录

注：H 为桩长或孔深，G 为灌砂量。

3.1.11 路基处理（塑料排水板）检验批质量检验记录

3.1.11.1 路基处理（塑料排水板）检验批质量检验记录表

路基处理（塑料排水板）检验批质量检验记录表 **表 3-11**

表 A.0.1

编号：010011□□

工程名称				分部工程名称								分项工程名称				路基处理塑料排水板		
施工单位				技术负责人								项目经理						
分包单位				分包项目经理								施工班组长						
工程数量				验收部位（或桩号）								项目技术负责人						
交方班组				接方班组								检查日期				年 月 日		
检查项目	序号	检查内容	检验依据/允许偏差（规定值或±偏差值）	检验频率		检查结果/实测点偏差值或实测值												
				范围	点数	1	2	3	4	5	6	7	8	9	10	应测点数	合格点数	合格率（%）
主控项目	1	规格质量	塑料排水板质量必须符合设计要求	不同材料进场批次	1次					检验报告编号：								
	2	下沉	排水板下沉时不得出现扭结、断裂等现象	全数检查														

续表

<table>
<tr><td rowspan="2">检查项目</td><td rowspan="2">序号</td><td rowspan="2">检查内容</td><td rowspan="2">检验依据/允许偏差（规定值或±偏差值）</td><td colspan="2">检 验 频 率</td><td colspan="13">检查结果/实测点偏差值或实测值</td></tr>
<tr><td>范 围</td><td>点 数</td><td>1</td><td>2</td><td>3</td><td>4</td><td>5</td><td>6</td><td>7</td><td>8</td><td>9</td><td>10</td><td>应测点数</td><td>合格点数</td><td>合格率（%）</td></tr>
<tr><td>主控项目</td><td>3</td><td>板深</td><td>不小于设计要求，排水板在井口外应伸入砂垫层 50cm 以上</td><td>全数检查</td><td></td><td></td><td></td><td></td><td></td><td></td><td></td><td></td><td></td><td></td><td></td><td></td><td></td><td></td></tr>
<tr><td rowspan="3">一般项目</td><td>1</td><td>板间距（mm）</td><td>±150</td><td rowspan="2">全部</td><td rowspan="2">抽查 2% 且不少于 5 处</td><td></td><td></td><td></td><td></td><td></td><td></td><td></td><td></td><td></td><td></td><td></td><td></td><td></td></tr>
<tr><td>2</td><td>板竖直度</td><td>≤1.5%H</td><td></td><td></td><td></td><td></td><td></td><td></td><td></td><td></td><td></td><td></td><td></td><td></td><td></td></tr>
<tr><td></td><td></td><td></td><td></td><td></td><td></td><td></td><td></td><td></td><td></td><td></td><td></td><td></td><td></td><td></td><td></td><td></td><td></td></tr>
<tr><td colspan="3">平均合格率（%）</td><td colspan="16"></td></tr>
<tr><td colspan="3">施工单位检查评定结论</td><td colspan="16">项目专业质量检查员：（签字）</td></tr>
<tr><td colspan="3">监理（建设）单位意见</td><td colspan="16">监理工程师：（签字）
（或建设单位项目专业技术负责人）：（签字） 年 月 日</td></tr>
</table>

注：1. H 为桩长或孔深；

2. 本表由施工项目专业质量检查员填写，监理工程师（建设单位项目技术负责人）组织项目专业质量检查员等进行验收，并应按上表进行记录。

3.1.11.2　010011□□说明

《城镇道路工程施工与质量验收规范》CJJ 1—2008 相关内容：

特殊路基（塑料排水板）

采用塑料排水板应符合下列要求：

1）塑料排水板应具有耐腐性、柔韧性，其强度与排水板性能符合设计要求。

2）塑料排水板贮存与使用中不得长期暴晒，并应采取保护滤膜措施。

3）塑料排水板敷设应直顺，深度符合设计规定，超过孔口长度应伸入砂垫层不小于 50cm。

规范中讲到的塑料排水质量检验应符合下列规定：

主 控 项 目

1）塑料排水板质量必须应符合设计要求。

检查数量：按不同材料进场批次，每批检查 1 次。

检验方法：查检验报告。

2）塑料排水板下沉时不得出现扭结、断裂等现象。

检查数量：全数检查。

检验方法：观察。

3）板深不小于设计要求，排水板在井口外应伸入砂垫层 50cm 以上。

检查数量：全数检查。

检验方法：查施工记录。

一 般 项 目

4）塑料排水板设置允许偏差应符合表〔6.8.4-4〕规定。

塑料排水板设置允许偏差表　　表〔6.8.4-4〕

项　目	允许偏差	检验频率		检验方法
		范围（m）	点　数	
板间距（mm）	±150		抽查 2%且不少于 5 处	两板间，用钢尺量
板竖直度	≤1.5%H			查施工记录

注：H 为桩长或孔深。

3.1.12 路基处理（砂桩）检验批质量检验记录

3.1.12.1 路基处理（砂桩）检验批质量检验记录表

路基处理（砂桩）检验批质量检验记录表 **表 3-12**

表 A.0.1 编号：010012□□

<table>
<tr><td colspan="3">工程名称</td><td></td><td colspan="2">分部工程名称</td><td colspan="4"></td><td colspan="6">分项工程名称</td><td colspan="3">路基处理砂桩</td></tr>
<tr><td colspan="3">施工单位</td><td></td><td colspan="2">技术负责人</td><td colspan="4"></td><td colspan="6">项目经理</td><td colspan="3"></td></tr>
<tr><td colspan="3">分包单位</td><td></td><td colspan="2">分包项目经理</td><td colspan="4"></td><td colspan="6">施工班组长</td><td colspan="3"></td></tr>
<tr><td colspan="3">工程数量</td><td></td><td colspan="2">验收部位（或桩号）</td><td colspan="4"></td><td colspan="6">项目技术负责人</td><td colspan="3"></td></tr>
<tr><td colspan="3">交方班组</td><td></td><td colspan="2">接方班组</td><td colspan="4"></td><td colspan="6">检查日期</td><td colspan="3">年 月 日</td></tr>
<tr><td rowspan="2">检查项目</td><td rowspan="2">序号</td><td rowspan="2">检查内容</td><td rowspan="2">检验依据/允许偏差（规定值或±偏差值）</td><td colspan="2">检验频率</td><td colspan="13">检查结果/实测点偏差值或实测值</td></tr>
<tr><td>范围</td><td>点数</td><td>1</td><td>2</td><td>3</td><td>4</td><td>5</td><td>6</td><td>7</td><td>8</td><td>9</td><td>10</td><td>应测点数</td><td>合格点数</td><td>合格率（%）</td></tr>
<tr><td rowspan="3">主控项目</td><td>1</td><td>砂桩材料</td><td>砂桩材料应符合设计要求</td><td>不同材料进场批次</td><td>1次</td><td></td><td></td><td></td><td></td><td colspan="6">检验报告编号：</td><td></td><td></td><td></td></tr>
<tr><td>2</td><td>复合地基承载力</td><td>复合地基承载力不应小于设计要求</td><td colspan="2">总桩数1%且不少于3处</td><td></td><td></td><td></td><td></td><td colspan="6">检验报告编号：</td><td></td><td></td><td></td></tr>
<tr><td>3</td><td>桩长</td><td>不小于设计要求</td><td>全数检查</td><td></td><td></td><td></td><td></td><td></td><td colspan="6">查施工记录：</td><td></td><td></td><td></td></tr>
</table>

续表

<table>
<tr><td rowspan="2">检查项目</td><td rowspan="2">序号</td><td rowspan="2">检查内容</td><td rowspan="2">检验依据/允许偏差（规定值或±偏差值）</td><td colspan="2">检验频率</td><td colspan="13">检查结果/实测点偏差值或实测值</td></tr>
<tr><td>范围</td><td>点数</td><td>1</td><td>2</td><td>3</td><td>4</td><td>5</td><td>6</td><td>7</td><td>8</td><td>9</td><td>10</td><td>应测点数</td><td>合格点数</td><td>合格率（%）</td></tr>
<tr><td rowspan="4">一般项目</td><td>1</td><td>桩距（mm）</td><td>±150</td><td rowspan="3">全部</td><td rowspan="3">抽查2%且不少于2根</td><td></td><td></td><td></td><td></td><td></td><td></td><td></td><td></td><td></td><td></td><td></td><td></td><td></td></tr>
<tr><td>2</td><td>桩径（mm）</td><td>≥设计值</td><td></td><td></td><td></td><td></td><td></td><td></td><td></td><td></td><td></td><td></td><td></td><td></td><td></td></tr>
<tr><td>3</td><td>竖直度</td><td>≤1.5%H</td><td></td><td></td><td></td><td></td><td></td><td></td><td></td><td></td><td></td><td></td><td></td><td></td><td></td></tr>
<tr><td></td><td></td><td></td><td></td><td></td><td></td><td></td><td></td><td></td><td></td><td></td><td></td><td></td><td></td><td></td><td></td><td></td><td></td></tr>
<tr><td colspan="3">平均合格率（%）</td><td colspan="16"></td></tr>
<tr><td colspan="3">施工单位检查评定结论</td><td colspan="16">项目专业质量检查员：（签字）</td></tr>
<tr><td colspan="3">监理（建设）单位意见</td><td colspan="16">监理工程师：（签字）
（或建设单位项目专业技术负责人）：（签字）　　年　月　日</td></tr>
</table>

注：1. H 为桩长或孔深；
2. 本表由施工项目专业质量检查员填写，监理工程师（建设单位项目技术负责人）组织项目专业质量检查员等进行验收，并应按上表进行记录。

3.1.12.2　010012□□说明

《城镇道路工程施工与质量验收规范》CJJ 1—2008 相关内容：

特殊路基（砂桩）

采用砂桩处理软土地基应符合下列要求：

1）砂宜采用含泥量小于3%的粗砂或中砂。

2）应根据成桩方法选定填砂的含水量。

3）砂桩应砂体连续、密实。

4）桩长、桩距、桩径、填砂量应符合设计规定。

规范中讲到的砂桩处理软土地基应符合下列规定：

主 控 项 目

1）砂桩材料应符合设计要求。

检查数量：按不同材料进场批次，每批检查1次。

检验方法：查检验报告。

2）复合地基承载力不小于设计规定。

检查数量：按总桩数的1%进行抽检，且不少于3处。

检验方法：查复合地基承载力验收报告。

3）桩长不小于设计规定。

检查数量：全数检查。

检验方法：查施工记录。

一 般 项 目

4）砂桩允许偏差应符合表〔6.8.4-5〕规定。

砂桩允许偏差表　　　　**表〔6.8.4-5〕**

项　目	允许偏差	检验频率		检验方法
		范围（m）	点　数	
桩距（mm）	±150	全部	抽查2%且不少于2根	两桩间，用钢尺量，查施工记录
桩径（mm）	≥设计值			
竖直度	≤1.5%*H*			

注：*H* 为桩长或孔深。

3.1.13 路基处理（碎石桩）检验批质量检验记录

3.1.13.1 路基处理（碎石桩）检验批质量检验记录表

路基处理（碎石桩）检验批质量检验记录表 **表 3-13**

表 A.0.1

编号：010013□□

<table>
<tr><td colspan="3">工程名称</td><td></td><td colspan="2">分部工程名称</td><td colspan="5"></td><td colspan="5">分项工程名称</td><td colspan="3">路基处理碎石桩</td></tr>
<tr><td colspan="3">施工单位</td><td></td><td colspan="2">技术负责人</td><td colspan="5"></td><td colspan="5">项目经理</td><td colspan="3"></td></tr>
<tr><td colspan="3">分包单位</td><td></td><td colspan="2">分包项目经理</td><td colspan="5"></td><td colspan="5">施工班组长</td><td colspan="3"></td></tr>
<tr><td colspan="3">工程数量</td><td></td><td colspan="2">验收部位（或桩号）</td><td colspan="5"></td><td colspan="5">项目技术负责人</td><td colspan="3"></td></tr>
<tr><td colspan="3">交方班组</td><td></td><td colspan="2">接方班组</td><td colspan="5"></td><td colspan="5">检查日期</td><td colspan="3">年 月 日</td></tr>
<tr><td rowspan="2">检查项目</td><td rowspan="2">序号</td><td rowspan="2">检查内容</td><td rowspan="2">检验依据/允许偏差（规定值或±偏差值）</td><td colspan="2">检验频率</td><td colspan="13">检查结果/实测点偏差值或实测值</td></tr>
<tr><td>范围</td><td>点数</td><td>1</td><td>2</td><td>3</td><td>4</td><td>5</td><td>6</td><td>7</td><td>8</td><td>9</td><td>10</td><td>应测点数</td><td>合格点数</td><td>合格率（%）</td></tr>
<tr><td rowspan="3">主控项目</td><td>1</td><td>材料</td><td>碎石桩材料应符合设计要求</td><td>不同材料进场批次</td><td>1次</td><td></td><td></td><td></td><td></td><td colspan="6">检验报告编号：</td><td></td><td></td><td></td></tr>
<tr><td>2</td><td>复合地基承载力</td><td>复合地基承载力不应小于设计要求</td><td colspan="2">总桩数1%且不少于3处</td><td></td><td></td><td></td><td></td><td colspan="6">检验报告编号：</td><td></td><td></td><td></td></tr>
<tr><td>3</td><td>桩长</td><td>不小于设计要求</td><td>全数检查</td><td></td><td></td><td></td><td></td><td></td><td colspan="6">查施工记录</td><td></td><td></td><td></td></tr>
</table>

续表

<table>
<tr><td rowspan="2">检查项目</td><td rowspan="2">序号</td><td rowspan="2">检查内容</td><td rowspan="2">检验依据/允许偏差（规定值或±偏差值）</td><td colspan="2">检 验 频 率</td><td colspan="13">检查结果/实测点偏差值或实测值</td></tr>
<tr><td>范 围</td><td>点 数</td><td>1</td><td>2</td><td>3</td><td>4</td><td>5</td><td>6</td><td>7</td><td>8</td><td>9</td><td>10</td><td>应测点数</td><td>合格点数</td><td>合格率（%）</td></tr>
<tr><td rowspan="4">一般项目</td><td>1</td><td>桩距（mm）</td><td>±150</td><td rowspan="3">全部</td><td rowspan="3">抽查 2%且不少于 2 根</td><td></td><td></td><td></td><td></td><td></td><td></td><td></td><td></td><td></td><td></td><td></td><td></td><td></td></tr>
<tr><td>2</td><td>桩径（mm）</td><td>≥设计值</td><td></td><td></td><td></td><td></td><td></td><td></td><td></td><td></td><td></td><td></td><td></td><td></td><td></td></tr>
<tr><td>3</td><td>竖直度</td><td>≤1.5%H</td><td></td><td></td><td></td><td></td><td></td><td></td><td></td><td></td><td></td><td></td><td></td><td></td><td></td></tr>
<tr><td></td><td></td><td></td><td></td><td></td><td></td><td></td><td></td><td></td><td></td><td></td><td></td><td></td><td></td><td></td><td></td><td></td><td></td></tr>
<tr><td colspan="3">平均合格率（%）</td><td colspan="16"></td></tr>
<tr><td colspan="3">施工单位检查评定结论</td><td colspan="16">项目专业质量检查员：（签字）</td></tr>
<tr><td colspan="3">监理（建设）单位意见</td><td colspan="16">监理工程师：（签字）
（或建设单位项目专业技术负责人）：（签字） 年 月 日</td></tr>
</table>

注：1. H 为桩长或孔深；
2. 本表由施工项目专业质量检查员填写，监理工程师（建设单位项目技术负责人）组织项目专业质量检查员等进行验收，并应按上表进行记录。

3.1.13.2　010013□□说明

《城镇道路工程施工与质量验收规范》CJJ 1—2008 相关内容：

特殊路基（碎石桩）

采用碎石桩处理软土地基应符合下列要求：

1）宜选用含泥量小于10%、粒径19～63mm的碎石或砾石作桩料。

2）应进行成桩试验，确定控制水压、电流和振冲器的振留时间等参数。

3）应分层加入碎石（砾石）料，观察振实挤实效果，防止断桩、缩颈。

4）桩距、桩长、灌石量应符合设计规定。

规范中讲到的碎石桩处理软土地基应符合下列规定：

主 控 项 目

1）碎石桩材料应符合设计要求。

检查数量：按不同材料进场批次，每批检查1次。

检验方法：查检验报告。

2）复合地基承载力不小于设计规定。

检查数量：按总桩数的1%进行抽检，且不少于3处。

检验方法：查复合地基承载力验收报告。

3）桩长不小于设计规定。

检查数量：全数检查。

检验方法：查施工记录。

一 般 项 目

4）碎石桩成桩质量允许偏差应符合表〔6.8.4-6〕规定。

碎石桩允许偏差表　　　　表〔6.8.4-6〕

项目	允许偏差	检验频率		检验方法
		范围（m）	点数	
桩距（mm）	±150	全部	抽查2%且不少于2根	两桩间，用钢尺量，查施工记录
桩径（mm）	≥设计值			
竖直度	≤1.5%H			

注：H为桩长或孔深。

3.1.14 路基处理（粉喷桩或水泥搅拌桩）检验批质量检验记录

3.1.14.1 路基处理（粉喷桩或水泥搅拌桩）检验批质量检验记录表

3.1.14.2 010014□□说明

《城镇道路工程施工与质量验收规范》CJJ 1—2008 相关内容：

特殊路基（粉喷桩或水泥搅拌桩）

采用粉喷桩（水泥搅拌桩）加固土桩处理软土地基应符合下列要求：

1）石灰应采用磨细Ⅰ级钙质石灰（最大粒径小于 2.36mm、氧化钙含量大于 80%），宜选用 SiO_2 和 Al_2O_3 含量大于 70%，烧失量小于 10%的粉煤灰、普通或矿渣硅酸盐水泥。

2）工艺性成桩试验桩数不宜小于 5 根，以获取钻进速度、提升速度、搅拌、喷气压力与单位时间喷入量（水泥水灰比）等参数。

3）桩距、桩长、桩径、承载力等应符合设计规定。

〔6.7.2.13〕施工中，施工单位应按设计与施工方案要求记录各项控制观察数值，并与设计单位、监理单位及时沟通反馈有关信息指导施工。路堤完工后，应观测沉降值与位移至符合设计规定并稳定后，方可进行后续施工。

规范中讲到的粉喷桩（水泥搅拌桩）处理软土地基应符合下列规定：

主 控 项 目

1）水泥品种、级别及石灰、粉煤灰的性能指标应符合设计要求。

检查数量：按不同材料进场批次，每批检查 1 次。

检验方法：查检验报告。

2）桩长不应小于设计规定。

检查数量：全数检查。

路基处理（粉喷桩或水泥搅拌桩）检验批质量检验记录表

表 3-14

表 A.0.1

编号：010014□□

工程名称		分部工程名称		分项工程名称	路基处理粉喷桩
施工单位		技术负责人		项目经理	
分包单位		分包项目经理		施工班组长	
工程数量		验收部位（或桩号）		项目技术负责人	
交方班组		接方班组		检查日期	年 月 日

检查项目	序号	检查内容	检验依据/允许偏差（规定值或±偏差值）	检验频率		检查结果/实测点偏差值或实测值												
				范围	点数	1	2	3	4	5	6	7	8	9	10	应测点数	合格点数	合格率（%）
主控项目	1	材料	水泥品种、石灰、粉煤灰的性能指标应符合设计要求	不同材料进场批次	每批1次					检验报告编号：								
	2	桩长	不应小于设计规定	全数检查						查施工记录								
	3	桩身均匀性	轻便触探（N_{10}）检查	抽检	总桩数1%且不少于3根					检测报告编号：								
	4	复合地基承载力	复合地基承载力不应小于设计要求							检验报告编号：								

续表

<table>
<tr><th rowspan="2">检查项目</th><th rowspan="2">序号</th><th rowspan="2">检查内容</th><th rowspan="2">检验依据/允许偏差（规定值或±偏差值）</th><th colspan="2">检验频率</th><th colspan="13">检查结果/实测点偏差值或实测值</th></tr>
<tr><th>范围</th><th>点数</th><th>1</th><th>2</th><th>3</th><th>4</th><th>5</th><th>6</th><th>7</th><th>8</th><th>9</th><th>10</th><th>应测点数</th><th>合格点数</th><th>合格率（%）</th></tr>
<tr><td rowspan="4">一般项目</td><td>1</td><td>强度（kPa）</td><td>不小于设计值</td><td>全部</td><td>抽查5%</td><td></td><td></td><td></td><td></td><td colspan="6">检验报告编号：</td><td></td><td></td><td></td></tr>
<tr><td>2</td><td>桩距（mm）</td><td>±100</td><td rowspan="3">全部</td><td rowspan="3">抽查2%且不少于2根</td><td></td><td></td><td></td><td></td><td></td><td></td><td></td><td></td><td></td><td></td><td></td><td></td><td></td></tr>
<tr><td>3</td><td>桩径（mm）</td><td>≥设计值</td><td></td><td></td><td></td><td></td><td></td><td></td><td></td><td></td><td></td><td></td><td></td><td></td><td></td></tr>
<tr><td>4</td><td>竖直度</td><td>≤1.5%H</td><td></td><td></td><td></td><td></td><td></td><td></td><td></td><td></td><td></td><td></td><td></td><td></td><td></td></tr>
<tr><td colspan="3">平均合格率（%）</td><td colspan="16"></td></tr>
<tr><td colspan="3">施工单位检查评定结论</td><td colspan="16">项目专业质量检查员：（签字）</td></tr>
<tr><td colspan="3">监理（建设）单位意见</td><td colspan="16">监理工程师：（签字）
（或建设单位项目专业技术负责人）：（签字）　　年　月　日</td></tr>
</table>

注：H 为柱长或孔深。

检验方法：查施工记录。

3）复合地基承载力不小于设计规定。

检查数量：按总桩数的1%进行抽检，且不少于3处。

检验方法：查复合地基承载力验收报告。

一 般 项 目

4）粉喷桩成桩质量允许偏差应符合表〔6.8.4-7〕规定。

粉喷桩允许偏差表　　表〔6.8.4-7〕

项目	允许偏差	检验频率		检验方法
		范围（m）	点数	
强度（kPa）	不小于设计值	全部	抽查5%	切取试样或无损检测
桩距（mm）	±100	全部	抽查2%且不少于2根	两桩间，用钢尺量，查施工记录
桩径（mm）	≥设计值			
竖直度	≤1.5%H			

注：H为桩长或孔深。

相 关 说 明

1）对于软土地区路基搅拌桩处理采用粉喷还是浆喷应根据当地施工经验和土质情况而定。

2）水泥土搅拌桩的均匀性对施工质量影响较大，根据《建筑地基处理技术规范》JGJ 79—2002第11.4.2条，我们在上表主控项目中增加均匀性检查项目。

3）桩身均匀性检查应在成桩3d内用轻便触探（N_{10}）从桩顶开始，每米桩身均先钻孔700mm深度，然后触探300mm，并记录锤击数。

4）对桩身质量有必要检验时，应在成桩28d后，钻取芯样做抗压强度检验，检验频率：总桩数的0.5%且≥3根或按设计要求。

3.1.15 路基处理（湿陷性黄土强夯处理）检验批质量检验记录

3.1.15.1 路基处理（湿陷性黄土强夯处理）检验批质量检验记录表

路基处理（湿陷性黄土强夯处理）**检验批质量检验记录表** **表 3-15**

表 A.0.1　　编号：010015□□

<table>
<tr><td colspan="3">工程名称</td><td></td><td colspan="2">分部工程名称</td><td colspan="4"></td><td colspan="6">分项工程名称</td><td colspan="3">路基处理
湿陷性黄土强夯</td></tr>
<tr><td colspan="3">施工单位</td><td></td><td colspan="2">技术负责人</td><td colspan="4"></td><td colspan="6">项目经理</td><td colspan="3"></td></tr>
<tr><td colspan="3">分包单位</td><td></td><td colspan="2">分包项目经理</td><td colspan="4"></td><td colspan="6">施工班组长</td><td colspan="3"></td></tr>
<tr><td colspan="3">工程数量</td><td></td><td colspan="2">验收部位（或桩号）</td><td colspan="4"></td><td colspan="6">项目技术负责人</td><td colspan="3"></td></tr>
<tr><td colspan="3">交方班组</td><td></td><td colspan="2">接方班组</td><td colspan="4"></td><td colspan="6">检查日期</td><td colspan="3">年　月　日</td></tr>
<tr><td rowspan="2">检查项目</td><td rowspan="2">序号</td><td rowspan="2">检查内容</td><td rowspan="2">检验依据/允许偏差（规定值或±偏差值）</td><td colspan="2">检 验 频 率</td><td colspan="13">检查结果/实测点偏差值或实测值</td></tr>
<tr><td>范　围</td><td>点　数</td><td>1</td><td>2</td><td>3</td><td>4</td><td>5</td><td>6</td><td>7</td><td>8</td><td>9</td><td>10</td><td>应测点数</td><td>合格点数</td><td>合格率（%）</td></tr>
<tr><td rowspan="2">主控项目</td><td>1</td><td>压实度</td><td>符合设计要求或表 6.3.12-2 规定</td><td>1000m²</td><td>3</td><td></td><td></td><td></td><td></td><td colspan="6">检验报告编号：</td><td></td><td></td><td></td></tr>
<tr><td></td><td></td><td></td><td></td><td></td><td></td><td></td><td></td><td></td><td></td><td></td><td></td><td></td><td></td><td></td><td></td><td></td><td></td></tr>
</table>

续表

检查项目	序号	检查内容	检验依据/允许偏差（规定值或±偏差值）		检验频率		检查结果/实测点偏差值或实测值												
					范围	点数	1	2	3	4	5	6	7	8	9	10	应测点数	合格点数	合格率（%）
一般项目	1	夯点累计夯沉量	不小于试夯时确定夯沉量的95%	200m	路宽<9m	2													
					路宽9～15m	4													
					路宽>15m	6													
	2	湿陷系数	符合设计要求		路宽<9m	2													
					路宽9～15m	4													
					路宽>15m	6													
平均合格率（%）																			
施工单位检查评定结论			项目专业质量检查员：（签字）																
监理（建设）单位意见			监理工程师：（签字） （或建设单位项目专业技术负责人）：（签字）　年　月　日																

注：1. 隔7～10d，在设计有效加固深度内，每隔50～100cm取土样测定土的压实度，湿陷系数等指标；

2. 本表由施工项目专业质量检查员填写，监理工程师（建设单位项目技术负责人）组织项目。专业质量检查员等进行验收，并应按上表进行记录。

3.1.15.2　010015□□说明

《城镇道路工程施工与质量验收规范》CJJ 1—2008 相关内容：

特殊路基（湿陷性黄土强夯处理）

湿陷性黄土路基施工应符合下列要求：

1）施工前应作好施工期拦截、排除地表水的措施。且宜与设计规定拦截、排除、防止地表水下渗的设施结合。

2）路基内的地下排水构筑物与地面排水沟渠必须采取防渗措施。

3）施工中应详探道路范围内的陷穴，当发现设计有遗漏时，应及时报建设单位、设计单位，进行补充设计。

4）用换填法处理路基时应符合下列规定：

（1）换填材料可选用黄土、其他黏性土或石灰土，填筑压实要求同土方路基。采用石灰土换填时，消石灰与土的质量配合比，宜为石灰：土为 9：91（二八灰土）或 12：88（三七灰土）。石灰应符合规范第 7.2.1 条有关规定。

（2）换填宽度应宽出路基坡脚 0.5～1.0m。

（3）填筑用土中大于 10cm 的土块必须打碎，并应在接近最佳含水量时碾压密实。

5）强夯处理时应符合下列要求：

（1）夯实施工前，必须查明场地范围内的地下管线等构筑物的位置及标高，严禁在其上方采用强夯施工，靠近其施工必须采取保护措施。

（2）施工前应按设计要求在现场选点进行试夯，通过试夯确定施工参数，如夯锤质量、落距、夯点布置、夯击次数和夯击遍数等。

（3）地基处理范围不宜小于路基坡脚外 3m。

（4）应划定作业区域，并应设专人指挥施工。

（5）施工过程中，应设专人对夯击参数进行监测和记录，当参数变异时，应及时采取措施处理。

6）路堤边坡应整平夯实，并应采取防止路面水冲刷措施。

主 控 项 目

1）路基土压实度应符合设计规定和规范6.3.12-2规定。
检查数量：每1000m²，每压实层，抽检3点。
检验方法：环刀法、灌砂法或灌水法。

一 般 项 目

2）湿陷性黄土路基夯实处理质量检验应符合表〔6.8.5〕规定。

湿陷性黄土夯实质量检验标准　　表〔6.8.5〕

项目	允许偏差	检验频率				检验方法
		范围（m）	点数			
夯点累计夯沉量	不小于试夯时确定夯沉量的95%	200m	路宽（m）	<9m	2	查施工记录
				9～15m	4	
				>15m	6	
湿陷系数	符合设计要求		路宽（m）	<9m	2	见注
				9～15m	4	
				>15m	6	

注：隔7～10d，在设计有效加固深度内，每隔50～100cm取样土测定土的压实度，湿陷系数等指标。

3.2 基 层 工 程

3.2.1 基层（石灰稳定土）检验批质量检验记录

3.2.1.1　基石（石灰稳定土）检验批质量检验记录表

基层（石灰稳定土）检验批质量检验记录表

表 3-16

表 A.0.1

编号：020001□□

工程名称		分部工程名称		分项工程名称	石灰稳定土基层
施工单位		技术负责人		项目经理	
分包单位		分包项目经理		施工班组长	
工程数量		验收部位（或桩号）		项目技术负责人	
交方班组		接方班组		检查日期	年 月 日

检查项目	序号	检查内容	检验依据/允许偏差（规定值或±偏差值）	检验频率		检查结果/实测点偏差值或实测值												
				范围	点数	1	2	3	4	5	6	7	8	9	10	应测点数	合格点数	合格率（%）
主控项目	1	材料	土、石灰应符合本规范第 7.2.1 条规定	不同材料进厂批次	1 次					检验报告编号：								
	2	压实度	快速路、主干路基层≥97%，底基层≥95%。其他等级路基层≥95%，底基层≥93%。	$1000m^2$ 每压实层	1					检验报告编号：								
	3	抗压强度	符合设计要求	$2000m^2$	1 组					检验报告编号：								
	4	弯沉值（mm/100）	（设计有要求时）≯设计规定	20m	1					报告编号：								

续表

检查项目	序号	检查内容	检验依据/允许偏差（规定值或±偏差值）		检验频率		检查结果/实测点偏差值或实测值												
					范围	点数	1	2	3	4	5	6	7	8	9	10	应测点数	合格点数	合格率（%）
一般项目	1	中线偏位（mm）	≤20		100m	1													
	2	纵断高程（mm）	基层	±15	20m	1													
			底基层	±20															
	3	平整度（mm）	基层	≤10	20m	1～3													
			底基层	≤15															
	4	宽度（mm）	≥设计规定+B		40m	1													
	5	横坡	±0.3%且不反坡		20m	2～6													
	6	厚度（mm）	±10		1000m^2	1													
平均合格率（%）																			
施工单位检查评定结论			项目专业质量检查员：（签字）																
监理（建设）单位意见			监理工程师：（签字） （或建设单位项目专业技术负责人）：（签字）　　年　月　日																

注：1. B 为基层宽度。

2. 本表由施工项目专业质量检查员填写，监理工程师（建设单位项目技术负责人）组织项目专业质量检查员等进行验收，并应按上表进行记录。

3.2.2 基层【石灰、粉煤灰砂砾（碎石）】检验批质量检验记录

基层［石灰、粉煤灰砂砾（碎石）］检验批质量检验记录表 **表 3-17**

表 A.0.1

编号：020002□□

<table>
<tr><td colspan="3">工程名称</td><td></td><td colspan="2">分部工程名称</td><td colspan="4"></td><td colspan="6">分项工程名称</td><td colspan="3">石灰、粉煤灰砂砾基层</td></tr>
<tr><td colspan="3">施工单位</td><td></td><td colspan="2">技术负责人</td><td colspan="4"></td><td colspan="6">项目经理</td><td colspan="3"></td></tr>
<tr><td colspan="3">分包单位</td><td></td><td colspan="2">分包项目经理</td><td colspan="4"></td><td colspan="6">施工班组长</td><td colspan="3"></td></tr>
<tr><td colspan="3">工程数量</td><td></td><td colspan="2">验收部位（或桩号）</td><td colspan="4"></td><td colspan="6">项目技术负责人</td><td colspan="3"></td></tr>
<tr><td colspan="3">交方班组</td><td></td><td colspan="2">接方班组</td><td colspan="4"></td><td colspan="6">检查日期</td><td colspan="3">年 月 日</td></tr>
<tr><td rowspan="2">检查项目</td><td rowspan="2">序号</td><td rowspan="2">检查内容</td><td rowspan="2">检验依据/允许偏差（规定值或±偏差值）</td><td colspan="2">检 验 频 率</td><td colspan="13">检查结果/实测点偏差值或实测值</td></tr>
<tr><td>范 围</td><td>点 数</td><td>1</td><td>2</td><td>3</td><td>4</td><td>5</td><td>6</td><td>7</td><td>8</td><td>9</td><td>10</td><td>应测点数</td><td>合格点数</td><td>合格率（%）</td></tr>
<tr><td rowspan="4">主控项目</td><td>1</td><td>材料</td><td>石灰、粉煤灰砂砾应符合本规范第7.2.1、7.3.1条规定</td><td>不同材料进厂批次</td><td>1次</td><td></td><td></td><td></td><td></td><td colspan="6">检验报告编号：</td><td></td><td></td><td></td></tr>
<tr><td>2</td><td>压实度</td><td>快速路、主干路基层≥97%，底基层≥95%。其他等级路基层≥95%，底基层≥93%</td><td>1000m^{2}每压实层</td><td>1</td><td></td><td></td><td></td><td></td><td colspan="6">检验报告编号：</td><td></td><td></td><td></td></tr>
<tr><td>3</td><td>抗压强度</td><td>符合设计要求</td><td>2000m^2</td><td>1组</td><td></td><td></td><td></td><td></td><td colspan="6">检验报告编号：</td><td></td><td></td><td></td></tr>
<tr><td>4</td><td>弯沉值（mm/100）</td><td>（设计有要求时）≯设计规定</td><td>20m</td><td>1</td><td></td><td></td><td></td><td></td><td colspan="6">报告编号：</td><td></td><td></td><td></td></tr>
</table>

续表

检查项目	序号	检查内容	检验依据/允许偏差（规定值或±偏差值）		检验频率		检查结果/实测点偏差值或实测值												
					范围	点数	1	2	3	4	5	6	7	8	9	10	应测点数	合格点数	合格率（%）
一般项目	1	中线偏位（mm）	≤20		100m	1													
	2	纵断高程（mm）	基层	±15	20m	1													
			底基层	±20															
	3	平整度（mm）	基层	≤10	20m	1～3													
			底基层	≤15															
	4	宽度（mm）	≥设计规定+B		40m	1													
	5	横坡	±0.3%且不反坡		20m	2～6													
	6	厚度（mm）	±10		1000m^2	1													
平均合格率（%）																			
施工单位检查评定结论			项目专业质量检查员：（签字）																
监理（建设）单位意见			监理工程师：（签字） （或建设单位项目专业技术负责人）：（签字） 年 月 日																

注：1. B为基层宽度。

2. 本表由施工项目专业质量检查员填写，监理工程师（建设单位项目技术负责人）组织项目专业质量检查员等进行验收，并应按上表进行记录。

3.2.3 基层（石灰、粉煤灰钢渣）检验批质量检验记录

3.2.3.1 基层（石灰、粉煤灰钢渣）检验批质量检验记录表

基层（石灰、粉煤灰钢渣）检验批质量检验记录表 **表 3-18**

表 A.0.1 编号：020003□□

工程名称		分部工程名称		分项工程名称	石灰、粉煤灰钢渣基层
施工单位		技术负责人		项目经理	
分包单位		分包项目经理		施工班组长	
工程数量		验收部位（或桩号）		项目技术负责人	
交方班组		接方班组		检查日期	年 月 日

检查项目	序号	检查内容	检验依据/允许偏差（规定值或±偏差值）	检验频率		检查结果/实测点偏差值或实测值												
				范围	点数	1	2	3	4	5	6	7	8	9	10	应测点数	合格点数	合格率（%）
主控项目	1	材料	石灰粉煤灰钢渣应符合本规范第7.2.1、7.3.1、7.4.1条规定	不同材料进厂批次	1次					检验报告编号：								
	2	压实度	快速路、主干路基层≥97%，底基层≥95%。其他等级路基层≥95%，底基层≥93%。	$1000m^2$ 每压实层	1					检验报告编号：								
	3	无侧限抗压强度	符合设计要求	$2000m^2$	1组					检验报告编号：								

续表

检查项目	序号	检查内容	检验依据/允许偏差（规定值或±偏差值）		检验频率		检查结果/实测点偏差值或实测值												
					范围	点数	1	2	3	4	5	6	7	8	9	10	应测点数	合格点数	合格率（%）
主控项目	4	弯沉值（mm/100）	（设计有要求时）≯设计规定		20m	1				报告编号：									
一般项目	1	中线偏位（mm）	≤20		100m	1													
	2	纵断高程（mm）	基层	±15	20m	1													
			底基层	±20															
	3	平整度（mm）	基层	≤10	20m	1～3													
			底基层	≤15															
	4	宽度（mm）	≥设计规定＋B		40m	1													
	5	横坡	±0.3%且不反坡		20m	2～6													
	6	厚度（mm）	±10		1000m^2	1													
平均合格率（%）																			
施工单位检查评定结论			项目专业质量检查员：（签字）																
监理（建设）单位意见			监理工程师：（签字） （或建设单位项目专业技术负责人）：（签字）　年　月　日																

注：1. B 为基层宽度。

2. 本表由施工项目专业质量检查员填写，监理工程师（建设单位项目技术负责人）组织项目专业质量检查员等进行验收，并应按上表进行记录。

3.2.3.2　020001/020002/020003□□说明

《城镇道路工程施工与质量验收规范》CJJ 1—2008 相关内容：

〔7.2-7.4〕基层（石灰、石灰粉煤灰稳定砂砾、钢渣稳定土类）

〔7.8.1〕石灰稳定土，石灰、粉煤灰稳定砂砾（碎石），石灰、粉煤灰稳定钢渣基层及底基层质量检验应符合下列规定：

主 控 项 目

1）原材料质量检验应符合下列要求。

（1）土应符合规范第 7.2.1 条第 1 款或第 7.4.1 条第 4 款的规定。

（2）石灰应符合规范第 7.2.1 条第 2 款的规定。

（3）粉煤灰应符合规范第 7.3.1 条第 2 款的规定。

（4）砂砾应符合规范第 7.3.1 条第 3 款的规定。

（5）钢渣应符合规范第 7.4.1 条第 3 款的规定。

（6）水应符合规范第 7.2.1 条第 3 款的规定。

检查数量：按不同材料进场批次，每批检查 1 次。

检验方法：查检验报告、复检。

2）基层底基层压实度应符合下列要求：

（1）城市快速路、主干路基层大于等于 97%，底基层大于等于 95%。

（2）其他等级道路基层大于等于 95%，底基层大于等于 93%。

检查数量：每 1000m^2，抽检 1 点。

检验方法：环刀法、灌砂法或灌水法。

3）基层、底基层试件作 7d 无侧限抗压强度，应符合设计要求：

检查数量：每 2000m^2，每压实层，抽检 1 组。

检验方法：现场取样试验。

一 般 项 目

4）表面应平整、坚实、无粗细骨料集中现象，无明显轮迹，推移、裂缝，接茬平顺，无贴皮、散料。

5）基层及底基层允许偏差应符合表〔7.8.1〕的规定。

石灰稳定土类基层及底层允许偏差　　　　表〔7.8.1〕

<table>
<tr><th colspan="2" rowspan="2">项　目</th><th rowspan="2">允许偏差</th><th colspan="4">检 验 频 率</th><th rowspan="2">检验方法</th></tr>
<tr><th>范围（m）</th><th colspan="3">点　数</th></tr>
<tr><td colspan="2">中线偏位（mm）</td><td>≤20</td><td>100m</td><td colspan="3">1</td><td>用经纬仪测量</td></tr>
<tr><td rowspan="2">纵断高程（mm）</td><td>基层</td><td>±15</td><td rowspan="2">20m</td><td colspan="3" rowspan="2">1</td><td rowspan="2">用水准仪测量</td></tr>
<tr><td>底基层</td><td>±20</td></tr>
<tr><td rowspan="3">平整度（mm）</td><td>基层</td><td>≤10</td><td rowspan="3">20m</td><td rowspan="3">路宽（m）</td><td><9</td><td>1</td><td rowspan="3">用 3m 直尺和塞尺连续量两尺，取较大值</td></tr>
<tr><td rowspan="2">底基层</td><td rowspan="2">≤15</td><td>9～15</td><td>2</td></tr>
<tr><td>>15</td><td>3</td></tr>
<tr><td colspan="2">宽度（mm）</td><td>不小于设计规定+B</td><td>40m</td><td colspan="3">1</td><td>用钢尺量</td></tr>
<tr><td colspan="2" rowspan="3">横坡</td><td rowspan="3">±0.3%且不反坡</td><td rowspan="3">20m</td><td rowspan="3">路宽（m）</td><td><9</td><td>2</td><td rowspan="3">用水准仪测量</td></tr>
<tr><td>9～15</td><td>4</td></tr>
<tr><td>>15</td><td>6</td></tr>
<tr><td colspan="2">厚度（mm）</td><td>±10</td><td>1000m²</td><td colspan="3">1</td><td>用钢尺量</td></tr>
</table>

相关说明：

工程施工图设计图纸中往往对基层（底基层）有设计弯沉值指标，我们在上面几个表格的主控项目中增加了弯沉值项目。

3.2.4 基层（水泥稳定土类）检验批质量检验记录

3.2.4.1　基层（水泥稳定土类）检验批质量检验记录表

基层（水泥稳定土类）检验批质量检验记录表

表 3-19

表 A.0.1

编号：020004□□

工程名称		分部工程名称		分项工程名称	水泥稳定土类基层
施工单位		技术负责人		项目经理	
分包单位		分包项目经理		施工班组长	
工程数量		验收部位（或桩号）		项目技术负责人	
交方班组		接方班组		检查日期	年 月 日

检查项目	序号	检查内容	检验依据/允许偏差（规定值或±偏差值）	检验频率		检查结果/实测点偏差值或实测值												
				范围	点数	1	2	3	4	5	6	7	8	9	10	应测点数	合格点数	合格率（%）
主控项目	1	材料	水泥土粒料应符合本规范第 7.5.1 条规定	不同材料进厂批次	1次					检验报告编号：								
	2	压实度	快速路、主干路基层≥97%，底基层≥95%。其他等级路基层≥95%，底基层≥93%。	1000m^2 每压实层	1					检验报告编号：								
	3	无侧限抗压强度	符合设计要求	2000m^2	1组					检验报告编号：								
	4	弯沉值（mm/100）	（设计有要求时）≯设计规定	20m	1					报告编号：								

续表

检查项目	序号	检查内容	检验依据/允许偏差（规定值或±偏差值）		检验频率		检查结果/实测点偏差值或实测值												
					范围	点数	1	2	3	4	5	6	7	8	9	10	应测点数	合格点数	合格率（%）
一般项目	1	中线偏位（mm）	≤20		100m	1													
	2	纵断高程（mm）	基层	±15	20m	1													
			底基层	±20															
	3	平整度（mm）	基层	≤10	20m	1～3													
			底基层	≤15															
	4	宽度（mm）	≥设计规定+B		40m	1													
	5	横坡	±0.3%且不反坡		20m	2～6													
	6	厚度（mm）	±10		1000m^2	1													
平均合格率（%）																			
施工单位检查评定结论			项目专业质量检查员：（签字）																
监理（建设）单位意见			监理工程师：（签字） （或建设单位项目专业技术负责人）：（签字）　年　月　日																

注：1. B 为基层宽度；
2. 本表由施工项目专业质量检查员填写，监理工程师（建设单位项目技术负责人）组织项目专业质量检查员等进行验收，并应按上表进行记录。

3.2.4.2 020004□□说明

《城镇道路工程施工与质量验收规范》CJJ 1—2008 相关内容：

〔7.5〕基层（水泥稳定土类）

〔7.8.2〕水泥稳定土类基层及底基层质量检验应符合下列规定：

主 控 项 目

1）原材料质量检验应符合下列要求。

（1）水泥应符合规范第 7.5.1 条第 1 款的规定。

（2）土类材料应符合规范第 7.5.1 条第 2 款的规定。

（3）粒料应符合规范第 7.5.1 条第 3 款的规定。

（4）水应符合规范第 7.2.1 条第 3 款的规定。

检查数量：按不同材料进场批次，每批检查 1 次。

检验方法：查检验报告、复检。

2）基层、底基层的压实度应符合下列要求：

（1）城市快速路、主干路基层大于等于 97%，底基层大于等于 95%。

（2）其他等级道路基层大于等于 95%，底基层大于等于 93%。

检查数量：每 1000m^2，每压实层，抽查 1 点。

检验方法：灌砂法或灌水法。

3）基层、底基层试件作 7d 无侧限抗压强度，应符合设计要求；

检查数量：每 2000m^2，抽检 1 组；

检验方法：现场取样试验。

一 般 项 目

4）表面应平整、坚实、接缝平顺，无明显粗、细集料集中现象，无推移、裂缝、贴皮、松散、浮料。

5）基层及底基层允许偏差应符合表〔7.8.2〕的规定。

水泥稳定土类基层及底层允许偏差　　表〔7.8.2〕

<table>
<tr><th colspan="2" rowspan="2">项　目</th><th rowspan="2">允许偏差</th><th colspan="4">检　验　频　率</th><th rowspan="2">检验方法</th></tr>
<tr><th>范围（m）</th><th colspan="3">点　数</th></tr>
<tr><td colspan="2">中线偏位（mm）</td><td>≤20</td><td>100m</td><td colspan="3">1</td><td>用经纬仪测量</td></tr>
<tr><td rowspan="2">纵断高程(mm)</td><td>基层</td><td>±15</td><td rowspan="2">20m</td><td colspan="3" rowspan="2">1</td><td rowspan="2">用水准仪测量</td></tr>
<tr><td>底基层</td><td>±20</td></tr>
<tr><td rowspan="3">平整度（mm）</td><td>基层</td><td>≤10</td><td rowspan="3">20m</td><td rowspan="3">路宽（m）</td><td><9</td><td>1</td><td rowspan="3">用 3m 直尺和塞尺连续量两尺，取较大值</td></tr>
<tr><td rowspan="2">底基层</td><td rowspan="2">≤15</td><td>9～15</td><td>2</td></tr>
<tr><td>>15</td><td>3</td></tr>
<tr><td colspan="2">宽度（mm）</td><td>不小于设计规定+B</td><td>40m</td><td colspan="3">1</td><td>用钢尺量</td></tr>
<tr><td colspan="2" rowspan="3">横坡</td><td rowspan="3">±0.3%且不反坡</td><td rowspan="3">20m</td><td rowspan="3">路宽（m）</td><td><9</td><td>2</td><td rowspan="3">用水准仪测量</td></tr>
<tr><td>9～15</td><td>4</td></tr>
<tr><td>>15</td><td>6</td></tr>
<tr><td colspan="2">厚度（mm）</td><td>±10</td><td>1000m²</td><td colspan="3">1</td><td>用钢尺量</td></tr>
</table>

相 关 说 明

工程施工图设计图纸中往往对水泥稳定土类基层（底基层）有设计弯沉值指标，我们在上表的主控项目中增加了弯沉值项目。

3.2.5　基层（级配砂砾、砾石）检验批质量检验记录

3.2.5.1　基层（级配砂砾、砾石）检验批质量检验记录表（见表 3-20）

3.2.5.2　020005□□说明

《城镇道路工程施工与质量验收规范》CJJ 1—2008 相关内容：

〔7.6〕级配砂砾及级配砾石基层

〔7.8.3〕级配砂砾及级配砾石基层及底基层质量检验应符合下列规定：

主 控 项 目

1）集料质量级配应符合本规范 7.6.2 条的有关规定。

检查数量：按砂石材料进场批次，每批检查 1 次。

检验方法：查检验报告。

2）基层压实度大于等于 97%，底基层大于等于 95%。

基层（级配砂砾、砾石）检验批质量检验记录表

表 3-20

表 A.0.1

编号：020005□□

工程名称					分部工程名称								分项工程名称				级配砂砾、砾石基层		
施工单位					技术负责人								项目经理						
分包单位					分包项目经理								施工班组长						
工程数量					验收部位（或桩号）								项目技术负责人						
交方班组					接方班组								检查日期				年　月　日		
检查项目	序号	检查内容	检验依据/允许偏差（规定值或±偏差值）		检验频率		检查结果/实测点偏差值或实测值												
					范围	点数	1	2	3	4	5	6	7	8	9	10	应测点数	合格点数	合格率（%）
主控项目	1	材料	集料质量及级配应符合本规范第7.6.2条规定		按砂石材料进场批次	每批1次					检验报告编号：								
	2	压实度	基层≥97% 底基层≥95%		1000m²每压实层	1					检验报告编号：								
	3	弯沉值	（设计有要求时）≯设计规定		每车道、每20m	1					检验报告编号：								
一般项目	1	中线偏位（mm）	≤20		100m	1													
	2	纵断高程（mm）	基层	±15	20m	1													
			底基层	±20															

续表

检查项目	序号	检查内容	检验依据/允许偏差（规定值或±偏差值）		检验频率		检查结果/实测点偏差值或实测值												
					范围	点数	1	2	3	4	5	6	7	8	9	10	应测点数	合格点数	合格率（%）
一般项目	3	平整度（mm）	基层	≤10	20m	1～3													
			底基层	≤15															
	4	宽度（mm）	≥设计规定+B		40m	1													
	5	横坡	±0.3%且不反坡	路宽<9m	20m	2													
				路宽9～15m		4													
				路宽>15m		6													
	6	厚度（mm）	砂石+20；−10	砾石+20 −10%层厚	1000m^2	1													
平均合格率（%）																			
施工单位检查评定结论			项目专业质量检查员：（签字）																
监理（建设）单位意见			监理工程师：（签字） （或建设单位项目专业技术负责人）：（签字）　年　月　日																

注：1. B 为基层宽度。

2. 本表由施工项目专业质量检查员填写，监理工程师（建设单位项目技术负责人）组织项目专业质量检查员等进行验收，并应按上表进行记录。

检查数量：每 1000m^2 抽检 1 点。

检验方法：灌砂法或灌水法。

3）弯沉值，不应大于设计规定。

检查数量：设计规定时每车道、每 20m，测 1 点。

检验方法：弯沉仪检测。

一 般 项 目

4）表面应平整、坚实、无松散和粗、细集料集中现象。

检查数量：全数检查。

检验方法：观察。

5）级配砂砾及级配砾石基层和底基层允许偏差应符合表〔7.8.3〕的有关规定。

级配砂砾及级配砾石基层及底层允许偏差　　　　表〔7.8.3〕

<table>
<tr><th colspan="2" rowspan="2">项　　目</th><th colspan="2" rowspan="2">允许偏差</th><th colspan="4">检　验　频　率</th><th rowspan="2">检验方法</th></tr>
<tr><th>范　围</th><th colspan="3">点　　数</th></tr>
<tr><td colspan="2">中线偏位（mm）</td><td colspan="2">≤20</td><td>100m</td><td colspan="3">1</td><td>用经纬仪测量</td></tr>
<tr><td rowspan="2">纵断高程（mm）</td><td>基层</td><td colspan="2">±15</td><td rowspan="2">20m</td><td colspan="3" rowspan="2">1</td><td rowspan="2">用水准仪测量</td></tr>
<tr><td>底基层</td><td colspan="2">±20</td></tr>
<tr><td rowspan="3">平整度（mm）</td><td>基层</td><td colspan="2">≤10</td><td rowspan="3">20m</td><td rowspan="3">路宽（m）</td><td><9</td><td>1</td><td rowspan="3">用 3m 直尺和塞尺连续量两尺，取较大值</td></tr>
<tr><td rowspan="2">底基层</td><td colspan="2" rowspan="2">≤15</td><td>9～15</td><td>2</td></tr>
<tr><td>>15</td><td>3</td></tr>
<tr><td colspan="2">宽度（mm）</td><td colspan="2">不小于设计规定+B</td><td>40m</td><td colspan="3">1</td><td>用钢尺量</td></tr>
<tr><td colspan="2" rowspan="3">横坡</td><td colspan="2" rowspan="3">±0.3%且不反坡</td><td rowspan="3">20m</td><td rowspan="3">路宽（m）</td><td><9</td><td>2</td><td rowspan="3">用水准仪测量</td></tr>
<tr><td>9～15</td><td>4</td></tr>
<tr><td>>15</td><td>6</td></tr>
<tr><td colspan="2" rowspan="2">厚度（mm）</td><td>砂石</td><td>+20
−10</td><td rowspan="2">1000m^2</td><td colspan="3" rowspan="2">1</td><td rowspan="2">用钢尺量</td></tr>
<tr><td>砾石</td><td>+20
−10%层厚</td></tr>
</table>

3.2.6 基层（级配碎石、碎砾石）检验批质量检验记录

3.2.6.1 基层（级配碎石、碎砾石）检验批质量检验记录表

基层（级配碎石、碎砾石）检验批质量检验记录表 **表 3-21**

表 A.0.1

编号：020006□□

<table>
<tr><td colspan="3">工程名称</td><td colspan="2"></td><td colspan="2">分部工程名称</td><td colspan="4"></td><td colspan="6">分项工程名称</td><td colspan="3">级配砂砾、砾石基层</td></tr>
<tr><td colspan="3">施工单位</td><td colspan="2"></td><td colspan="2">技术负责人</td><td colspan="4"></td><td colspan="6">项目经理</td><td colspan="3"></td></tr>
<tr><td colspan="3">分包单位</td><td colspan="2"></td><td colspan="2">分包项目经理</td><td colspan="4"></td><td colspan="6">施工班组长</td><td colspan="3"></td></tr>
<tr><td colspan="3">工程数量</td><td colspan="2"></td><td colspan="2">验收部位（或桩号）</td><td colspan="4"></td><td colspan="6">项目技术负责人</td><td colspan="3"></td></tr>
<tr><td colspan="3">交方班组</td><td colspan="2"></td><td colspan="2">接方班组</td><td colspan="4"></td><td colspan="6">检查日期</td><td colspan="3">年 月 日</td></tr>
<tr><td rowspan="2">检查项目</td><td rowspan="2">序号</td><td rowspan="2">检查内容</td><td rowspan="2" colspan="2">检验依据/允许偏差（规定值或±偏差值）</td><td colspan="2">检验频率</td><td colspan="13">检查结果/实测点偏差值或实测值</td></tr>
<tr><td>范围</td><td>点数</td><td>1</td><td>2</td><td>3</td><td>4</td><td>5</td><td>6</td><td>7</td><td>8</td><td>9</td><td>10</td><td>应测点数</td><td>合格点数</td><td>合格率（%）</td></tr>
<tr><td rowspan="3">主控项目</td><td>1</td><td>材料</td><td colspan="2">碎石与嵌缝料质量及级配符合本规范第 7.7.1 条规定</td><td>按不同材料进场批次</td><td>每批 1 次</td><td></td><td></td><td></td><td></td><td colspan="6">检验报告编号：</td><td></td><td></td><td></td></tr>
<tr><td>2</td><td>压实度</td><td colspan="2">基层≥97%
底基层≥95%</td><td>1000m²</td><td>1</td><td></td><td></td><td></td><td></td><td colspan="6">检验报告编号：</td><td></td><td></td><td></td></tr>
<tr><td>3</td><td>弯沉值</td><td colspan="2">（设计有要求时）≯设计规定</td><td>每车道、每 20m</td><td>1</td><td></td><td></td><td></td><td></td><td colspan="6">检验报告编号：</td><td></td><td></td><td></td></tr>
<tr><td rowspan="3">一般项目</td><td>1</td><td>中线偏位（mm）</td><td colspan="2">≤20</td><td>100m</td><td>1</td><td></td><td></td><td></td><td></td><td></td><td></td><td></td><td></td><td></td><td></td><td></td><td></td><td></td></tr>
<tr><td rowspan="2">2</td><td rowspan="2">纵断高程（mm）</td><td>基层</td><td>±15</td><td rowspan="2">20m</td><td rowspan="2">1</td><td rowspan="2"></td><td rowspan="2"></td><td rowspan="2"></td><td rowspan="2"></td><td rowspan="2"></td><td rowspan="2"></td><td rowspan="2"></td><td rowspan="2"></td><td rowspan="2"></td><td rowspan="2"></td><td rowspan="2"></td><td rowspan="2"></td><td rowspan="2"></td></tr>
<tr><td>底基层</td><td>±20</td></tr>
</table>

续表

检查项目	序号	检查内容	检验依据/允许偏差（规定值或±偏差值）		检验频率 范围	检验频率 点数	检查结果/实测点偏差值或实测值 1	2	3	4	5	6	7	8	9	10	应测点数	合格点数	合格率（%）
一般项目	3	平整度（mm）	基层	≤10	20m	1～3													
			底基层	≤15															
	4	宽度（mm）	≥设计规定+B		40m	1													
	5	横坡	±0.3%且不反坡	路宽<9m	20m	2													
				路宽9～15m		4													
				路宽>15m		6													
	6	厚度（mm）	碎石+20；−10	碎砾石+20 −10%层厚	1000m²	1													
平均合格率（%）																			
施工单位检查评定结论			项目专业质量检查员：（签字）																
监理（建设）单位意见			监理工程师：（签字） （或建设单位项目专业技术负责人）：（签字） 年 月 日																

注：1. B 为基层宽度；

2. 本表由施工项目专业质量检查员填写，监理工程师（建设单位项目技术负责人）组织项目专业质量检查员等进行验收，并应按上表进行记录。

3.2.6.2 020006□□说明

《城镇道路工程施工与质量验收规范》CJJ 1—2008 相关内容：

〔7.7〕级配碎石及级配碎砾石基层

〔7.8.4〕级配碎石级配碎砾石基层及底基层质量检验应符合下列规定：

主 控 项 目

1）碎石与嵌缝料质量及级配应符合本规范〔7.7.1〕条有关规定。

检查数量：按不同材料进场批次，每批次抽检不应小于1次。

检验方法：查检验报告。

2）级配碎石压实度，基层不得小于97%，底基层不应小于95%。

检查数量：每1000m^2抽检1点。

检验方法：灌砂法或灌水法。

3）弯沉值，不应大于设计规定。

检查数量：设计规定时每车道、每20m，测1点。

检验方法：弯沉仪检测。

一 般 项 目

4）外观质量：表面应平整、坚实，无推移、松散、浮石现象。

检查数量：全数检查。

检验方法：观察。

5）级配碎石及级配碎砾石基层和底基层允许偏差应符合表〔7.8.4〕的有关规定。

级配碎石及（碎砾石）基层及底层允许偏差　　　表〔7.8.4〕

<table>
<tr><th colspan="2" rowspan="2">项　目</th><th colspan="2" rowspan="2">允许偏差</th><th colspan="4">检 验 频 率</th><th rowspan="2">检验方法</th></tr>
<tr><th>范围（m）</th><th colspan="3">点　数</th></tr>
<tr><td colspan="2">中线偏位（mm）</td><td colspan="2">≤20</td><td>100m</td><td colspan="3">1</td><td>用经纬仪测量</td></tr>
<tr><td rowspan="2">纵断高程（mm）</td><td>基层</td><td colspan="2">±15</td><td rowspan="2">20m</td><td colspan="3" rowspan="2">1</td><td rowspan="2">用水准仪测量</td></tr>
<tr><td>底基层</td><td colspan="2">±20</td></tr>
<tr><td rowspan="3">平整度（mm）</td><td>基层</td><td colspan="2">≤10</td><td rowspan="3">20m</td><td rowspan="3">路宽（m）</td><td><9</td><td>1</td><td rowspan="3">用 3m 直尺和塞尺连续量两尺，取较大值</td></tr>
<tr><td rowspan="2">底基层</td><td colspan="2" rowspan="2">≤15</td><td>9～15</td><td>2</td></tr>
<tr><td>>15</td><td>3</td></tr>
<tr><td colspan="2">宽度（mm）</td><td colspan="2">不小于设计规定＋B</td><td>40m</td><td colspan="3">1</td><td>用钢尺量</td></tr>
<tr><td colspan="2" rowspan="3">横坡</td><td colspan="2" rowspan="3">±0.3%且不反坡</td><td rowspan="3">20m</td><td rowspan="3">路宽（m）</td><td><9</td><td>2</td><td rowspan="3">用水准仪测量</td></tr>
<tr><td>9～15</td><td>4</td></tr>
<tr><td>>15</td><td>6</td></tr>
<tr><td colspan="2" rowspan="2">厚度（mm）</td><td>碎石</td><td>+20
−10</td><td rowspan="2">1000m²</td><td colspan="3" rowspan="2">1</td><td rowspan="2">用钢尺量</td></tr>
<tr><td>碎砾石</td><td>+20
−10%层厚</td></tr>
</table>

3.2.7　基层（沥青碎石）检验批质量检验记录

3.2.7.1　基层（沥青碎石）检验批质量检验记录表（见表 3-22）

3.2.7.2　020007□□说明

《城镇道路工程施工与质量验收规范》CJJ 1—2008 相关内容：

〔7.8.5〕基层（沥青碎石）

〔7.8.5〕沥青混合料（沥青碎石）基层施工质量检验应符合下列规定：

主 控 项 目

1）用于沥青碎石各种原材料质量应符合本规范〔8.5.1〕条第 1 款的有关规定。

基层（沥青碎石）检验批质量检验记录表

表 3-22

表 A.0.1

编号：020007□□

<table>
<tr><td colspan="3">工程名称</td><td></td><td colspan="2">分部工程名称</td><td colspan="4"></td><td colspan="6">分项工程名称</td><td colspan="3">沥青碎石基层</td></tr>
<tr><td colspan="3">施工单位</td><td></td><td colspan="2">技术负责人</td><td colspan="4"></td><td colspan="6">项目经理</td><td colspan="3"></td></tr>
<tr><td colspan="3">分包单位</td><td></td><td colspan="2">分包项目经理</td><td colspan="4"></td><td colspan="6">施工班组长</td><td colspan="3"></td></tr>
<tr><td colspan="3">工程数量</td><td></td><td colspan="2">验收部位（或桩号）</td><td colspan="4"></td><td colspan="6">项目技术负责人</td><td colspan="3"></td></tr>
<tr><td colspan="3">交方班组</td><td></td><td colspan="2">接方班组</td><td colspan="4"></td><td colspan="6">检查日期</td><td colspan="3">年 月 日</td></tr>
<tr><td rowspan="2">检查项目</td><td rowspan="2">序号</td><td rowspan="2">检查内容</td><td rowspan="2">检验依据/允许偏差（规定值或±偏差值）</td><td colspan="2">检验频率</td><td colspan="13">检查结果/实测点偏差值或实测值</td></tr>
<tr><td>范围</td><td>点数</td><td>1</td><td>2</td><td>3</td><td>4</td><td>5</td><td>6</td><td>7</td><td>8</td><td>9</td><td>10</td><td>应测点数</td><td>合格点数</td><td>合格率（%）</td></tr>
<tr><td rowspan="3">主控项目</td><td>1</td><td>材料</td><td>各种原材料应符合本规范第 8.5.1 条规定</td><td>按不同材料进场批次</td><td>每批 1 次</td><td></td><td></td><td></td><td></td><td colspan="6">检验报告编号：</td><td></td><td></td><td></td></tr>
<tr><td>2</td><td>压实度</td><td>＞95%（马歇尔击实试件密度）</td><td>$1000m^2$</td><td>1</td><td></td><td></td><td></td><td></td><td colspan="6">检验报告编号：</td><td></td><td></td><td></td></tr>
<tr><td>3</td><td>弯沉值</td><td>≯设计规定</td><td>每车道、每 20m</td><td>1</td><td></td><td></td><td></td><td></td><td colspan="6">检验报告编号：</td><td></td><td></td><td></td></tr>
<tr><td rowspan="3">一般项目</td><td>1</td><td>中线偏位（mm）</td><td>≤20</td><td>100m</td><td>1</td><td></td><td></td><td></td><td></td><td></td><td></td><td></td><td></td><td></td><td></td><td></td><td></td><td></td></tr>
<tr><td>2</td><td>纵断高程（mm）</td><td>±15</td><td>20m</td><td>1</td><td></td><td></td><td></td><td></td><td></td><td></td><td></td><td></td><td></td><td></td><td></td><td></td><td></td></tr>
<tr><td>3</td><td>平整度（mm）</td><td>≤10</td><td>20m</td><td>1～3</td><td></td><td></td><td></td><td></td><td></td><td></td><td></td><td></td><td></td><td></td><td></td><td></td><td></td></tr>
</table>

续表

<table>
<tr><td rowspan="2">检查项目</td><td rowspan="2">序号</td><td rowspan="2">检查内容</td><td rowspan="2" colspan="2">检验依据/允许偏差（规定值或±偏差值）</td><td colspan="2">检验频率</td><td colspan="13">检查结果/实测点偏差值或实测值</td></tr>
<tr><td>范围</td><td>点数</td><td>1</td><td>2</td><td>3</td><td>4</td><td>5</td><td>6</td><td>7</td><td>8</td><td>9</td><td>10</td><td>应测点数</td><td>合格点数</td><td>合格率（%）</td></tr>
<tr><td rowspan="5">一般项目</td><td>4</td><td>宽度（mm）</td><td colspan="2">≥设计规定+B</td><td>40m</td><td>1</td><td></td><td></td><td></td><td></td><td></td><td></td><td></td><td></td><td></td><td></td><td></td><td></td><td></td></tr>
<tr><td rowspan="3">5</td><td rowspan="3">横坡</td><td rowspan="3">±0.3%
且不反坡</td><td>路宽
<9m</td><td rowspan="3">20m</td><td>2</td><td rowspan="3"></td><td rowspan="3"></td><td rowspan="3"></td><td rowspan="3"></td><td rowspan="3"></td><td rowspan="3"></td><td rowspan="3"></td><td rowspan="3"></td><td rowspan="3"></td><td rowspan="3"></td><td rowspan="3"></td><td rowspan="3"></td><td rowspan="3"></td></tr>
<tr><td>路宽
9～15m</td><td>4</td></tr>
<tr><td>路宽
>15m</td><td>6</td></tr>
<tr><td>6</td><td>厚度（mm）</td><td colspan="2">±10</td><td>1000m²</td><td>1</td><td></td><td></td><td></td><td></td><td></td><td></td><td></td><td></td><td></td><td></td><td></td><td></td><td></td></tr>
<tr><td colspan="3">平均合格率（%）</td><td colspan="17"></td></tr>
<tr><td colspan="3">施工单位检查评定结论</td><td colspan="17">项目专业质量检查员：（签字）</td></tr>
<tr><td colspan="3">监理（建设）单位意见</td><td colspan="17">监理工程师：（签字）
（或建设单位项目专业技术负责人）：（签字）　　年　月　日</td></tr>
</table>

注：1. B 为基层宽度；

2. 本表由施工项目专业质量检查员填写，监理工程师（建设单位项目技术负责人）组织项目专业质量检查员等进行验收，并应按上表进行记录。

2）压实度不得低于95%（马到成歇尔击实试件密度）。

检查数量：每 1000^2 抽检1点。

检验方法：检查试验记录（钻孔取样、蜡封法）。

3）弯沉值，不应大于设计规定。

检查数量：设计规定时每车道、每20m，测1点。

检验方法：弯沉仪检测。

一 般 项 目

4）表面应平整、坚实、接缝紧密，不应有明显轮迹、粗细集料集中、推挤、裂缝、脱落等现象。

检查数量：全数检查。

检验方法：观察。

5）沥青碎石基层允许偏差应符合表〔7.8.5〕的有关规定。

沥青碎石基层及底层允许偏差　　表〔7.8.5〕

项目	允许偏差	检验频率				检验方法
		范围	点数			
中线偏位（mm）	≤20	100m	1			用经纬仪测量
纵断高程（mm）	±15	20m	1			用水准仪测量
平整度（mm）	≤10	20m	路宽（m）	<9	1	用3m直尺和塞尺连续量两尺，取较大值
				9～15	2	
				>15	3	
宽度（mm）	不小于设计规定+B	40m	1			用钢尺量
横坡	±0.3%且不反坡	20m	路宽（m）	<9	2	用水准仪测量
				9～15	4	
				>15	6	
厚度（mm）	±10	$1000m^2$	1			用钢尺量

3.2.8 基层（沥青贯入式）检验批质量检验记录

3.2.8.1 基层（沥青贯入式）检验批质量检验记录表

基层（沥青贯入式）检验批质量检验记录表 **表 3-23**

表 A.0.1 编号：020008□□

工程名称		分部工程名称		分项工程名称	沥青贯入式基层
施工单位		技术负责人		项目经理	
分包单位		分包项目经理		施工班组长	
工程数量		验收部位（或桩号）		项目技术负责人	
交方班组		接方班组		检查日期	年 月 日

检查项目	序号	检查内容	检验依据/允许偏差（规定值或±偏差值）	检验频率		检查结果/实测点偏差值或实测值												
				范围	点数	1	2	3	4	5	6	7	8	9	10	应测点数	合格点数	合格率（%）
主控项目	1	材料	各种原材料应符合本规范第 9.4.1 条规定	按不同材料进场批次	每批 1 次					检验报告编号：								
	2	压实度	≥95%	$1000m^2$	1					检验报告编号：								
	3	弯沉值	≯设计规定	每车道、每 20m	1					检验报告编号：								
一般项目	1	中线偏位（mm）	≤20	100m	1													
	2	纵断高程（mm）	基层±15；底基层±20	20m	1													

续表

检查项目	序号	检查内容	检验依据/允许偏差（规定值或±偏差值）		检验频率		检查结果/实测点偏差值或实测值												
					范围	点数	1	2	3	4	5	6	7	8	9	10	应测点数	合格点数	合格率（%）
一般项目	3	平整度（mm）	基层≤10；底基层≤15		20m	1～3													
	4	宽度（mm）	≥设计规定+B		40m	1													
	5	横坡	±0.3%且不反坡	路宽<9m	20m	2													
				路宽9～15m		4													
				路宽>15m		6													
	6	厚度（mm）	+20；−10%层厚		$1000m^2$	1													
	7	沥青总用量	±0.5%		每工作日、每层	1													
平均合格率（%）																			
施工单位检查评定结论			项目专业质量检查员：（签字）																
监理（建设）单位意见			监理工程师：（签字） （或建设单位项目专业技术负责人）：（签字） 年 月 日																

注：1. B 为基层厚度；
2. 本表由施工项目专业质量检查员填写，监理工程师（建设单位项目技术负责人）组织项目专业质量检查员等进行验收，并应按上表进行记录。

3.2.8.2　020008□□说明

《城镇道路工程施工与质量验收规范》CJJ 1—2008 相关内容：

〔7.8.6〕基层（沥青贯入式）

〔7.8.6〕沥青贯入式基层施工质量检验应符合下列规定：

主 控 项 目

1）沥青、集料、嵌缝料的质量应符合本规范 9.4.1 条第 1 款的有关规定。

2）压实度不得低于 95%。

检查数量：每 1000^2 抽检 1 点。

检验方法：灌砂法、灌水法、蜡封法。

3）弯沉值，不应大于设计规定。

检查数量：设计规定时每车道、每 20m，测 1 点。

检验方法：弯沉仪检测。

一 般 项 目

4）表面应平整、坚实、石料嵌锁稳定，无明显高低差，嵌缝料、沥青撒布应均匀，无花白、积油，漏浇等现象，且不得污染其他构筑物。

检查数量：全数检查。

检验方法：观察。

5）沥青贯入式碎石基层和底层允许偏差应符合表〔7.8.6〕的有关规定。

沥青贯入式碎石基层和底层允许偏差表　　　表〔7.8.6〕

项　目	允许偏差		检验频率		检验方法
			范围	点　数	
中线偏位（mm）	≤20		100m	1	用经纬仪测量
纵断高程（mm）	基层	±15	20m	1	用水准仪测量
	底基层	±20			

续表

<table>
<tr><th rowspan="2">项　　目</th><th colspan="2" rowspan="2">允许偏差</th><th colspan="3">检　验　频　率</th><th rowspan="2">检 验 方 法</th></tr>
<tr><th>范围</th><th colspan="2">点　　数</th></tr>
<tr><td rowspan="3">平整度（mm）</td><td>基层</td><td>≤10</td><td rowspan="3">20m</td><td rowspan="3">路宽（m）</td><td><9</td><td>1</td><td rowspan="3">用 3m 直尺和塞尺连续量两尺，取较大值</td></tr>
<tr><td rowspan="2">底基层</td><td rowspan="2">≤15</td><td>9～15</td><td>2</td></tr>
<tr><td>>15</td><td>3</td></tr>
<tr><td>宽度（mm）</td><td colspan="2">不小于设计规定＋B</td><td>40m</td><td colspan="3">1</td><td>用钢尺量</td></tr>
<tr><td rowspan="3">横坡</td><td colspan="2" rowspan="3">±0.3%且不反坡</td><td rowspan="3">20m</td><td rowspan="3">路宽（m）</td><td><9</td><td>2</td><td rowspan="3">用水准仪测量</td></tr>
<tr><td>9～15</td><td>4</td></tr>
<tr><td>>15</td><td>6</td></tr>
<tr><td>厚度（mm）</td><td colspan="2">＋20
－10%层厚</td><td>1000^2</td><td colspan="3">1</td><td>用钢尺量</td></tr>
<tr><td>沥青总用量</td><td colspan="2">±0.5%</td><td>每工作日、每层</td><td colspan="3">1</td><td>T0982</td></tr>
</table>

3.3　面　层　工　程

3.3.1　面层（粘层）检验批质量检验记录

3.3.2　面层（透层）检验批质量检验记录

3.3.3　面层（封层）检验批质量检验记录

3.3.3.1　面层（封层）检验批质量检验记录表（见表 3-24）

3.3.3.2　030101/030102/030103□□说明

《城镇道路工程施工与质量验收规范》CJJ 1—2008 相关内容：

〔8.4〕面层（粘层、透层、封层）

〔8.1〕一般规定

〔8.1.1〕施工中应根据面层宽度和沥青混合料种类、组成、施工季节，确定铺筑层次及各分层厚度。

〔8.1.2〕沥青混合料面层不得在雨、雪天气及环境最高温度低于 5℃时施工。

〔8.1.3〕城镇道路不宜使用煤沥青。确需使用时，应制定保护施工人员防止吸入煤沥青蒸气或皮肤直接接触煤沥青的措施。

面层（粘层）检验批质量检验记录表

表 3-24

表 A.0.1

编号：030101□□

<table>
<tr><td colspan="3">工程名称</td><td></td><td colspan="2">分部工程名称</td><td colspan="5"></td><td colspan="5">分项工程名称</td><td colspan="3">粘层面层</td></tr>
<tr><td colspan="3">施工单位</td><td></td><td colspan="2">技术负责人</td><td colspan="5"></td><td colspan="5">项目经理</td><td colspan="3"></td></tr>
<tr><td colspan="3">分包单位</td><td></td><td colspan="2">分包项目经理</td><td colspan="5"></td><td colspan="5">施工班组长</td><td colspan="3"></td></tr>
<tr><td colspan="3">工程数量</td><td></td><td colspan="2">验收部位（或桩号）</td><td colspan="5"></td><td colspan="5">项目技术负责人</td><td colspan="3"></td></tr>
<tr><td colspan="3">交方班组</td><td></td><td colspan="2">接方班组</td><td colspan="5"></td><td colspan="5">检查日期</td><td colspan="3">年 月 日</td></tr>
<tr><td rowspan="2">检查项目</td><td rowspan="2">序号</td><td rowspan="2">检查内容</td><td rowspan="2">检验依据/允许偏差（规定值或±偏差值）</td><td colspan="2">检 验 频 率</td><td colspan="13">检查结果/实测点偏差值或实测值</td></tr>
<tr><td>范 围</td><td>点 数</td><td>1</td><td>2</td><td>3</td><td>4</td><td>5</td><td>6</td><td>7</td><td>8</td><td>9</td><td>10</td><td>应测点数</td><td>合格点数</td><td>合格率（%）</td></tr>
<tr><td rowspan="3">主控项目</td><td rowspan="2">1</td><td rowspan="2">材料要求</td><td rowspan="2">沥青品种、标号及粒料质量符合本规范 8.1 节有关规定</td><td rowspan="2">按进场批次、同批次同品种</td><td rowspan="2">1</td><td></td><td></td><td></td><td></td><td colspan="6">合格证编号：</td><td></td><td></td><td></td></tr>
<tr><td></td><td></td><td></td><td></td><td colspan="6">检验报告编号：</td><td></td><td></td><td></td></tr>
<tr><td></td><td></td><td></td><td></td><td></td><td></td><td></td><td></td><td></td><td></td><td></td><td></td><td></td><td></td><td></td><td></td><td></td><td></td></tr>
<tr><td>一般项目</td><td>1</td><td>宽度</td><td>≥设计值</td><td>40m</td><td>1</td><td></td><td></td><td></td><td></td><td></td><td></td><td></td><td></td><td></td><td></td><td></td><td></td><td></td></tr>
</table>

续表

检查项目	序号	检查内容	检验依据/允许偏差（规定值或±偏差值）	检验频率		检查结果/实测点偏差值或实测值												
				范围	点数	1	2	3	4	5	6	7	8	9	10	应测点数	合格点数	合格率（%）
一般项目	2	观测	粒料洒布应均匀，不应有松散、裂缝、油丁、泛油、波浪、花白、漏洒、堆积、污染其他构筑物。	全数														
平均合格率（%）																		
施工单位检查评定结论			项目专业质量检查员：（签字）															
监理（建设）单位意见			监理工程师：（签字） （或建设单位项目专业技术负责人）：（签字）　　年　月　日															

注：本表由施工项目专业质量检查员填写，监理工程师（建设单位项目技术负责人）组织项目专业质量检查员等进行验收，并应按上表进行记录。

面层（透层）检验批质量检验记录表

表 3-25

表 A.0.1

编号：030102□□

<table>
<tr><td colspan="3">工程名称</td><td></td><td colspan="2">分部工程名称</td><td colspan="6"></td><td colspan="5">分项工程名称</td><td colspan="3">透层面层</td></tr>
<tr><td colspan="3">施工单位</td><td></td><td colspan="2">技术负责人</td><td colspan="6"></td><td colspan="5">项目经理</td><td colspan="3"></td></tr>
<tr><td colspan="3">分包单位</td><td></td><td colspan="2">分包项目经理</td><td colspan="6"></td><td colspan="5">施工班组长</td><td colspan="3"></td></tr>
<tr><td colspan="3">工程数量</td><td></td><td colspan="2">验收部位（或桩号）</td><td colspan="6"></td><td colspan="5">项目技术负责人</td><td colspan="3"></td></tr>
<tr><td colspan="3">交方班组</td><td></td><td colspan="2">接方班组</td><td colspan="6"></td><td colspan="5">检查日期</td><td colspan="3">年 月 日</td></tr>
<tr><td rowspan="2">检查项目</td><td rowspan="2">序号</td><td rowspan="2">检查内容</td><td rowspan="2">检验依据/允许偏差（规定值或±偏差值）</td><td colspan="2">检验频率</td><td colspan="13">检查结果/实测点偏差值或实测值</td></tr>
<tr><td>范围</td><td>点数</td><td>1</td><td>2</td><td>3</td><td>4</td><td>5</td><td>6</td><td>7</td><td>8</td><td>9</td><td>10</td><td>应测点数</td><td>合格点数</td><td>合格率（%）</td></tr>
<tr><td rowspan="3">主控项目</td><td rowspan="2">1</td><td rowspan="2">材料要求</td><td rowspan="2">沥青品种、标号及粒料质量符合本规范 8.1 节有关规定</td><td rowspan="2">按进场批次、同批次同品种</td><td rowspan="2">1</td><td></td><td></td><td></td><td></td><td colspan="6">合格证编号：</td><td></td><td></td><td></td></tr>
<tr><td></td><td></td><td></td><td></td><td colspan="6">检验报告编号：</td><td></td><td></td><td></td></tr>
<tr><td></td><td></td><td></td><td></td><td></td><td></td><td></td><td></td><td></td><td></td><td></td><td></td><td></td><td></td><td></td><td></td><td></td><td></td></tr>
<tr><td>一般项目</td><td>1</td><td>宽度</td><td>≥设计值</td><td>40m</td><td>1</td><td></td><td></td><td></td><td></td><td></td><td></td><td></td><td></td><td></td><td></td><td></td><td></td><td></td></tr>
</table>

续表

检查项目	序号	检查内容	检验依据/允许偏差（规定值或±偏差值）	检验频率		检查结果/实测点偏差值或实测值												
				范围	点数	1	2	3	4	5	6	7	8	9	10	应测点数	合格点数	合格率（%）
一般项目	2	观测	粒料洒布应均匀，不应有松散、裂缝、油丁、泛油、波浪、花白、漏洒、堆积、污染其他构筑物。	全数														
平均合格率（%）																		
施工单位检查评定结论			项目专业质量检查员：（签字）															
监理（建设）单位意见			监理工程师：（签字） （或建设单位项目专业技术负责人）：（签字）　年　月　日															

注：本表由施工项目专业质量检查员填写，监理工程师（建设单位项目技术负责人）组织项目专业质量检查员等进行验收，并应按上表进行记录。

面层（封层）检验批质量检验记录表

表 3-26

表 A.0.1

编号：030103□□

<table>
<tr><td colspan="3">工程名称</td><td colspan="2"></td><td>分部工程名称</td><td colspan="5"></td><td colspan="5">分项工程名称</td><td colspan="3">封层面层</td></tr>
<tr><td colspan="3">施工单位</td><td colspan="2"></td><td>技术负责人</td><td colspan="5"></td><td colspan="5">项目经理</td><td colspan="3"></td></tr>
<tr><td colspan="3">分包单位</td><td colspan="2"></td><td>分包项目经理</td><td colspan="5"></td><td colspan="5">施工班组长</td><td colspan="3"></td></tr>
<tr><td colspan="3">工程数量</td><td></td><td colspan="2">验收部位（或桩号）</td><td colspan="5"></td><td colspan="5">项目技术负责人</td><td colspan="3"></td></tr>
<tr><td colspan="3">交方班组</td><td></td><td colspan="2">接方班组</td><td colspan="5"></td><td colspan="5">检查日期</td><td colspan="3">年 月 日</td></tr>
<tr><td rowspan="2">检查项目</td><td rowspan="2">序号</td><td rowspan="2">检查内容</td><td rowspan="2">检验依据/允许偏差（规定值或±偏差值）</td><td colspan="2">检验频率</td><td colspan="13">检查结果/实测点偏差值或实测值</td></tr>
<tr><td>范围</td><td>点数</td><td>1</td><td>2</td><td>3</td><td>4</td><td>5</td><td>6</td><td>7</td><td>8</td><td>9</td><td>10</td><td>应测点数</td><td>合格点数</td><td>合格率（%）</td></tr>
<tr><td rowspan="2">主控项目</td><td>1</td><td>材料要求</td><td>沥青品种、标号及粒料质量符合本规范 8.1 节有关规定</td><td>按进场批次、同批次同品种</td><td>1</td><td></td><td></td><td></td><td></td><td colspan="6">合格证编号：
检验报告编号：</td><td></td><td></td><td></td></tr>
<tr><td>2</td><td>沥青用量</td><td>符合配合比设计要求</td><td></td><td></td><td></td><td></td><td></td><td></td><td></td><td></td><td></td><td></td><td></td><td></td><td></td><td></td><td></td></tr>
<tr><td>一般项目</td><td>1</td><td>宽度</td><td>≥设计值</td><td>40m</td><td>1</td><td></td><td></td><td></td><td></td><td></td><td></td><td></td><td></td><td></td><td></td><td></td><td></td><td></td></tr>
</table>

续表

检查项目	序号	检查内容	检验依据/允许偏差（规定值或±偏差值）	检验频率		检查结果/实测点偏差值或实测值												
				范围	点数	1	2	3	4	5	6	7	8	9	10	应测点数	合格点数	合格率（%）
一般项目	2	观测	粒料洒布应均匀，不应有松散、裂缝、油丁、泛油、波浪、花白、漏洒、堆积、污染其他构筑物。	全数														
平均合格率（%）																		
施工单位检查评定结论			项目专业质量检查员：（签字）															
监理（建设）单位意见			监理工程师：（签字） （或建设单位项目专业技术负责人）：（签字）　　年　月　日															

注：本表由施工项目专业质量检查员填写，监理工程师（建设单位项目技术负责人）组织项目专业质量检查员等进行验收，并应按上表进行记录。

注：透层施工应符合本规范〔8.4.1〕条的规定；粘层施工应符合本规范〔8.4.2〕条的规定；封层施工应符合本规范〔8.4.3〕条的规定。

〔8.5.3〕粘层、透层与封层质量检验应符合下列规定：

主 控 项 目

1）粘层、透层与封层所采用沥青品种、标号和封层粒料的质量、规格应符合本规范第8.1节有关规定。

检查数量：按进场品种、批次，同品种、同批次检查不应小于1次。

检验方法：查产品出厂合格证、出厂检验报告和进场复检报告。

一 般 项 目

2）粘层、透层、封层的厚度不应小于设计规定值。

检查数量：每40m抽检1处。

检验方法：用尺量。

3）封层油层与粒料洒布应均匀，不应有松散、裂缝、油丁、泛油、波浪、花白、漏洒、堆积、污染其他构筑物等现象。

检查数量：全数检查。

检验方法：观察。

3.3.4 面层（热拌沥青混合料）检验批质量检验记录

3.3.4.1 面层（热拌沥青混合料）检验批质量检验记录表（见表3-27）

3.3.4.2 030104□□说明

《城镇道路工程施工与质量验收规范》CJJ 1—2008相关内容：

〔8.2〕面层（热拌沥青混合料）

〔8.5.1〕热拌沥青混合料面层质量检验应符合下列规定：

主 控 项 目

1）热拌沥青混合料质量应符合下列要求：

（1）道路用沥青的品种、标号应符合国家现行有关标准和本规范第8.1节有关规定。

面层（热拌沥青混合料）检验批质量检验记录表

表 3-27

表 A.0.1

编号：030104□□

工程名称		分部工程名称		分项工程名称	热拌沥青混合料面层
施工单位		技术负责人		项目经理	
分包单位		分包项目经理		施工班组长	
工程数量		验收部位（或桩号）		项目技术负责人	
交方班组		接方班组		检查日期	年　月　日

检查项目	序号	检查内容	检验依据/允许偏差（规定值或±偏差值）	检验频率		检查结果/实测点偏差值或实测值												
				范围	点数	1	2	3	4	5	6	7	8	9	10	应测点数	合格点数	合格率（%）
主控项目	1	原材料、混合料	符合 8.5.1 条	按不同材料	每批次					出厂合格证或检验报告编号：								
	2	压实度	城市快速路、主干路≥96% 次干路及以下道路≥95%	$1000m^2$	1					检验报告编号：								
	3	面层厚度（mm）	+10～−5	$1000m^2$	1													
	4	弯沉值	≯设计规定	每车道、每 20m	1					检验报告编号：								
一般项目	1	纵断高程（mm）	±15	20m	1													
	2	中线偏位（mm）	≤20	100m	1													

续表

检查项目	序号	检查内容		检验依据/允许偏差（规定值或±偏差值）	检验频率		检查结果/实测点偏差值或实测值												
					范围	点数	1	2	3	4	5	6	7	8	9	10	应测点数	合格点数	合格率（%）
一般项目	3	平整度（mm）	标准差 σ 值	快速路、主干路≤1.5；次干路≤2.4	20m	1～3													
			最大间隙	次干路、支路≤5															
	4	宽度		≮设计值	40m	1													
	5	横坡		±0.3%且不反坡	20m	2～6													
	6	井框与路面差（mm）		≤5	每座	1													
	7	抗滑	摩擦系数	符合设计要求	200m	1													
			构造深度	符合设计要求	200m	1													
平均合格率（%）																			
施工单位检查评定结论				项目专业质量检查员：（签字）															
监理（建设）单位意见				监理工程师：（签字） （或建设单位项目专业技术负责人）：（签字）　　年　月　日															

检查数量：按同一生产厂家、同一品种、同一标号、同一批号连续进场的沥青（石油沥青每100t为1批，改性沥青每50t为1批），每批次抽检一次。

检验方法：查出厂合格证，检验报告并进场复检。

（2）沥青混合料所选用的粗集料、细集料、矿粉、纤维稳定剂等的质量及规格应符合本规范第8.1节有关规定。

检查数量：按不同品种产品进场批次和产品抽样检验方案确定。

检验方法：观察、检查进场试检报告。

（3）热拌沥青混合料、热拌改性沥青混合料、SMA混合料，查出厂合格证、检验报告并进场复验，拌合温度、出厂温度应符合本规范第8.2.5条有关规定。

检查数量：全数检查。

检验方法：查测温记录，现场检测温度。

（4）热拌沥青混合料品质应符合马歇尔试验配合比技术要求。

检查数量：每日、每品种检查1次。

检验方法：现场取样试验。

2）热拌沥青混合料面层质量检验应符合下列要求：

主 控 项 目

（1）沥青混合料面层压实度，对城市快速路、主干路不应小于96％，对次干路及以下道路不小于95％。

检查数量：每1000m^2测1次。

检验方法：查试验记录（马歇尔击实试件密度，试验室标准密度）。

（2）面层厚度应符合设计规定，允许偏差为＋10～－5mm。

检查数量：每1000m^2测1点。

检验方法：钻孔或刨挖，用尺量。

（3）弯沉值，不应大于设计规定。

检查数量：每车道、每 20m，测 1 点。

检验方法：弯沉仪检测。

一 般 项 目

3）表面应平整、坚实，接缝紧密，无枯焦；不应有明显轮迹、推挤裂缝、脱落、烂边、油斑、掉渣等现象，不得污染其他构筑物。面层与路缘石、平石及其它构筑物应接顺，不得有积水现象。

检查数量：全数检查。

检验方法：观察。

4）热拌沥青混合料面层允许偏差应符合表〔8.5.1〕的有关规定。

热拌沥青混合料面层允许偏差表　　表〔8.5.1〕

<table>
<tr><th colspan="2" rowspan="2">项　目</th><th colspan="2" rowspan="2">允许偏差</th><th colspan="4">检 验 频 率</th><th rowspan="2">检 验 方 法</th></tr>
<tr><th>范围</th><th colspan="3">点　数</th></tr>
<tr><td colspan="2">纵断高程（mm）</td><td colspan="2">±15</td><td>20m</td><td colspan="3">1</td><td>用水准仪测量</td></tr>
<tr><td colspan="2">中线偏位（mm）</td><td colspan="2">≤20</td><td>100m</td><td colspan="3">1</td><td>用经纬仪测量</td></tr>
<tr><td rowspan="6">平整度（mm）</td><td rowspan="3">标准差ó值</td><td rowspan="2">快速路、主干路</td><td rowspan="2">≤1.5</td><td rowspan="3">100m</td><td rowspan="3">路宽（m）</td><td><9</td><td>1</td><td rowspan="3">用测平仪检测</td></tr>
<tr><td>9～15</td><td>2</td></tr>
<tr><td>次干路、支路</td><td>≤2.4</td><td>>15</td><td>3</td></tr>
<tr><td rowspan="3">最大间隙</td><td rowspan="3">次干路、支路</td><td rowspan="3">≤5</td><td rowspan="3">20m</td><td rowspan="3">路宽（m）</td><td><9</td><td>1</td><td rowspan="3">用 3m 直尺和塞尺连续量两尺，取较大值</td></tr>
<tr><td>9～15</td><td>2</td></tr>
<tr><td>>15</td><td>3</td></tr>
<tr><td colspan="2">宽度（mm）</td><td colspan="2">不小于设计值</td><td>40m</td><td colspan="3">1</td><td>用钢尺量</td></tr>
<tr><td colspan="2" rowspan="3">横坡</td><td colspan="2" rowspan="3">±0.3%且不反坡</td><td rowspan="3">20m</td><td rowspan="3">路宽（m）</td><td><9</td><td>2</td><td rowspan="3">用水准仪测量</td></tr>
<tr><td>9～15</td><td>4</td></tr>
<tr><td>>15</td><td>6</td></tr>
<tr><td colspan="2">井框与路面差（mm）</td><td colspan="2">≤5</td><td>每座</td><td colspan="3">1</td><td>十字法、用直尺、塞尺量取最大值</td></tr>
</table>

续表

项目		允许偏差	检验频率		检验方法
			范围	点数	
抗滑	摩擦系数	符合设计要求	200m	1	摆式仪
				全线连续	横向力系数车
	构造深度	符合设计要求	200m	1	砂铺法
					激光构造深度仪

注：1. 测平仪为全线每车道连续检测每100m计算标准差σ；无测平仪可用采用3m直尺检测；2. 平整度、抗滑性能也可采用自动检测；3. 底基层表面、下面层应按设计规定用量洒泼透层油、粘层油；中、底面层仅进行中线偏位、平整度、宽度、横坡检测；4. 改性（再生）沥青混凝土路面可采用此表进行检测。

3.3.5 面层（冷拌沥青混合料）检验批质量检验记录

3.3.5.1 面层（冷拌沥青混合料）检验批质量检验记录表（见表3-28）

3.3.5.2 030105□□说明

《城镇道路工程施工与质量验收规范》CJJ 1—2008相关内容：

〔8.3〕面层（冷拌沥青混合料）

〔8.5.2〕冷拌沥青混合料面层质量检验应符合下列规定：

主 控 项 目

1）面层所用乳化沥青的品种、性能和集料的规格、质量应符合本规范第8.1节有关规定。

检查数量：按产品进场批次和产品抽样检验方案确定。

检验方法：查进场复检报告。

2）冷拌沥青混合料压实度不应小于95％。

检查数量：每1000m^2测1点。

检验方法：检查配合比设计资料，复测。

3）面层厚度应符合设计规定，允许偏差为＋10～－5mm。

检查数量：每1000m^2测1点。

检验方法：钻孔或刨挖，用尺量。

面层（冷拌沥青混合料）检验批质量检验记录表

表 A.0.1　　　　编号：030105□□

<table>
<tr><td colspan="3">工程名称</td><td></td><td colspan="2">分部工程名称</td><td colspan="5"></td><td colspan="5">分项工程名称</td><td colspan="3">冷拌沥青混合料面层</td></tr>
<tr><td colspan="3">施工单位</td><td></td><td colspan="2">技术负责人</td><td colspan="5"></td><td colspan="5">项目经理</td><td colspan="3"></td></tr>
<tr><td colspan="3">分包单位</td><td></td><td colspan="2">分包项目经理</td><td colspan="5"></td><td colspan="5">施工班组长</td><td colspan="3"></td></tr>
<tr><td colspan="3">工程数量</td><td></td><td colspan="2">验收部位（或桩号）</td><td colspan="5"></td><td colspan="5">项目技术负责人</td><td colspan="3"></td></tr>
<tr><td colspan="3">交方班组</td><td></td><td colspan="2">接方班组</td><td colspan="5"></td><td colspan="5">检查日期</td><td colspan="3">年　月　日</td></tr>
<tr><td rowspan="2">检查项目</td><td rowspan="2">序号</td><td rowspan="2">检查内容</td><td rowspan="2">检验依据/允许偏差（规定值或±偏差值）</td><td colspan="2">检验频率</td><td colspan="13">检查结果/实测点偏差值或实测值</td></tr>
<tr><td>范围</td><td>点数</td><td>1</td><td>2</td><td>3</td><td>4</td><td>5</td><td>6</td><td>7</td><td>8</td><td>9</td><td>10</td><td>应测点数</td><td>合格点数</td><td>合格率（%）</td></tr>
<tr><td rowspan="3">主控项目</td><td>1</td><td>材料要求</td><td>材料品种、性能和集料的规格、质量符合本规范 8.1 节有关规定</td><td>进场批次</td><td>1</td><td></td><td></td><td></td><td></td><td colspan="6">检验报告编号：</td><td></td><td></td><td></td></tr>
<tr><td>2</td><td>压实度</td><td>≥95%</td><td>1000m²</td><td>1</td><td></td><td></td><td></td><td></td><td colspan="6">检验报告编号：</td><td></td><td></td><td></td></tr>
<tr><td>3</td><td>面层厚度</td><td>＋15～－5</td><td>1000m²</td><td>1</td><td></td><td></td><td></td><td></td><td></td><td></td><td></td><td></td><td></td><td></td><td></td><td></td><td></td></tr>
<tr><td rowspan="2">一般项目</td><td>1</td><td>纵断高程（mm）</td><td>±20</td><td>20m</td><td>1</td><td></td><td></td><td></td><td></td><td></td><td></td><td></td><td></td><td></td><td></td><td></td><td></td><td></td></tr>
<tr><td>2</td><td>中线偏位（mm）</td><td>≤20</td><td>100m</td><td>1</td><td></td><td></td><td></td><td></td><td></td><td></td><td></td><td></td><td></td><td></td><td></td><td></td><td></td></tr>
</table>

续表

<table>
<tr><th rowspan="2">检查项目</th><th rowspan="2">序号</th><th rowspan="2" colspan="2">检查内容</th><th rowspan="2">检验依据/允许偏差（规定值或±偏差值）</th><th colspan="2">检验频率</th><th colspan="13">检查结果/实测点偏差值或实测值</th></tr>
<tr><th>范围</th><th>点数</th><th>1</th><th>2</th><th>3</th><th>4</th><th>5</th><th>6</th><th>7</th><th>8</th><th>9</th><th>10</th><th>应测点数</th><th>合格点数</th><th>合格率（%）</th></tr>
<tr><td rowspan="6">一般项目</td><td>3</td><td colspan="2">平整度（mm）</td><td>≤10</td><td>20m</td><td>1～3</td><td></td><td></td><td></td><td></td><td></td><td></td><td></td><td></td><td></td><td></td><td></td><td></td><td></td></tr>
<tr><td>4</td><td colspan="2">宽度（mm）</td><td>≥设计值</td><td>40m</td><td>1</td><td></td><td></td><td></td><td></td><td></td><td></td><td></td><td></td><td></td><td></td><td></td><td></td><td></td></tr>
<tr><td>5</td><td colspan="2">横坡</td><td>±0.3%且不反坡</td><td>20m</td><td>2～6</td><td></td><td></td><td></td><td></td><td></td><td></td><td></td><td></td><td></td><td></td><td></td><td></td><td></td></tr>
<tr><td>6</td><td colspan="2">井框与路面差（mm）</td><td>≤5</td><td>每座</td><td>1</td><td></td><td></td><td></td><td></td><td></td><td></td><td></td><td></td><td></td><td></td><td></td><td></td><td></td></tr>
<tr><td rowspan="2">7</td><td rowspan="2">抗滑</td><td>摩擦系数</td><td>符合设计要求</td><td>200m</td><td>1</td><td></td><td></td><td></td><td></td><td></td><td></td><td></td><td></td><td></td><td></td><td></td><td></td><td></td></tr>
<tr><td>构造深度</td><td>符合设计要求</td><td>200m</td><td>1</td><td></td><td></td><td></td><td></td><td></td><td></td><td></td><td></td><td></td><td></td><td></td><td></td><td></td></tr>
<tr><td colspan="4">平均合格率（%）</td><td colspan="16"></td></tr>
<tr><td colspan="4">施工单位检查评定结论</td><td colspan="16">项目专业质量检查员：（签字）</td></tr>
<tr><td colspan="4">监理（建设）单位意见</td><td colspan="16">监理工程师：（签字）
（或建设单位项目专业技术负责人）：（签字）　　年　月　日</td></tr>
</table>

注：本表由施工项目专业质量检查员填写，监理工程师（建设单位项目技术负责人）组织项目专业质量检查员等进行验收，并应按上表进行记录。

一 般 项 目

4）表面应平整、坚实，接缝紧密，不应有明显轮迹、粗细骨料集中、推挤、裂缝、脱落等现象。

检查数量：全数检查。

检验方法：观察。

5）冷拌沥青混合料面层允许偏差应符合表〔8.5.2〕的有关规定。

冷拌沥青混合料面层允许偏差表　　　表〔8.5.2〕

<table>
<tr><th colspan="2" rowspan="2">项　目</th><th rowspan="2">允许偏差</th><th colspan="4">检　验　频　率</th><th rowspan="2">检 验 方 法</th></tr>
<tr><th>范围</th><th colspan="3">点　数</th></tr>
<tr><td colspan="2">纵断高程（mm）</td><td>±20</td><td>20m</td><td colspan="3">1</td><td>用水准仪测量</td></tr>
<tr><td colspan="2">中线偏位（mm）</td><td>≤20</td><td>100m</td><td colspan="3">1</td><td>用经纬仪测量</td></tr>
<tr><td colspan="2" rowspan="3">平整度（mm）</td><td rowspan="3">≤10</td><td rowspan="3">20m</td><td rowspan="3">路宽（m）</td><td><9</td><td>1</td><td rowspan="3">用 3m 直尺和塞尺连续量两尺，取较大值</td></tr>
<tr><td>9～15</td><td>2</td></tr>
<tr><td>>15</td><td>3</td></tr>
<tr><td colspan="2">宽度（mm）</td><td>不小于设计值</td><td>40m</td><td colspan="3">1</td><td>用钢尺量</td></tr>
<tr><td colspan="2" rowspan="3">横坡</td><td rowspan="3">±0.3%且不反坡</td><td rowspan="3">20m</td><td rowspan="3">路宽（m）</td><td><9</td><td>2</td><td rowspan="3">用水准仪测量</td></tr>
<tr><td>9～15</td><td>4</td></tr>
<tr><td>>15</td><td>6</td></tr>
<tr><td colspan="2">井框与路面差（mm）</td><td>≤5</td><td>每座</td><td colspan="3">1</td><td>十字法、用直尺、塞尺量取最大值</td></tr>
<tr><td rowspan="4">抗滑</td><td rowspan="2">摩擦系数</td><td rowspan="2">符合设计要求</td><td rowspan="2">200m</td><td colspan="3">1</td><td>摆式仪</td></tr>
<tr><td colspan="3">全线连续</td><td>横向力系数车</td></tr>
<tr><td rowspan="2">构造深度</td><td rowspan="2">符合设计要求</td><td rowspan="2">200m</td><td colspan="3" rowspan="2">1</td><td>砂铺法</td></tr>
<tr><td>激光构造深度仪</td></tr>
</table>

3.3.6 面层（沥青贯入式）检验批质量检验记录

3.3.6.1 面层（沥青贯入式）检验批质量检验记录表

面层（沥青贯入式）检验批质量检验记录表 **表 3-29**

表 A.0.1

编号：030201□□

检查项目	序号	检查内容	检验依据/允许偏差（规定值或±偏差值）	检验频率		检查结果/实测点偏差值或实测值												
工程名称				分部工程名称						分项工程名称						沥青贯入式面层		
施工单位				技术负责人						项目经理								
分包单位				分包项目经理						施工班组长								
工程数量				验收部位（或桩号）						项目技术负责人								
交方班组				接方班组						检查日期						年 月 日		
				范围	点数	1	2	3	4	5	6	7	8	9	10	应测点数	合格点数	合格率（%）
主控项目	1	材料要求	沥青、乳化沥青、集料、嵌缝料、质量符合本规范表9.2.4有关规定	不同材料进场批次	1					检验报告编号：								
	2	压实度	≥95%	$1000m^2$	1					检验报告编号：								
	3	弯沉值	≯设计规定	每车道、每20m	1					检验报告编号：								
	4	面层厚度	+15～−5	$1000m^2$	1													

续表

检查项目	序号	检查内容	检验依据/允许偏差（规定值或±偏差值）	检验频率		检查结果/实测点偏差值或实测值												
				范围	点数	1	2	3	4	5	6	7	8	9	10	应测点数	合格点数	合格率（%）
一般项目	1	纵断高程（mm）	±15	20m	1													
	2	中线偏位（mm）	≤20	100m	1													
	3	平整度（mm）	≤7	20m	1～3													
	4	宽度（mm）	≮设计值	40m	1													
	5	横坡	±0.3%且不反坡	20m	2～6													
	6	井框与路面高差（mm）	≤5	每座	1													
	7	沥青总用量（kg/m^2）	±0.5%	每工作日、每层	1													
平均合格率（%）																		
施工单位检查评定结论			项目专业质量检查员：（签字）															
监理（建设）单位意见			监理工程师：（签字） （或建设单位项目专业技术负责人）：（签字） 年 月 日															

注：本表由施工项目专业质量检查员填写，监理工程师（建设单位项目技术负责人）组织项目专业质量检查员等进行验收，并应按上表进行记录。

3.3.6.2　030201□□说明

《城镇道路工程施工与质量验收规范》CJJ 1—2008 相关内容：

〔9.2〕面层（沥青贯入式）

〔9.4.1〕沥青贯入式面层质量检验应符合下列规定：

主 控 项 目

1）沥青、乳化沥青、集料、嵌缝料质量应符合设计及本规范的有关规定。

检查数量：按不同材料进场批次，每批次 1 次。

检验方法：查出厂合格证及进场复检报告。

2）压实度不应小于 95％。

检查数量：每 1000m^2 抽检 1 点。

检验方法：灌砂法、灌水法、蜡封法。

3）弯沉值，不得大于设计规定。

检查数量：每车道、每 20m，测 1 点。

检验方法：弯沉仪。

4）面层厚度应符合设计规定，允许偏差为＋15～－5mm。

检查数量：每 1000m^2 测 1 点。

检验方法：钻孔或刨挖，用尺量。

一 般 项 目

5）表面应平整、坚实，石料嵌锁稳定、无明显高低差；嵌缝料、沥青应撒布均匀，无白花、积油、漏浇、浮料等现象，且不污染其他构筑物。

检查数量：全数检查。

检验方法：观察。

6）冷拌沥青混合料面层允许偏差应符合表〔9.4.1〕的有关规定。

沥青贯入式面层允许偏差表　　　　表〔9.4.1〕

<table>
<tr><th rowspan="2">项　　目</th><th rowspan="2">允许偏差</th><th colspan="4">检　验　频　率</th><th rowspan="2">检 验 方 法</th></tr>
<tr><th>范围</th><th colspan="3">点　　数</th></tr>
<tr><td>纵断高程（mm）</td><td>±15</td><td>20m</td><td colspan="3">1</td><td>用水准仪测量</td></tr>
<tr><td>中线偏位（mm）</td><td>≤20</td><td>100m</td><td colspan="3">1</td><td>用经纬仪测量</td></tr>
<tr><td rowspan="3">平整度（mm）</td><td rowspan="3">≤7</td><td rowspan="3">20m</td><td rowspan="3">路宽（m）</td><td><9</td><td>1</td><td rowspan="3">用 3m 直尺和塞尺连续量两尺，取较大值</td></tr>
<tr><td>9～15</td><td>2</td></tr>
<tr><td>>15</td><td>3</td></tr>
<tr><td>宽度（mm）</td><td>不小于设计值</td><td>40m</td><td colspan="3">1</td><td>用钢尺量</td></tr>
<tr><td rowspan="3">横坡</td><td rowspan="3">±0.3%且不反坡</td><td rowspan="3">20m</td><td rowspan="3">路宽（m）</td><td><9</td><td>2</td><td rowspan="3">用水准仪测量</td></tr>
<tr><td>9～15</td><td>4</td></tr>
<tr><td>>15</td><td>6</td></tr>
<tr><td>井框与路面高差（mm）</td><td>≤5</td><td>每座</td><td colspan="3">1</td><td>十字法、用直尺、塞尺量取最大值</td></tr>
<tr><td>沥青总用量（kg/m^2）</td><td>±0.5%</td><td>每工作日、每层</td><td colspan="3">1</td><td>T0982</td></tr>
</table>

3.3.7　面层（沥青表面处治）检验批质量检验记录

3.3.7.1　面层（沥青表面处理）检验批质量检验记录表（见表3-30）

3.3.7.2　030202□□说明

《城镇道路工程施工与质量验收规范》CJJ 1—2008 相关内容：

〔9.3〕面层（沥青表面处治）

〔9.4.2〕沥青表面处治施工质量检验应符合下列规定：

主　控　项　目

1）沥青、乳化沥青的品种、指标、规格应符合设计和本规范的有关规定。

面层（沥青表面处治）检验批质量检验记录表

表 3-30

表 A.0.1

编号：030202□□

工程名称				分部工程名称										分项工程名称			沥青表面处治面层	
施工单位				技术负责人										项目经理				
分包单位				分包项目经理										施工班组长				
工程数量				验收部位（或桩号）										项目技术负责人				
交方班组				接方班组										检查日期			年 月 日	
检查项目	序号	检查内容	检验依据/允许偏差（规定值或±偏差值）	检验频率		检查结果/实测点偏差值或实测值												
				范围	点数	1	2	3	4	5	6	7	8	9	10	应测点数	合格点数	合格率（%）
主控项目	1	材料要求	沥青、乳化沥青、集料质量符合本规范表 9.2.4 有关规定	进场批次	1				检验报告编号：									
一般项目	1	纵断高程（mm）	±15	20m	1													
	2	中线偏位（mm）	≤20	100m	1													
	3	平整度（mm）	≤7	20m	1～3													

续表

<table>
<tr><th rowspan="2">检查项目</th><th rowspan="2">序号</th><th rowspan="2">检查内容</th><th rowspan="2">检验依据/允许偏差（规定值或±偏差值）</th><th colspan="2">检验频率</th><th colspan="13">检查结果/实测点偏差值或实测值</th></tr>
<tr><th>范围</th><th>点数</th><th>1</th><th>2</th><th>3</th><th>4</th><th>5</th><th>6</th><th>7</th><th>8</th><th>9</th><th>10</th><th>应测点数</th><th>合格点数</th><th>合格率（%）</th></tr>
<tr><td rowspan="5">一般项目</td><td>4</td><td>宽度（mm）</td><td>≥设计值</td><td>40m</td><td>1</td><td></td><td></td><td></td><td></td><td></td><td></td><td></td><td></td><td></td><td></td><td></td><td></td><td></td></tr>
<tr><td>5</td><td>横坡</td><td>±0.3%且不反坡</td><td>20m</td><td>2～6</td><td></td><td></td><td></td><td></td><td></td><td></td><td></td><td></td><td></td><td></td><td></td><td></td><td></td></tr>
<tr><td>6</td><td>厚度（mm）</td><td>+10；−5</td><td>100m²</td><td>1</td><td></td><td></td><td></td><td></td><td></td><td></td><td></td><td></td><td></td><td></td><td></td><td></td><td></td></tr>
<tr><td>7</td><td>弯沉值</td><td>符合设计要求</td><td>设计要求时</td><td></td><td></td><td></td><td></td><td></td><td colspan="6">检测报告编号：</td><td></td><td></td><td></td></tr>
<tr><td>8</td><td>沥青总用量（kg/m²）</td><td>±0.5%总用量</td><td>每工作日、每层</td><td>1</td><td></td><td></td><td></td><td></td><td></td><td></td><td></td><td></td><td></td><td></td><td></td><td></td><td></td></tr>
<tr><td colspan="3">平均合格率（%）</td><td colspan="16"></td></tr>
<tr><td colspan="3">施工单位检查评定结论</td><td colspan="16">项目专业质量检查员：（签字）</td></tr>
<tr><td colspan="3">监理（建设）单位意见</td><td colspan="16">监理工程师：（签字）
（或建设单位项目专业技术负责人）：（签字）　　年　月　日</td></tr>
</table>

注：本表由施工项目专业质量检查员填写，监理工程师（建设单位项目技术负责人）组织项目专业质量检查员等进行验收，并应按上表进行记录。

检查数量：按进场批次。

检验方法：查出厂合格证、出厂检验报告、进场复检报告。

一 般 项 目

2）集料应压实平整，沥青应布洒均匀、无露白，嵌缝料应撒铺、扫墁均匀，不应有重叠现象。

3）沥青表面处治允许偏差应符合表〔9.4.2〕的有关规定。

沥青贯入式面层允许偏差表　　　　表〔9.4.2〕

项目	允许偏差	检验频率				检验方法
		范围	点数			
纵断高程（mm）	±15	20m	1			用水准仪测量
中线偏位（mm）	≤20	100m	1			用经纬仪测量
平整度（mm）	≤7	20m	路宽（m）	<9	1	用3m直尺和塞尺连续量两尺，取较大值
				9～15	2	
				>15	3	
宽度（mm）	不小于设计值	40m	1			用钢尺量
横坡	±0.3%且不反坡	20m	路宽（m）	<9	2	用水准仪测量
				9～15	4	
				>15	6	
厚度（mm）	+10，−5	$1000m^2$	1			钻孔，用钢尺量
弯沉值	符合设计要求	设计要求时	—			弯沉仪测定时
沥青总用量（kg/m^2）	±0.5%	每工作日、每层	1			T0982

3.3.8 水泥混凝土路面模板检验批质量检验记录

水泥混凝土路面模板检验批质量检验记录表 **表 3-31**

表 A.0.1 编号：030301□□

<table>
<tr><td colspan="3">工程名称</td><td colspan="3"></td><td colspan="2">分部工程名称</td><td colspan="5"></td><td colspan="5">分项工程名称</td><td colspan="3">混凝土路面模板</td></tr>
<tr><td colspan="3">施工单位</td><td colspan="3"></td><td colspan="2">技术负责人</td><td colspan="5"></td><td colspan="5">项目经理</td><td colspan="3"></td></tr>
<tr><td colspan="3">分包单位</td><td colspan="3"></td><td colspan="2">分包项目经理</td><td colspan="5"></td><td colspan="5">施工班组长</td><td colspan="3"></td></tr>
<tr><td colspan="3">工程数量</td><td colspan="3"></td><td colspan="2">验收部位（或桩号）</td><td colspan="5"></td><td colspan="5">项目技术负责人</td><td colspan="3"></td></tr>
<tr><td colspan="3">交方班组</td><td colspan="3"></td><td colspan="2">接方班组</td><td colspan="5"></td><td colspan="5">检查日期</td><td colspan="3">年 月 日</td></tr>
<tr><td rowspan="2">检查项目</td><td rowspan="2">序号</td><td rowspan="2">检查内容</td><td colspan="3">允许偏差</td><td colspan="2">检验频率</td><td colspan="13">检查结果/实测点偏差值或实测值</td></tr>
<tr><td>三辊轴机组</td><td>轨道摊铺机</td><td>小型机具</td><td>范围</td><td>点数</td><td>1</td><td>2</td><td>3</td><td>4</td><td>5</td><td>6</td><td>7</td><td>8</td><td>9</td><td>10</td><td>应测点数</td><td>合格点数</td><td>合格率（%）</td></tr>
<tr><td rowspan="2">主控项目</td><td>1</td><td>隔离剂</td><td colspan="3">涂刷模板隔离剂不得污染钢筋和混凝土接槎处</td><td>全数</td><td></td><td></td><td></td><td></td><td></td><td></td><td></td><td></td><td></td><td></td><td></td><td></td><td></td><td></td></tr>
<tr><td>2</td><td>支模</td><td colspan="3">模板及支撑不得有松动、跑模或下沉现象，接缝严密、不得漏浆，模内必须清洁</td><td>全数</td><td></td><td></td><td></td><td></td><td></td><td></td><td></td><td></td><td></td><td></td><td></td><td></td><td></td><td></td></tr>
<tr><td rowspan="2">一般项目</td><td>1</td><td>中线偏位（mm）</td><td>≤10</td><td>≤5</td><td>≤15</td><td>100m</td><td>2</td><td></td><td></td><td></td><td></td><td></td><td></td><td></td><td></td><td></td><td></td><td></td><td></td><td></td></tr>
<tr><td>2</td><td>宽度（mm）</td><td>≤10</td><td>≤5</td><td>≤15</td><td>20m</td><td>1</td><td></td><td></td><td></td><td></td><td></td><td></td><td></td><td></td><td></td><td></td><td></td><td></td><td></td></tr>
</table>

续表

<table>
<tr><td rowspan="2">检查项目</td><td rowspan="2">序号</td><td rowspan="2">检查内容</td><td colspan="3">允许偏差</td><td colspan="2">检验频率</td><td colspan="13">检查结果/实测点偏差值或实测值</td></tr>
<tr><td>三辊轴机组</td><td>轨道摊铺机</td><td>小型机具</td><td>范围</td><td>点数</td><td>1</td><td>2</td><td>3</td><td>4</td><td>5</td><td>6</td><td>7</td><td>8</td><td>9</td><td>10</td><td>应测点数</td><td>合格点数</td><td>合格率（%）</td></tr>
<tr><td rowspan="7">一般项目</td><td>3</td><td>顶面高程（mm）</td><td>±5</td><td>±5</td><td>±10</td><td>20m</td><td>1</td><td></td><td></td><td></td><td></td><td></td><td></td><td></td><td></td><td></td><td></td><td></td><td></td><td></td></tr>
<tr><td>4</td><td>横坡（%）</td><td>±0.1</td><td>±0.1</td><td>±0.2</td><td>20m</td><td>1</td><td></td><td></td><td></td><td></td><td></td><td></td><td></td><td></td><td></td><td></td><td></td><td></td><td></td></tr>
<tr><td>5</td><td>相邻板高差（mm）</td><td>≤1</td><td>≤1</td><td>≤2</td><td>每缝</td><td>1</td><td></td><td></td><td></td><td></td><td></td><td></td><td></td><td></td><td></td><td></td><td></td><td></td><td></td></tr>
<tr><td>6</td><td>模板接缝宽度（mm）</td><td>≤3</td><td>≤2</td><td>≤3</td><td>每缝</td><td>1</td><td></td><td></td><td></td><td></td><td></td><td></td><td></td><td></td><td></td><td></td><td></td><td></td><td></td></tr>
<tr><td>7</td><td>侧面垂直度（mm）</td><td>≤3</td><td>≤2</td><td>≤4</td><td>20m</td><td>1</td><td></td><td></td><td></td><td></td><td></td><td></td><td></td><td></td><td></td><td></td><td></td><td></td><td></td></tr>
<tr><td>8</td><td>纵向顺直度（mm）</td><td>≤3</td><td>≤2</td><td>≤4</td><td>40m</td><td>1</td><td></td><td></td><td></td><td></td><td></td><td></td><td></td><td></td><td></td><td></td><td></td><td></td><td></td></tr>
<tr><td>9</td><td>顶面平整度（mm）</td><td>≤1.5</td><td>≤1</td><td>≤2</td><td>每两缝间</td><td>1</td><td></td><td></td><td></td><td></td><td></td><td></td><td></td><td></td><td></td><td></td><td></td><td></td><td></td></tr>
<tr><td colspan="3">平均合格率（%）</td><td colspan="18"></td></tr>
<tr><td colspan="3">施工单位检查评定结论</td><td colspan="18">项目专业质量检查员：（签字）</td></tr>
<tr><td colspan="3">监理（建设）单位意见</td><td colspan="18">监理工程师：（签字）
（或建设单位项目专业技术负责人）：（签字） 年 月 日</td></tr>
</table>

注：本表由施工项目专业质量检查员填写，监理工程师（建设单位项目技术负责人）组织项目专业质量检查员等进行验收，并应按上表进行记录。

3.3.9 水泥混凝土路面钢筋检验批质量检验记录

水泥混凝土路面钢筋检验批质量检验记录表 **表 3-32**

表 A.0.1

编号：030302□□

<table>
<tr><td colspan="4">工程名称</td><td colspan="2"></td><td colspan="2">分部工程名称</td><td colspan="5"></td><td colspan="5">分项工程名称</td><td colspan="3">混凝土路面钢筋</td></tr>
<tr><td colspan="4">施工单位</td><td colspan="2"></td><td colspan="2">技术负责人</td><td colspan="5"></td><td colspan="5">项目经理</td><td colspan="3"></td></tr>
<tr><td colspan="4">分包单位</td><td colspan="2"></td><td colspan="2">分包项目经理</td><td colspan="5"></td><td colspan="5">施工班组长</td><td colspan="3"></td></tr>
<tr><td colspan="4">工程数量</td><td colspan="2"></td><td colspan="2">验收部位（或桩号）</td><td colspan="5"></td><td colspan="5">项目技术负责人</td><td colspan="3"></td></tr>
<tr><td colspan="4">交方班组</td><td colspan="2"></td><td colspan="2">接方班组</td><td colspan="5"></td><td colspan="5">检查日期</td><td colspan="3">年 月 日</td></tr>
<tr><td colspan="2" rowspan="2">检查项目</td><td rowspan="2">序号</td><td rowspan="2">检查内容</td><td colspan="2">检验依据/允许偏差（规定值或±偏差值）</td><td colspan="2">检 验 频 率</td><td colspan="13">检查结果/实测点偏差值或实测值</td></tr>
<tr><td>焊接钢筋网</td><td>绑扎钢筋网</td><td>范 围</td><td>点 数</td><td>1</td><td>2</td><td>3</td><td>4</td><td>5</td><td>6</td><td>7</td><td>8</td><td>9</td><td>10</td><td>应测点数</td><td>合格点数</td><td>合格率（%）</td></tr>
<tr><td colspan="2">主控项目</td><td>1</td><td>原材料质量及传力杆、拉杆安装</td><td colspan="2">品种、规格与加工质量符合设计要求</td><td>每批、每品种</td><td>1</td><td></td><td></td><td></td><td></td><td colspan="6">合格证、检验报告编号：</td><td></td><td></td><td></td></tr>
<tr><td rowspan="4">一般项目</td><td rowspan="4">钢筋加工</td><td>1</td><td>钢筋网的长度与宽度（mm）</td><td>±10</td><td>±10</td><td rowspan="4">每检验批</td><td rowspan="4">抽查 10%</td><td></td><td></td><td></td><td></td><td></td><td></td><td></td><td></td><td></td><td></td><td></td><td></td><td></td></tr>
<tr><td>2</td><td>钢筋网眼尺寸（mm）</td><td>±10</td><td>±20</td><td></td><td></td><td></td><td></td><td></td><td></td><td></td><td></td><td></td><td></td><td></td><td></td><td></td></tr>
<tr><td>3</td><td>钢筋骨架宽度及高度（mm）</td><td>±5</td><td>±5</td><td></td><td></td><td></td><td></td><td></td><td></td><td></td><td></td><td></td><td></td><td></td><td></td><td></td></tr>
<tr><td>4</td><td>钢筋骨架的长度（mm）</td><td>±10</td><td>±10</td><td></td><td></td><td></td><td></td><td></td><td></td><td></td><td></td><td></td><td></td><td></td><td></td><td></td></tr>
</table>

续表

<table>
<tr><th rowspan="2" colspan="2">检查项目</th><th rowspan="2">序号</th><th rowspan="2" colspan="2">检查内容</th><th colspan="2">检验依据/允许偏差（规定值或±偏差值）</th><th colspan="2">检验频率</th><th colspan="13">检查结果/实测点偏差值或实测值</th></tr>
<tr><th>焊接钢筋网</th><th>绑扎钢筋网</th><th>范围</th><th>点数</th><th>1</th><th>2</th><th>3</th><th>4</th><th>5</th><th>6</th><th>7</th><th>8</th><th>9</th><th>10</th><th>应测点数</th><th>合格点数</th><th>合格率（%）</th></tr>
<tr><td rowspan="9">一般项目</td><td rowspan="9">钢筋安装</td><td>1</td><td rowspan="2">受力钢筋</td><td>排距（mm）</td><td colspan="2">±5</td><td rowspan="9">每检验批</td><td rowspan="9">抽查 10%</td><td></td><td></td><td></td><td></td><td></td><td></td><td></td><td></td><td></td><td></td><td></td><td></td><td></td></tr>
<tr><td>2</td><td>间距（mm）</td><td colspan="2">±10</td><td></td><td></td><td></td><td></td><td></td><td></td><td></td><td></td><td></td><td></td><td></td><td></td><td></td></tr>
<tr><td>3</td><td colspan="2">钢筋弯起点位置（mm）</td><td colspan="2">20</td><td></td><td></td><td></td><td></td><td></td><td></td><td></td><td></td><td></td><td></td><td></td><td></td><td></td></tr>
<tr><td>4</td><td rowspan="2">箍筋、横向钢筋间距（mm）</td><td>绑扎钢筋网及骨架</td><td colspan="2">±20</td><td></td><td></td><td></td><td></td><td></td><td></td><td></td><td></td><td></td><td></td><td></td><td></td><td></td></tr>
<tr><td>5</td><td>焊接钢筋网及骨架</td><td colspan="2">±10</td><td></td><td></td><td></td><td></td><td></td><td></td><td></td><td></td><td></td><td></td><td></td><td></td><td></td></tr>
<tr><td>6</td><td rowspan="2">钢筋预埋位置（mm）</td><td>中心线位移</td><td colspan="2">±5</td><td></td><td></td><td></td><td></td><td></td><td></td><td></td><td></td><td></td><td></td><td></td><td></td><td></td></tr>
<tr><td>7</td><td>水平高差</td><td colspan="2">±3</td><td></td><td></td><td></td><td></td><td></td><td></td><td></td><td></td><td></td><td></td><td></td><td></td><td></td></tr>
<tr><td>8</td><td rowspan="2">钢筋保护层（mm）</td><td>距表面</td><td colspan="2">±3</td><td></td><td></td><td></td><td></td><td></td><td></td><td></td><td></td><td></td><td></td><td></td><td></td><td></td></tr>
<tr><td>9</td><td>距底面</td><td colspan="2">±5</td><td></td><td></td><td></td><td></td><td></td><td></td><td></td><td></td><td></td><td></td><td></td><td></td><td></td></tr>
<tr><td colspan="5">平均合格率（%）</td><td colspan="17"></td></tr>
<tr><td colspan="5">施工单位检查评定结论</td><td colspan="17">项目专业质量检查员：（签字）</td></tr>
<tr><td colspan="5">监理（建设）单位意见</td><td colspan="17">监理工程师：（签字）
（或建设单位项目专业技术负责人）：（签字）　　年　月　日</td></tr>
</table>

注：本表由施工项目专业质量检查员填写，监理工程师（建设单位项目技术负责人）组织项目专业质量检查员等进行验收，并应按上表进行记录。

3.3.10 水泥混凝土面层检验批质量检验记录

3.3.10.1 水泥混凝土面层检验批质量检验记录表

水泥混凝土面层检验批质量检验记录表 **表 3-33**

表 A.0.1

编号：030303□□

<table>
<tr><td colspan="3">工程名称</td><td></td><td colspan="2">分部工程名称</td><td colspan="6"></td><td colspan="5">分项工程名称</td><td colspan="2">水泥混凝土面层</td></tr>
<tr><td colspan="3">施工单位</td><td></td><td colspan="2">技术负责人</td><td colspan="6"></td><td colspan="5">项目经理</td><td colspan="2"></td></tr>
<tr><td colspan="3">分包单位</td><td></td><td colspan="2">分包项目经理</td><td colspan="6"></td><td colspan="5">施工班组长</td><td colspan="2"></td></tr>
<tr><td colspan="3">工程数量</td><td></td><td colspan="2">验收部位（或桩号）</td><td colspan="6"></td><td colspan="5">项目技术负责人</td><td colspan="2"></td></tr>
<tr><td colspan="3">交方班组</td><td></td><td colspan="2">接方班组</td><td colspan="6"></td><td colspan="5">检查日期</td><td colspan="2">年 月 日</td></tr>
<tr><td rowspan="2">检查项目</td><td rowspan="2">序号</td><td rowspan="2">检查内容</td><td rowspan="2">检验依据/允许偏差（规定值或±偏差值）</td><td colspan="2">检验频率</td><td colspan="13">检查结果/实测点偏差值或实测值</td></tr>
<tr><td>范围</td><td>点数</td><td>1</td><td>2</td><td>3</td><td>4</td><td>5</td><td>6</td><td>7</td><td>8</td><td>9</td><td>10</td><td>应测点数</td><td>合格点数</td><td>合格率（%）</td></tr>
<tr><td rowspan="4">主控项目</td><td>1</td><td>材料要求</td><td>所有材料质量符合本规范 10.8.1 有关规定</td><td>进场批次</td><td>按规范</td><td colspan="10">检验报告编号：</td><td></td><td></td><td></td></tr>
<tr><td>2</td><td>试件弯拉强度</td><td>标准养护、同条件应符合设计规定</td><td>100m³、每工作班</td><td>各 1 组</td><td colspan="10">试验报告编号：</td><td></td><td></td><td></td></tr>
<tr><td>3</td><td>面层厚度（mm）</td><td>±5</td><td>1000m²</td><td>1</td><td></td><td></td><td></td><td></td><td></td><td></td><td></td><td></td><td></td><td></td><td></td><td></td><td></td></tr>
<tr><td>4</td><td>抗滑构造深度</td><td>符合设计规定</td><td>1000m²</td><td>1</td><td></td><td></td><td></td><td></td><td></td><td></td><td></td><td></td><td></td><td></td><td></td><td></td><td></td></tr>
<tr><td rowspan="3">一般项目</td><td>1</td><td>纵断高程（mm）</td><td>±15</td><td>20m</td><td>1</td><td></td><td></td><td></td><td></td><td></td><td></td><td></td><td></td><td></td><td></td><td></td><td></td><td></td></tr>
<tr><td>2</td><td>中线偏位（mm）</td><td>≤20</td><td>100m</td><td>1</td><td></td><td></td><td></td><td></td><td></td><td></td><td></td><td></td><td></td><td></td><td></td><td></td><td></td></tr>
<tr><td>3</td><td>平整度（mm） 标准差 ó 值</td><td>快速路、主干路≤1.2；次干路≤2</td><td>100m</td><td>1</td><td></td><td></td><td></td><td></td><td></td><td></td><td></td><td></td><td></td><td></td><td></td><td></td><td></td></tr>
</table>

续表

检查项目	序号	检查内容	检验依据/允许偏差（规定值或±偏差值）	检验频率		检查结果/实测点偏差值或实测值												
				范围	点数	1	2	3	4	5	6	7	8	9	10	应测点数	合格点数	合格率（%）
一般项目	3	平整度（mm） 最大间隙	快速路、主干路≤3；次干路≤5	20m	1													
	4	宽度（mm）	0～－20	40m	1													
	5	横坡（%）	±0.3%且不反坡	20m	1													
	6	井框与路面高差（mm）	≤3	每座	1													
	7	相邻板高差（mm）	≤3	20m	1													
	8	纵缝直顺度（mm）	≤10	100m	1													
	9	横缝直顺度（mm）	≤10	40m	1													
	10	蜂窝麻面面积（%）	≤2	20m	1													
平均合格率（%）																		
施工单位检查评定结论			项目专业质量检查员：（签字）															
监理（建设）单位意见			监理工程师：（签字） （或建设单位项目专业技术负责人）：（签字） 年 月 日															

注：本表由施工项目专业质量检查员填写，监理工程师（建设单位项目技术负责人）组织项目专业质量检查员等进行验收，并应按上表进行记录。

3.3.10.2　030303□□说明

《城镇道路工程施工与质量验收规范》CJJ 1—2008 相关内容：

〔10〕水泥混凝土路面

〔10.8.1〕水泥混凝土面层质量检验应符合下列规定：

1）原材料质量应符合下列要求：

主 控 项 目

（1）水泥品种、级别、质量、包装、贮存，应符合国家现行有关标准的规定。

检查数量：按同一生产厂家、同一等级、同一品种、同一批号且连续进场的水泥，袋装水泥不超过 200t 为一批，散装水泥不超过 500t 为一批，每批次抽样 1 次。水泥出厂超过 3 个月（快硬硅酸盐水泥超过 1 个月）时，应进行复验，复验合格后方可使用。

检验方法：查出产品合格证、出厂检验报告、进场复检。

（2）混凝土中掺加外加剂的质量应符合现行国家标准《混凝土外加剂》GB 50119 的规定。

检查数量：按进场批次和产品抽样检验方法确定，每批不小于 1 次。

检验方法：查出产品合格证、出厂检验报告和进场复检报告。

（3）钢筋品种、规格、数量、下料尺寸及质量应符合设计要求及国家现行有关标准规定。

检查数量：全数检查。

检验方法：观察，用钢尺量，查出厂检验报告和进场复检报告。

（4）钢纤维的规格质量应符合设计要求及本规范第 10.1.7 条有关规定。

检查数量：按进场批次，每批抽检 1 次。

检验方法：现场取样试验。

（5）粗集料、细集料应符合本规范第10.1.2、10.1.3条的有关规定。

检查数量：同产地、同品种、同规格且连续进场的集料，每$400m^3$为一批，不足$400m^3$按1批计，每批抽检1次。

检验方法：检查出厂合格证和抽检报告。

（6）水应符合本规范第7.2.1条第3款规定。

检查数量：同水源检查1次。

检验方法：检查水质分析报告。

2）混凝土面层质量应符合设计要求。

（1）混凝土弯拉强度应符合设计规定。

检查数量：每$100m^3$同配合比的混凝土，取样1次；不足$100m^3$按1次计。第次取样应至少留置1组标准养护试件。同条件养护试件的留置组数应根据实际需要确定，最少1组。

检验方法：检查试件强度试验报告。

（2）混凝土面层厚度应符合设计规定，允许误差为±5mm。

检查数量：每$1000m^2$抽测1点。

检验方法：查试验报告、复测。

（3）抗滑构造深度应符合设计要求。

检查数量：每$1000m^2$抽测1点。

检验方法：铺砂法。

一 般 项 目

（4）水泥混凝土面层应板面平整、密实，边角应整齐、无裂缝，并不应有石子外露和浮浆、脱皮、踏痕、积水等现象，蜂窝麻面面积不得大于总面积的0.5%。

检查数量：全数检查。

检验方法：观察、量测。

（5）伸缩缝应垂直、直顺，缝内不应有杂物。伸缩缝在规定的深度和宽度范围内应全部贯通，传力杆应与缝面垂直。

检查数量：全数检查。

检验方法：观察。

(6) 混凝土路面允许偏差应符合表〔10.8.1〕的规定。

混凝土路面允许偏差　　　　表〔10.8.1〕

项目		允许偏差或规定值		检验频率		检验方法
		城市快速路主干路	次干路、支路	范围	点数	
纵断高程（mm）		±15		20m	1	用水准仪测量
中线偏位（mm）		≤20		100m	1	用经纬仪测量
平整度（mm）	标准差 ó（mm）	≤1.2	≤2	100m	1	用测平仪测量
	最大间隙	≤3	≤5	20m	1	用 3m 直尺和塞尺连续量两尺，取较大值
宽度（mm）		0；－20		40m	1	用钢尺量
横坡		±0.3%且不反坡		20m	1	用水准仪测量
井框与路面高差（mm）		≤3		每座	1	十字法、用直尺、塞尺量取最大值
相邻板高差（mm）		≤3		20m	1	用钢板尺和塞尺量
纵缝直顺度（mm）		≤10		100m	1	用 20m 拉线和钢尺量
横缝直顺度（mm）		≤10		40m	1	
蜂窝麻面面积①（%）		≤2		20m	1	观察和用钢板尺量

注：① 每 20m 查 1 块板的侧面。

3.3.11　路面料石面层检验批质量检验记录

3.3.11.1　路面料石面层检验批质量检验记录表（见表 3-34）

3.3.11.2　030401□□说明

《城镇道路工程施工与质量验收规范》CJJ 1—2008 相关内容：

〔11.1〕料石面层

〔11.3.1〕料石面层质量检验应符合下列规定：

路面料石面层检验批质量检验记录表

表 3-34

表 A.0.1

编号：030401□□

工程名称		分部工程名称		分项工程名称	路面料石面层
施工单位		技术负责人		项目经理	
分包单位		分包项目经理		施工班组长	
工程数量		验收部位（或桩号）		项目技术负责人	
交方班组		接方班组		检查日期	年　月　日

检查项目	序号	检查内容	检验依据/允许偏差（规定值或±偏差值）	检验频率		检查结果/实测点偏差值或实测值												
				范围	点数	1	2	3	4	5	6	7	8	9	10	应测点数	合格点数	合格率（%）
主控项目	1	石材质量	质量、尺寸符合设计要求	进场批次	抽检													
	2	砂浆抗压强度	平均值符合设计要求，任一组不低于设计值 85%	同一配合比 $1000m^2$	1 组					试验报告编号：								
一般项目	1	纵断高程（mm）	±10	10m	1													
	2	中线偏位（mm）	≤20	100m	1													
	3	平整度（mm）	≤3	20m	1													
	4	宽度（mm）	≮设计规定	40m	1													

续表

<table>
<tr><th rowspan="2">检查项目</th><th rowspan="2">序号</th><th rowspan="2">检查内容</th><th rowspan="2">检验依据/允许偏差（规定值或±偏差值）</th><th colspan="2">检 验 频 率</th><th colspan="13">检查结果/实测点偏差值或实测值</th></tr>
<tr><th>范 围</th><th>点 数</th><th>1</th><th>2</th><th>3</th><th>4</th><th>5</th><th>6</th><th>7</th><th>8</th><th>9</th><th>10</th><th>应测点数</th><th>合格点数</th><th>合格率（%）</th></tr>
<tr><td rowspan="5">一般项目</td><td>5</td><td>横坡（%）</td><td>±0.3%且不反坡</td><td>20m</td><td>1</td><td></td><td></td><td></td><td></td><td></td><td></td><td></td><td></td><td></td><td></td><td></td><td></td><td></td></tr>
<tr><td>6</td><td>井框与路面高差（mm）</td><td>≤3</td><td>每座</td><td>1</td><td></td><td></td><td></td><td></td><td></td><td></td><td></td><td></td><td></td><td></td><td></td><td></td><td></td></tr>
<tr><td>7</td><td>相邻板高差（mm）</td><td>≤2</td><td>20m</td><td>1</td><td></td><td></td><td></td><td></td><td></td><td></td><td></td><td></td><td></td><td></td><td></td><td></td><td></td></tr>
<tr><td>8</td><td>纵横缝直顺度（mm）</td><td>≤5</td><td>20m</td><td>1</td><td></td><td></td><td></td><td></td><td></td><td></td><td></td><td></td><td></td><td></td><td></td><td></td><td></td></tr>
<tr><td>9</td><td>缝宽（mm）</td><td>+3；−2</td><td>20m</td><td>1</td><td></td><td></td><td></td><td></td><td></td><td></td><td></td><td></td><td></td><td></td><td></td><td></td><td></td></tr>
<tr><td colspan="3">平均合格率（%）</td><td colspan="16"></td></tr>
<tr><td colspan="3">施工单位检查评定结论</td><td colspan="16">项目专业质量检查员：（签字）</td></tr>
<tr><td colspan="3">监理（建设）单位意见</td><td colspan="16">监理工程师：（签字）
（或建设单位项目专业技术负责人）：（签字） 年 月 日</td></tr>
</table>

注：本表由施工项目专业质量检查员填写，监理工程师（建设单位项目技术负责人）组织项目专业质量检查员等进行验收，并应按上表进行记录。

主 控 项 目

1）石材质量符合设计及本规范要求。

检查数量：每检验批，抽样检查。

检验方法：查出厂检验报告或复检。

2）砂浆平均抗压强度等级应符合设计规定，任一组试件抗压强度最低值不应低于设计强的85%。

检查数量：同一配合比，每1000m²1组（6块），不足1000m²取1组。

检验方法：查试验报告。

一 般 项 目

3）表面应平整、稳固、无翘动，缝线直顺、灌缝饱满，无反坡积水现象。

检查数量：全数检查。

检验方法：观察。

4）料石面层允许偏差应符合表〔11.3.1〕的有关规定。

料石面层允许偏差表　　表〔11.3.1〕

项　目	允许偏差	检验频率		检验方法
		范围	点数	
纵断高程（mm）	±10	10m	1	用水准仪测量
中线偏位（mm）	≤20	100m	1	用经纬仪测量
平整度（mm）	≤3	20m	1	用3m直尺和塞尺连续量两尺，取较大值
宽度（mm）	不小于设计规定	40m	1	用钢尺量
横坡（%）	±0.3%且不反坡	20m	1	用水准仪测量
井框与路面高差（mm）	≤3	每座	1	十字法、用直尺、塞尺量取最大值
相邻块高差（mm）	≤2	20m	1	用钢板尺量
纵横缝直顺度（mm）	≤5	20m	1	用20m线和钢尺量
缝宽（mm）	+3 −2	20m	1	用钢尺量

3.3.12 路面预制混凝土砌块面层检验批质量检验记录

3.3.12.1 路面预制混凝土砌块面层检验批质量检验记录表

路面预制混凝土砌块面层检验批质量检验记录表 **表 3-35**

表 A.0.1

编号：030402□□

<table>
<tr><td colspan="3">工程名称</td><td colspan="2"></td><td colspan="2">分部工程名称</td><td colspan="6"></td><td colspan="3">分项工程名称</td><td colspan="3">预制混凝土砌块面层</td></tr>
<tr><td colspan="3">施工单位</td><td colspan="2"></td><td colspan="2">技术负责人</td><td colspan="6"></td><td colspan="3">项目经理</td><td colspan="3"></td></tr>
<tr><td colspan="3">分包单位</td><td colspan="2"></td><td colspan="2">分包项目经理</td><td colspan="6"></td><td colspan="3">施工班组长</td><td colspan="3"></td></tr>
<tr><td colspan="3">工程数量</td><td colspan="1"></td><td colspan="3">验收部位（或桩号）</td><td colspan="6"></td><td colspan="3">项目技术负责人</td><td colspan="3"></td></tr>
<tr><td colspan="3">交方班组</td><td colspan="1"></td><td colspan="3">接方班组</td><td colspan="6"></td><td colspan="3">检查日期</td><td colspan="3">年 月 日</td></tr>
<tr><td rowspan="2">检查项目</td><td rowspan="2">序号</td><td rowspan="2">检查内容</td><td rowspan="2">检验依据/允许偏差（规定值或±偏差值）</td><td colspan="2">检验频率</td><td colspan="13">检查结果/实测点偏差值或实测值</td></tr>
<tr><td>范围</td><td>点数</td><td>1</td><td>2</td><td>3</td><td>4</td><td>5</td><td>6</td><td>7</td><td>8</td><td>9</td><td>10</td><td>应测点数</td><td>合格点数</td><td>合格率（%）</td></tr>
<tr><td rowspan="2">主控项目</td><td>1</td><td>砌块强度</td><td>强度符合设计要求</td><td>同批号 1000m²</td><td>1组</td><td></td><td></td><td></td><td></td><td colspan="6">出厂试验报告编号：</td><td></td><td></td><td></td></tr>
<tr><td>2</td><td>砂浆抗压强度</td><td>平均值符合设计要求，任一组不低于设计值85%</td><td>同一配合比 1000m²</td><td>1组</td><td></td><td></td><td></td><td></td><td colspan="6">试验报告编号：</td><td></td><td></td><td></td></tr>
<tr><td rowspan="2">一般项目</td><td>1</td><td>纵断高程（mm）</td><td>±15</td><td>20m</td><td>1</td><td></td><td></td><td></td><td></td><td></td><td></td><td></td><td></td><td></td><td></td><td></td><td></td><td></td></tr>
<tr><td>2</td><td>中线偏位（mm）</td><td>≤20</td><td>100m</td><td>1</td><td></td><td></td><td></td><td></td><td></td><td></td><td></td><td></td><td></td><td></td><td></td><td></td><td></td></tr>
</table>

续表

<table>
<tr><td rowspan="2">检查项目</td><td rowspan="2">序号</td><td rowspan="2">检查内容</td><td rowspan="2">检验依据/允许偏差（规定值或±偏差值）</td><td colspan="2">检验频率</td><td colspan="13">检查结果/实测点偏差值或实测值</td></tr>
<tr><td>范围</td><td>点数</td><td>1</td><td>2</td><td>3</td><td>4</td><td>5</td><td>6</td><td>7</td><td>8</td><td>9</td><td>10</td><td>应测点数</td><td>合格点数</td><td>合格率（%）</td></tr>
<tr><td rowspan="7">一般项目</td><td>3</td><td>平整度（mm）</td><td>≤5</td><td>20m</td><td>1</td><td></td><td></td><td></td><td></td><td></td><td></td><td></td><td></td><td></td><td></td><td></td><td></td><td></td></tr>
<tr><td>4</td><td>宽度（mm）</td><td>≮设计规定</td><td>40m</td><td>1</td><td></td><td></td><td></td><td></td><td></td><td></td><td></td><td></td><td></td><td></td><td></td><td></td><td></td></tr>
<tr><td>5</td><td>横坡（%）</td><td>±0.3%且不反坡</td><td>20m</td><td>1</td><td></td><td></td><td></td><td></td><td></td><td></td><td></td><td></td><td></td><td></td><td></td><td></td><td></td></tr>
<tr><td>6</td><td>井框与路面高差（mm）</td><td>≤3</td><td>每座</td><td>1</td><td></td><td></td><td></td><td></td><td></td><td></td><td></td><td></td><td></td><td></td><td></td><td></td><td></td></tr>
<tr><td>7</td><td>相邻板高差（mm）</td><td>≤2</td><td>20m</td><td>1</td><td></td><td></td><td></td><td></td><td></td><td></td><td></td><td></td><td></td><td></td><td></td><td></td><td></td></tr>
<tr><td>8</td><td>纵横缝直顺度（mm）</td><td>≤5</td><td>20m</td><td>1</td><td></td><td></td><td></td><td></td><td></td><td></td><td></td><td></td><td></td><td></td><td></td><td></td><td></td></tr>
<tr><td>9</td><td>缝宽（mm）</td><td>+3；−2</td><td>20m</td><td>1</td><td></td><td></td><td></td><td></td><td></td><td></td><td></td><td></td><td></td><td></td><td></td><td></td><td></td></tr>
<tr><td colspan="3">平均合格率（%）</td><td colspan="16"></td></tr>
<tr><td colspan="3">施工单位检查评定结论</td><td colspan="16">项目专业质量检查员：（签字）</td></tr>
<tr><td colspan="3">监理（建设）单位意见</td><td colspan="16">监理工程师：（签字）
（或建设单位项目专业技术负责人）：（签字）　　年　月　日</td></tr>
</table>

注：本表由施工项目专业质量检查员填写，监理工程师（建设单位项目技术负责人）组织项目专业质量检查员等进行验收，并应按上表进行记录。

3.3.12.2　030402□□说明

《城镇道路工程与质量验收规范》CJJ 1—2008 相关内容：

〔11.2〕预制混凝土砌块面层

〔11.3.2〕预制混凝土砌块面层质量检验应符合下列规定：

主 控 项 目

1）砌块的强应符合设计要求。

检查数量：同一品种、规格，每 1000m² 抽样检查 1 次。

检验方法：查出厂检验报告、复检。

2）砂浆平均抗压强度等级应符合设计规定，任一组试件抗压强度最低值不应低于设计强的 85%。

检查数量：同一配合比，每 1000m² 1 组（6 块），不足 1000m² 取 1 组。

检验方法：查试验报告。

一 般 项 目

3）表面应平整、稳固、无翘动，缝线直顺、灌缝饱满，无反坡积水现象。

检查数量：全数检查。

检验方法：观察。

4）预制混凝土砌块面层允许偏差应符合表〔11.3.2〕的有关规定。

预制混凝土砌块面层允许偏差表　　表〔11.3.2〕

项　　目	允许偏差	检验频率		检 验 方 法
		范围	点数	
纵断高程（mm）	±15	10m	1	用水准仪测量
中线偏位（mm）	≤20	100m	1	用经纬仪测量
平整度（mm）	≤5	20m	1	用 3m 直尺和塞尺连续量两尺，取较大值
宽度（mm）	不小于设计规定	40m	1	用钢尺量

续表

项目	允许偏差	检验频率		检验方法
		范围	点数	
横坡（%）	±0.3%且不反坡	20m	1	用水准仪测量
井框与路面高差（mm）	≤4	每座	1	十字法、用直尺和塞尺量取最大值
相邻块高差（mm）	≤3	20m	1	用钢板尺量
纵横缝直顺度（mm）	≤5	20m	1	用20m线和钢尺量
缝宽（mm）	+3 −2	20m	1	用钢尺量

3.4 广场与停车场工程

3.4.1 广场与停车场料石面层检验批质量检验记录

3.4.1.1 广场与停车场料石面层检验批质量检验记录表（见表3-36）

3.4.1.2 040001□□说明

〔12〕广场与停车场料石面层（料石）

〔12.1〕施工技术

〔12.1.1〕施工中应合理划分施工单元，安排施工道路与社会交通疏导。

〔12.1.2〕施工中宜以广场与停车场中的雨水口及排水坡度分界线的高程控制面层铺装坡度。面层与周围构筑物、路口应接顺，不得积水。

〔12.1.5〕采用铺砌式面层应符合本规范第11章的有关规定。

〔12.1.8〕广场中盲道铺砌，应符合本规范第13章的有关规定。

〔12.2.1〕料石面层质量检验应符合下列规定：

主控项目

1）石材质量符合设计及本规范要求。

检查数量：每检验批，抽样检查。

检验方法：查出厂检验报告或复检。

广场与停车场料石面层检验批质量检验记录表

表 3-36

表 A.0.1

编号：040001□□

工程名称		分部工程名称		分项工程名称	广场与停车场料石面层
施工单位		技术负责人		项目经理	
分包单位		分包项目经理		施工班组长	
工程数量		验收部位（或桩号）		项目技术负责人	
交方班组		接方班组		检查日期	年 月 日

检查项目	序号	检查内容	检验依据/允许偏差（规定值或±偏差值）	检验频率		检查结果/实测点偏差值或实测值												
				范围	点数	1	2	3	4	5	6	7	8	9	10	应测点数	合格点数	合格率（%）
主控项目	1	石材质量	质量、尺寸符合设计要求	进场批次	1组					出厂试验报告编号：								
	2	砂浆抗压强度	平均值符合设计要求，任一组不低于设计值85%	同一配合比1000m²	1组					试验报告编号：								
一般项目	1	高程（mm）	±6	施工单元	1													
	2	平整度（mm）	≤3	10m×10m	1													
	3	宽度（mm）	≮设计规定	20m	1													
	4	坡度（%）	±0.3%且不反坡	20m	1													

续表

<table>
<tr><th rowspan="2">检查项目</th><th rowspan="2">序号</th><th rowspan="2">检查内容</th><th rowspan="2">检验依据/允许偏差（规定值或±偏差值）</th><th colspan="2">检 验 频 率</th><th colspan="13">检查结果/实测点偏差值或实测值</th></tr>
<tr><th>范 围</th><th>点 数</th><th>1</th><th>2</th><th>3</th><th>4</th><th>5</th><th>6</th><th>7</th><th>8</th><th>9</th><th>10</th><th>应测点数</th><th>合格点数</th><th>合格率（%）</th></tr>
<tr><td rowspan="4">一般项目</td><td>5</td><td>井框与面层高差（mm）</td><td>≤3</td><td>每座</td><td>1</td><td></td><td></td><td></td><td></td><td></td><td></td><td></td><td></td><td></td><td></td><td></td><td></td><td></td></tr>
<tr><td>6</td><td>相邻板高差（mm）</td><td>≤2</td><td>10m×10m</td><td>1</td><td></td><td></td><td></td><td></td><td></td><td></td><td></td><td></td><td></td><td></td><td></td><td></td><td></td></tr>
<tr><td>7</td><td>纵横缝直顺度（mm）</td><td>≤5</td><td>40m×40m</td><td>1</td><td></td><td></td><td></td><td></td><td></td><td></td><td></td><td></td><td></td><td></td><td></td><td></td><td></td></tr>
<tr><td>8</td><td>缝宽（mm）</td><td>+3；−2</td><td>40m×40m</td><td>1</td><td></td><td></td><td></td><td></td><td></td><td></td><td></td><td></td><td></td><td></td><td></td><td></td><td></td></tr>
<tr><td colspan="3">平均合格率（%）</td><td colspan="16"></td></tr>
<tr><td colspan="3">施工单位检查评定结论</td><td colspan="16">项目专业质量检查员：（签字）</td></tr>
<tr><td colspan="3">监理（建设）单位意见</td><td colspan="16">监理工程师：（签字）
（或建设单位项目专业技术负责人）：（签字） 年 月 日</td></tr>
</table>

注：本表由施工项目专业质量检查员填写，监理工程师（建设单位项目技术负责人）组织项目专业质量检查员等进行验收，并应按上表进行记录。

2）砂浆平均抗压强度等级应符合设计规定，任一组试件抗压强度最低值不应低于设计强的85%。

检查数量：同一配合比，每1000m²1组（6块），不足1000m²取1组。

检验方法：查试验报告。

一 般 项 目

3）表面应平整、稳固、无翘动，缝线直顺、灌缝饱满，无反坡积水现象。

检查数量：全数检查。

检验方法：观察。

4）料石面层允许偏差应符合表〔12.2.1〕的有关规定。

广场与停车场料石面层允许偏差表　　表〔12.2.1〕

项　　目	允许偏差	检验频率		检 验 方 法
		范　围	点数	
高程（mm）	±6	施工单元①	1	用水准仪测量
平整度（mm）	≤3	10m×10m	1	用3m直尺和塞尺连续量两尺，取较大值
宽度（mm）	≮设计规定	40m②	1	用钢尺或测距仪测量
坡度（%）	±0.3%且不反坡	20m	1	用水准仪测量
井框与面层高差（mm）	≤3	每座	1	十字法、用直尺、塞尺量取最大值
相邻块高差（mm）	≤2	10m×10m	1	用钢板尺量
纵横缝直顺度（mm）	≤5	40m×40m	1	用20m线和钢尺量
缝宽（mm）	+3；−2	40m×40m	1	用钢尺量

注：① 在每一单位工程中，以40m×40m定方格网，进行编号，作为量测检查的基本施工单元，不足40m×40m的部分以一个单元计。在基本施工单元中再以10m×10m或20m×20m为子单元，每基本施工单元范围内只抽一个子单元检查，检查方法为随机取样，即基本施工单元在室内确定，子单元在现场确定，量取3点取最大值计为检查频率的1个点。

② 适用于矩形广场与停车场。

3.4.2 广场与停车场预制块面层检验批质量检验记录

3.4.2.1 广场与停车场预制块面层检验批质量检验记录表

广场与停车场预制块面层检验批质量检验记录表 **表 3-37**

表 A.0.1 编号：040002□□

<table>
<tr><td colspan="3">工程名称</td><td></td><td colspan="2">分部工程名称</td><td colspan="5"></td><td colspan="5">分项工程名称</td><td colspan="3">广场与停车场预制块面层</td></tr>
<tr><td colspan="3">施工单位</td><td></td><td colspan="2">技术负责人</td><td colspan="5"></td><td colspan="5">项目经理</td><td colspan="3"></td></tr>
<tr><td colspan="3">分包单位</td><td></td><td colspan="2">分包项目经理</td><td colspan="5"></td><td colspan="5">施工班组长</td><td colspan="3"></td></tr>
<tr><td colspan="3">工程数量</td><td></td><td colspan="2">验收部位（或桩号）</td><td colspan="5"></td><td colspan="5">项目技术负责人</td><td colspan="3"></td></tr>
<tr><td colspan="3">交方班组</td><td></td><td colspan="2">接方班组</td><td colspan="5"></td><td colspan="5">检查日期</td><td colspan="3">年 月 日</td></tr>
<tr><td rowspan="2">检查项目</td><td rowspan="2">序号</td><td rowspan="2">检查内容</td><td rowspan="2">检验依据/允许偏差（规定值或±偏差值）</td><td colspan="2">检 验 频 率</td><td colspan="13">检查结果/实测点偏差值或实测值</td></tr>
<tr><td>范 围</td><td>点 数</td><td>1</td><td>2</td><td>3</td><td>4</td><td>5</td><td>6</td><td>7</td><td>8</td><td>9</td><td>10</td><td>应测点数</td><td>合格点数</td><td>合格率（%）</td></tr>
<tr><td rowspan="2">主控项目</td><td>1</td><td>砌块强度、外形尺寸</td><td>强度、外形尺寸符合设计要求</td><td>同批号 1000m²</td><td>1组</td><td></td><td></td><td></td><td></td><td colspan="6">出厂试验报告编号：</td><td></td><td></td><td></td></tr>
<tr><td>2</td><td>砂浆抗压强度</td><td>平均值符合设计要求，任一组不低于设计值85%</td><td>同一配合比 1000m²</td><td>1组</td><td></td><td></td><td></td><td></td><td colspan="6">试验报告编号：</td><td></td><td></td><td></td></tr>
<tr><td rowspan="3">一般项目</td><td>1</td><td>高程（mm）</td><td>±10</td><td>施工单元</td><td>1</td><td></td><td></td><td></td><td></td><td></td><td></td><td></td><td></td><td></td><td></td><td></td><td></td><td></td></tr>
<tr><td>2</td><td>平整度（mm）</td><td>≤5</td><td>10m×10m</td><td>1</td><td></td><td></td><td></td><td></td><td></td><td></td><td></td><td></td><td></td><td></td><td></td><td></td><td></td></tr>
<tr><td>3</td><td>宽度（mm）</td><td>≮设计规定</td><td>40m</td><td>1</td><td></td><td></td><td></td><td></td><td></td><td></td><td></td><td></td><td></td><td></td><td></td><td></td><td></td></tr>
</table>

续表

检查项目	序号	检查内容	检验依据/允许偏差（规定值或±偏差值）	检验频率		检查结果/实测点偏差值或实测值												
				范围	点数	1	2	3	4	5	6	7	8	9	10	应测点数	合格点数	合格率（%）
一般项目	4	坡度（%）	±0.3%且不反坡	20m	1													
	5	井框与面层高差（mm）	≤4	每座	1													
	6	相邻板高差（mm）	≤2	10m×10m	1													
	7	纵、横缝直顺度（mm）	≤10	40m×40m	1													
	8	缝宽（mm）	+3；−2	40m×40m	1													
平均合格率（%）																		
施工单位检查评定结论			项目专业质量检查员：（签字）															
监理（建设）单位意见			监理工程师：（签字） （或建设单位项目专业技术负责人）：（签字） 年 月 日															

注：本表由施工项目专业质量检查员填写，监理工程师（建设单位项目技术负责人）组织项目专业质量检查员等进行验收，并应按上表进行记录。

3.4.2.2　040002□□说明

〔12〕广场与停车场面层（预制混凝土砌块）

〔12.1〕施工技术

〔12.1.1〕施工中应合理划分施工单元，安排施工道路与社会交通疏导。

〔12.1.2〕施工中宜以广场与停车场中的雨水口及排水坡度分界线的高程控制面层铺装坡度。面层与周围构筑物、路口应接顺，不得积水。

〔12.1.5〕采用铺砌式面层应符合本规范第11章的有关规定。

〔12.1.8〕广场中盲道铺砌，应符合本规范第13章的有关规定。

〔12.2.2〕预制混凝土砌块面层质量检验应符合下列规定：

主 控 项 目

1）砌块的强度、外形尺寸应符合设计及本规范要求。

检查数量：同一品种、规格，每1000^2抽样检查1次。

检验方法：查出厂检验报告、复检。

2）砂浆平均抗压强度等级应符合设计规定，任一组试件抗压强度最低值不应低于设计强的85%。

检查数量：同一配合比，每$1000^2$1组（6块），不足1000^2取1组。

检验方法：查试验报告。

一 般 项 目

3）表面应平整、稳固、无翘动，缝线直顺、灌缝饱满，无反坡积水现象。

检查数量：全数检查。

检验方法：观察。

4）预制混凝土砌块面层允许偏差应符合表〔12.2.2〕的有关规定。

预制混凝土砌块面层允许偏差表　　表〔12.2.2〕

项　　目	允许偏差	检验频率		检 验 方 法
		范　围	点数	
高程（mm）	±10	施工单元①	1	用水准仪测量
平整度（mm）	≤5	10m×10m	1	用3m直尺和塞尺连续量两尺，取较大值
宽度（mm）	≮设计规定	40m②	1	用钢尺量
坡度（%）	±0.3%且不反坡	20m	1	用水准仪测量
井框与面层高差（mm）	≤4	每座	1	十字法、用直尺和塞尺量取最大值
相邻块高差（mm）	≤2	10m×10m	1	用钢板尺量
纵横缝直顺度（mm）	≤10	40m×40m	1	用20m线和钢尺量
缝宽（mm）	+3；−2	40m×40m	1	用钢尺量

注：① 在每一单位工程中，以40m×40m定方格网，进行编号，作为量测检查的基本施工单元，不足40m×40m的部分以一个单元计。在基本施工单元中再以10m×10m或20m×20m为子单元，每基本施工单元范围内只抽一个子单元检查，检查方法为随机取样，即基本施工单元在室内确定，子单元在现场确定，量取3点取最大值计为检查频率的1个点。

② 适用于矩形广场与停车场。

3.4.3 广场与停车场沥青混合料面层检验批质量检验记录

3.4.3.1 广场与停车场沥青混合料面层检验批质量检验记录表（见表3-38）

3.4.3.2 040002□□说明

《城镇道路工程施工与质量验收规范》CJJ 1—2008相关内容：

〔12〕广场与停车场面层（沥青混合料）

〔12.1〕施工技术

〔12.1.1〕施工中应合理划分施工单元，安排施工道路与社会交通疏导。

〔12.1.2〕施工中宜以广场与停车场中的雨水口及排水坡度分界线的高程控制面层铺装坡度。面层与周围构筑物、路口应接顺，不得积水。

广场与停车场沥青混合料面层检验批质量检验记录表　　表 3-38

表 A.0.1　　编号：040003□□

工程名称				分部工程名称								分项工程名称				广场与停车场沥青混合料面层		
施工单位				技术负责人								项目经理						
分包单位				分包项目经理								施工班组长						
工程数量				验收部位（或桩号）								项目技术负责人						
交方班组				接方班组								检查日期				年　月　日		
检查项目	序号	检查内容	检验依据/允许偏差（规定值或±偏差值）	检验频率		检查结果/实测点偏差值或实测值												
				范围	点数	1	2	3	4	5	6	7	8	9	10	应测点数	合格点数	合格率（%）
主控项目	1	压实度	≥95%	$1000m^2$	1													
	2	面层厚度（mm）	±5	$\leqslant 1000m^2$	1													
一般项目	1	高程（mm）	±10	施工单元	1													
	2	平整度（mm）	≤5	10m×10m	1													
	3	宽度（mm）	≮设计规定	40m	1													
	4	坡度（%）	±0.3%且不反坡	20m	1													
	5	井框与面层高差（mm）	≤5	每座	1													
平均合格率（%）																		
施工单位检查评定结论			项目专业质量检查员：（签字）															
监理（建设）单位意见			监理工程师：（签字） （或建设单位项目专业技术负责人）：（签字）　年　月　日															

注：本表由施工项目专业质量检查员填写，监理工程师（建设单位项目技术负责人）组织项目专业质量检查员等进行验收，并应按上表进行记录。

〔12.1.6〕采用沥青混合料面层应符合本规范第 8 章的有关规定。

〔12.1.8〕广场中盲道铺砌，应符合本规范第 13 章的有关规定。

〔12.2.3〕沥青混合料质面层质量检验应符合本规范第 8.5.1、8.5.2 条规定外，尚应符合下列规定：

主 控 项 目

1）面层厚度应符合设计规定，允许偏差为±5mm。

检查数量：每 1000^2 抽测 1 点，不足 1000^2 取 1 点。

检验方法：钻孔用钢尺量。

一 般 项 目

2）广场、停车场沥青混合料面层允许偏差应符合表〔12.2.3〕的有关规定。

广场、停车场沥青混合料面层允许偏差表　　表〔12.2.3〕

项　目	允许偏差	检验频率		检 验 方 法
		范　围	点数	
高程（mm）	±10	施工单元①	1	用水准仪测量
平整度（mm）	≤5	10×10m	1	用 3m 直尺和塞尺连续量两尺，取较大值
宽度（mm）	不小于设计规定	40m②	1	用钢尺量
坡度（%）	±0.3%且不反坡	20m	1	用水准仪测量
井框与面层高差（mm）	≤5	每座	1	十字法、用直尺和塞尺量取最大值

注：① 在每一单位工程中，以 40m×40m 定方格网，进行编号，作为量测检查的基本施工单元，不足 40m×40m 的部分以一个单元计。在基本施工单元中再以 10m×10m 或 20m×20m 为子单元，每基本施工单元范围内只抽一个子单元检查，检查方法为随机取样，即基本施工单元在室内确定，子单元在现场确定，量取 3 点取最大值计为检查频率的 1 个点。

② 适用于矩形广场与停车场。

3.4.4 广场与停车场水泥混凝土面层检验批质量检验记录

3.4.4.1 广场与停车场水泥混凝土面层检验批质量检验记录表

广场与停车场水泥混凝土面层检验批质量检验记录表 **表 3-39**

表 A.0.1 编号：040004□□

<table>
<tr><td colspan="3">工程名称</td><td colspan="2"></td><td colspan="2">分部工程名称</td><td colspan="5"></td><td colspan="5">分项工程名称</td><td colspan="2">广场与停车场水泥混凝土面层</td></tr>
<tr><td colspan="3">施工单位</td><td colspan="2"></td><td colspan="2">技术负责人</td><td colspan="5"></td><td colspan="5">项目经理</td><td colspan="2"></td></tr>
<tr><td colspan="3">分包单位</td><td colspan="2"></td><td colspan="2">分包项目经理</td><td colspan="5"></td><td colspan="5">施工班组长</td><td colspan="2"></td></tr>
<tr><td colspan="3">工程数量</td><td></td><td colspan="2">验收部位（或桩号）</td><td colspan="6"></td><td colspan="5">项目技术负责人</td><td colspan="2"></td></tr>
<tr><td colspan="3">交方班组</td><td></td><td colspan="2">接方班组</td><td colspan="6"></td><td colspan="5">检查日期</td><td colspan="2">年 月 日</td></tr>
<tr><td rowspan="2">检查项目</td><td rowspan="2">序号</td><td rowspan="2">检查内容</td><td rowspan="2">检验依据/允许偏差（规定值或±偏差值）</td><td colspan="2">检验频率</td><td colspan="13">检查结果/实测点偏差值或实测值</td></tr>
<tr><td>范围</td><td>点数</td><td>1</td><td>2</td><td>3</td><td>4</td><td>5</td><td>6</td><td>7</td><td>8</td><td>9</td><td>10</td><td>应测点数</td><td>合格点数</td><td>合格率（%）</td></tr>
<tr><td rowspan="4">主控项目</td><td>1</td><td>材料要求</td><td>所有材料质量符合本规范 10.8.1 有关规定</td><td>进场批次</td><td>按规范</td><td></td><td></td><td></td><td></td><td colspan="6">检验报告编号：</td><td></td><td></td><td></td></tr>
<tr><td>2</td><td>试件弯拉强度</td><td>标准养护、同条件应符合设计规定</td><td>$100m^3$、每工作班</td><td>各 1 组</td><td></td><td></td><td></td><td></td><td colspan="6">试验报告编号：</td><td></td><td></td><td></td></tr>
<tr><td>3</td><td>面层厚度（mm）</td><td>±5</td><td>$1000m^2$</td><td>1</td><td></td><td></td><td></td><td></td><td></td><td></td><td></td><td></td><td></td><td></td><td></td><td></td><td></td></tr>
<tr><td>4</td><td>抗滑构造深度</td><td>符合设计规定</td><td>$1000m^2$</td><td>1</td><td></td><td></td><td></td><td></td><td></td><td></td><td></td><td></td><td></td><td></td><td></td><td></td><td></td></tr>
</table>

续表

检查项目	序号	检查内容	检验依据/允许偏差（规定值或±偏差值）	检验频率		检查结果/实测点偏差值或实测值												
				范围	点数	1	2	3	4	5	6	7	8	9	10	应测点数	合格点数	合格率（%）
一般项目	1	高程（mm）	±10	施工单元	1													
	2	平整度（mm）	≤5	10×10m	1													
	3	宽度（mm）	≮设计规定	40m	1													
	4	坡度（%）	±0.3%且不反坡	20m	1													
	5	井框与面层高差（mm）	≤5	每座	1													
	6	相邻板高差（mm）	≤3	10m×10m	1													
	7	纵缝直顺度（mm）	≤10	40m×40m	1													
	8	横缝直顺度（mm）	≤10	40m×40m	1													
	9	蜂窝麻面面积（%）	≤2	20m	1													
平均合格率（%）																		
施工单位检查评定结论			项目专业质量检查员：（签字）															
监理（建设）单位意见			监理工程师：（签字） （或建设单位项目专业技术负责人）：（签字） 年 月 日															

注：本表由施工项目专业质量检查员填写，监理工程师（建设单位项目技术负责人）组织项目专业质量检查员等进行验收，并应按上表进行记录。

3.4.4.2 040004□□说明

《城镇道路工程施工与质量验收规范》CJJ 1—2008 相关内容：

〔12〕广场与停车场面层（水泥混凝土）

〔12.1〕施工技术

〔12.1.1〕施工中应合理划分施工单元，安排施工道路与社会交通疏导。

〔12.1.2〕施工中宜以广场与停车场中的雨水口及排水坡度分界线的高程控制面层铺装坡度。面层与周围构筑物、路口应接顺，不得积水。

〔12.1.7〕采用现浇混凝土面层应符合本规范第 10 章的有关规定。

〔12.1.8〕广场中盲道铺砌，应符合本规范第 13 章的有关规定。

〔12.2.4〕水泥混凝土面层质量应符合下列规定：

主 控 项 目

1）混凝土原材料与混凝土面层质量应符合本规范第 10.8.1 条关于主控项目的有关规定。

一 般 项 目

2）水泥混凝土面层应板面平整、密实，边角应整齐、无裂缝，并不应有石子外露和浮浆、脱皮、踏痕、积水等现象，蜂窝麻面面积不大于总面积的 0.5%。

检查数量：全数检查。

检验方法：观察、量测。

3）伸缩缝应垂直、直顺，缝内不应有杂物。伸缩缝在规定的深度和宽度范围内应全部贯通，传力杆应于缝面垂直。

检查数量：全数检查。

检验方法：观察。

4）水泥混凝土面层允许偏差应符合表〔12.2.4〕的规定。

广场、停车场水泥混凝土面层允许偏差表　　表〔12.2.4〕

项　目	允许偏差	检验频率		检验方法
		范　围	点数	
高程（mm）	±10	施工单元①	1	用水准仪测量
平整度（mm）	≤5	10×10m	1	用3m直尺和塞尺连续量两尺，取较大值
宽度（mm）	不小于设计规定	40m②	1	用钢尺或测距仪量
坡度（%）	±0.3%且不反坡	20m	1	用水准仪测量
井框与面层高差（mm）	≤5	每座	1	十字法，用直尺和塞尺量，取最大值
相邻板高差（mm）	≤3	10m×10m	1	用钢板尺和塞尺量
纵缝直顺度（mm）	≤10	40m×40m	1	用20m线和钢尺量
横缝直顺度（mm）	≤10	40m×40m	1	
蜂窝麻面面积③（%）	≤2	20m	1	观察和用钢板尺量

注：① 在每一单位工程中，以40m×40m定方格网，进行编号，作为量测检查的基本施工单元，不足40m×40m的部分以一个单元计。在基本施工单元中再以10m×10m或20m×20m为子单元，每基本施工单元范围内只抽一个子单元检查，检查方法为随机取样，即基本施工单元在室内确定，子单元在现场确定，量取3点取最大值计为检查频率的1个点。

② 适用于矩形广场与停车场。

③ 每20m查1块板侧面。

3.5　人行道铺筑工程

3.5.1　料石人行道面层检验批质量检验记录

3.5.1.1　料石人行道面层检验批质量检验记录表（见表3-40）

3.5.2　预制块人行道面层检验批质量检验记录

3.5.2.1　预制块人行道面层检验批质量检验记录表（见表3-41）

料石人行道面层检验批质量检验记录表

表 3-40

表 A. 0. 1

编号：050001□□

工程名称		分部工程名称		分项工程名称	料石人行道面层
施工单位		技术负责人		项目经理	
分包单位		分包项目经理		施工班组长	
工程数量		验收部位（或桩号）		项目技术负责人	
交方班组		接方班组		检查日期	年　月　日

检查项目	序号	检查内容	检验依据/允许偏差（规定值或±偏差值）	检验频率 范围	检验频率 点数	1	2	3	4	5	6	7	8	9	10	应测点数	合格点数	合格率（%）
主控项目	1	路床与基层压实度	≥90%	100m	2					检验报告编号：								
	2	砂浆抗压强度	平均值符合设计要求，任一组不低于设计值 85%	同一配合比 1000m^2	1 组					试验报告编号：								
	3	石材强度、外观尺寸	符合设计要求及规范规定	检验批	1					检验报告编号：								
	4	盲道铺砌	应正确铺砌	全数检查														
一般项目	1	平整度（mm）	≤3	20m	1													
	2	横坡（%）	±0.3%且不反坡	20m	1													

续表

检查项目	序号	检查内容	检验依据/允许偏差（规定值或±偏差值）	检验频率		检查结果/实测点偏差值或实测值												
				范围	点数	1	2	3	4	5	6	7	8	9	10	应测点数	合格点数	合格率（%）
一般项目	3	井框与面层高差（mm）	≤3	每座	1													
	4	相邻块高差（mm）	≤2	20m	1													
	5	纵缝直顺度（mm）	≤10	40m	1													
	6	横缝直顺度（mm）	≤10	20m	1													
	7	缝宽（mm）	+3；−2	20m	1													
平均合格率（%）																		
施工单位检查评定结论			项目专业质量检查员：（签字）															
监理（建设）单位意见			监理工程师：（签字） （或建设单位项目专业技术负责人）：（签字）　年　月　日															

注：本表由施工项目专业质量检查员填写，监理工程师（建设单位项目技术负责人）组织项目专业质量检查员等进行验收，并应按上表进行记录。

预制块人行道面层检验批质量检验记录表

表 3-41

表 A. 0.1

编号：050002□□

工程名称		分部工程名称		分项工程名称	预制块人行道面层
施工单位		技术负责人		项目经理	
分包单位		分包项目经理		施工班组长	
工程数量		验收部位（或桩号）		项目技术负责人	
交方班组		接方班组		检查日期	年　月　日

检查项目	序号	检查内容	检验依据/允许偏差（规定值或±偏差值）	检验频率		检查结果/实测点偏差值或实测值												
				范围	点数	1	2	3	4	5	6	7	8	9	10	应测点数	合格点数	合格率（%）
主控项目	1	路床与基层压实度	≥90%	100m	2					检验报告编号：								
	2	砌块强度	强度符合设计要求	同批号、品种规格	1组					出厂试验报告编号：								
	3	砂浆抗压强度	平均值符合设计要求，任一组不低于设计值85%	同一配合比 $1000m^2$	1组					试验报告编号：								
	4	盲道铺砌	应正确铺砌	全数检查														
一般项目	1	平整度（mm）	≤5	20m	1													
	2	横坡（%）	±0.3%且不反坡	20m	1													

续表

检查项目	序号	检查内容	检验依据/允许偏差（规定值或±偏差值）	检验频率		检查结果/实测点偏差值或实测值												
				范围	点数	1	2	3	4	5	6	7	8	9	10	应测点数	合格点数	合格率（%）
一般项目	3	井框与面层高差（mm）	≤4	每座	1													
	4	相邻块高差（mm）	≤3	20m	1													
	5	纵缝直顺度（mm）	≤10	40m	1													
	6	横缝直顺度（mm）	≤10	20m	1													
	7	缝宽（mm）	+3；−2	20m	1													
平均合格率（%）																		
施工单位检查评定结论			项目专业质量检查员：（签字）															
监理（建设）单位意见			监理工程师：（签字） （或建设单位项目专业技术负责人）：（签字）　年　月　日															

注：本表由施工项目专业质量检查员填写，监理工程师（建设单位项目技术负责人）组织项目专业质量检查员等进行验收，并应按上表进行记录。

3.5.3 沥青混合料人行道面层检验批质量检验记录

3.5.3.1 沥青混合料人行道面层检验批质量检验记录表

沥青混合料人行道面层检验批质量检验记录表 **表 3-42**

表 A.0.1

编号：050003□□

<table>
<tr><td colspan="3">工程名称</td><td colspan="2"></td><td colspan="2">分部工程名称</td><td colspan="6"></td><td colspan="4">分项工程名称</td><td colspan="2">沥青混合料人行道面层</td></tr>
<tr><td colspan="3">施工单位</td><td colspan="2"></td><td colspan="2">技术负责人</td><td colspan="6"></td><td colspan="4">项目经理</td><td colspan="2"></td></tr>
<tr><td colspan="3">分包单位</td><td colspan="2"></td><td colspan="2">分包项目经理</td><td colspan="6"></td><td colspan="4">施工班组长</td><td colspan="2"></td></tr>
<tr><td colspan="3">工程数量</td><td></td><td colspan="2">验收部位（或桩号）</td><td colspan="7"></td><td colspan="4">项目技术负责人</td><td colspan="2"></td></tr>
<tr><td colspan="3">交方班组</td><td></td><td colspan="2">接方班组</td><td colspan="7"></td><td colspan="4">检查日期</td><td colspan="2">年 月 日</td></tr>
<tr><td rowspan="2">检查项目</td><td rowspan="2">序号</td><td rowspan="2">检查内容</td><td rowspan="2">检验依据/允许偏差（规定值或±偏差值）</td><td colspan="2">检验频率</td><td colspan="13">检查结果/实测点偏差值或实测值</td></tr>
<tr><td>范围</td><td>点数</td><td>1</td><td>2</td><td>3</td><td>4</td><td>5</td><td>6</td><td>7</td><td>8</td><td>9</td><td>10</td><td>应测点数</td><td>合格点数</td><td>合格率（%）</td></tr>
<tr><td rowspan="2">主控项目</td><td>1</td><td>路床与基层压实度</td><td>≥90%</td><td>100m</td><td>2</td><td></td><td></td><td></td><td></td><td colspan="6">检验报告编号：</td><td></td><td></td><td></td></tr>
<tr><td>2</td><td>沥青混合料</td><td>马歇尔试验配合比技术要求</td><td>每日、每品种</td><td>1</td><td></td><td></td><td></td><td></td><td colspan="6">检验报告编号：</td><td></td><td></td><td></td></tr>
</table>

续表

<table>
<tr><td rowspan="2">检查项目</td><td rowspan="2">序号</td><td rowspan="2" colspan="2">检查内容</td><td rowspan="2">检验依据/允许偏差（规定值或±偏差值）</td><td colspan="2">检验频率</td><td colspan="13">检查结果/实测点偏差值或实测值</td></tr>
<tr><td>范围</td><td>点数</td><td>1</td><td>2</td><td>3</td><td>4</td><td>5</td><td>6</td><td>7</td><td>8</td><td>9</td><td>10</td><td>应测点数</td><td>合格点数</td><td>合格率（%）</td></tr>
<tr><td rowspan="5">一般项目</td><td rowspan="2">1</td><td rowspan="2">平整度（mm）</td><td>沥青混凝土</td><td>≤5</td><td rowspan="2">20m</td><td rowspan="2">1</td><td rowspan="2"></td><td rowspan="2"></td><td rowspan="2"></td><td rowspan="2"></td><td rowspan="2" colspan="6"></td><td rowspan="2"></td><td rowspan="2"></td><td rowspan="2"></td></tr>
<tr><td>其他</td><td>≤7</td></tr>
<tr><td>2</td><td colspan="2">横坡（%）</td><td>±0.3%且不反坡</td><td>20m</td><td>1</td><td></td><td></td><td></td><td></td><td></td><td></td><td></td><td></td><td></td><td></td><td></td><td></td><td></td></tr>
<tr><td>3</td><td colspan="2">井框与面层高差（mm）</td><td>≤5</td><td>每座</td><td>1</td><td></td><td></td><td></td><td></td><td></td><td></td><td></td><td></td><td></td><td></td><td></td><td></td><td></td></tr>
<tr><td>4</td><td colspan="2">厚度（mm）</td><td>±5</td><td>20m</td><td>1</td><td></td><td></td><td></td><td></td><td></td><td></td><td></td><td></td><td></td><td></td><td></td><td></td><td></td></tr>
<tr><td colspan="4">平均合格率（%）</td><td colspan="16"></td></tr>
<tr><td colspan="4">施工单位检查评定结论</td><td colspan="16">项目专业质量检查员：（签字）</td></tr>
<tr><td colspan="4">监理（建设）单位意见</td><td colspan="16">监理工程师：（签字）
（或建设单位项目专业技术负责人）：（签字）　　年　月　日</td></tr>
</table>

注：本表由施工项目专业质量检查员填写，监理工程师（建设单位项目技术负责人）组织项目专业质量检查员等进行验收，并应按上表进行记录。

3.5.3.2　050001/050002/050003□□说明

《城镇道路工程施工与质量验收规范》CJJ 1—2008 相关内容：

〔13〕人行道铺筑（料石、预制砌块、混凝土、沥青混合料）

〔13.1〕一般规定

〔13.1.1〕人行道应与相邻构筑物应接顺，不得反坡。

〔13.1.2〕人行道的路基施工应符合本规范第 6 章的有关规定。

〔13.1.3〕人行道的基层施工及检验标准应符合本规范第 7 章的有关规定。

〔13.1.4〕有特殊要求的人行道，应按设计要求及现场条件制定铺装方案及检验标准。

〔13.2〕料石与预制块铺砌人行道面层

〔13.2.1〕料石应表面平整，粗糙，色泽、规格、尺寸符合设计要求，其抗压强度不宜小于 80MPa，且应符合规范表〔13.2.1〕的要求，料石加工尺寸允许偏差符合规范表〔11.1.1-2〕的规定。

〔13.2.2〕水泥混凝土预制人行道砌块的抗压强度应符合设计规定，设计未规定，不宜低于 30MPa。砌块表面平整，粗糙、纹路清晰、棱角整齐，不得有蜂窝、露石、脱皮等现象，彩色道砖应色彩均匀。预制人行道砌块加工尺寸与外观质量允许偏差应符合本规范表〔11.2.1〕的规定。

〔13.2.3〕料石、预制砌块宜由预制厂生产，并应提供强度、耐磨性能试验报告及产品合格证。

〔13.2.4〕预制人行道料石、砌块进场后，应经检验合格后方可使用。

〔13.2.5〕预制人行道料石、砌块铺装应符合规范第 11 章的有关规定。

〔13.2.6〕盲道铺砌除应符合本规范第 11 章的有关规定外，尚应遵守下列规定：

1）行进盲道砌块与提示盲道砌块不得混用。

2）盲道必须避开树池、检查井杆线等障碍物。

〔13.2.7〕路口处盲道应铺砌为无障碍形式。

〔13.3〕沥青混合料铺筑人行道面层

〔13.3.1〕施工中应根据场地环境条件选择适宜的沥青混合料摊铺方式与压实机具。

〔13.3.2〕沥青混凝土铺装层厚不应小于 3cm，沥青石屑、沥青砂铺装层厚不应小于 2cm。

〔13.3.3〕压实度不应小于 90%。表面应平整，无明显轮迹。

〔13.3.4〕施工中尚应符合本规范第 8 章的有关规定。

〔13.4〕检验标准

人行道面层质量检验评定应符合〔13.4.1〕、〔13.4.2〕、〔13.4.3〕条的规定。

主 控 项 目

见 050001/050002/050003 表中有关规定。

一 般 项 目

见 050001/050002/050003 表中有关规定。

3.6 人行地道结构工程

3.6.1 人行地道开挖地基检验批质量检验记录

3.6.1.1 人行地道开挖地基检验批质量检验记录表（见表 3-43）

3.6.1.2 060101/060201/060301□□说明

《城镇道路工程施工与质量验收规范》CJJ 1—2008 相关内容：

〔14〕人行地道结构（现浇、预制、砌筑）

〔14.1〕一般规定

〔14.1.1〕新建城镇道路范围内的地下人行地道，宜与道路同步配合施工。

人行地道开挖地基检验批质量检验记录表

表 3-43

表 A.0.1

编号：060101/060201/060301□□

工程名称		分部工程名称		分项工程名称	人行地道开挖地基
施工单位		专业工长		项目经理	
分包单位		分包项目经理		施工班组长	
工程数量		验收部位（或桩号）		项目技术负责人	
交方班组		接方班组		检查日期	年　月　日

检查项目	序号	检查内容	检验依据/允许偏差（规定值或±偏差值）	检验频率 范围	检验频率 点数	1	2	3	4	5	6	7	8	9	10	应测点数	合格点数	合格率（%）
主控项目	1	地基承载力、压实度	符合设计要求填方压实度≥95%	每个通道	3					检验报告编号：								
主控项目	2	钎探	挖方：合格	每个通道	3					检验报告编号：								
一般项目	1	基底高程（mm）	+5，−10	10m														
一般项目	2	轴线偏位（mm）	≤20	每个通道														
一般项目	3	平整度（mm）	≤15	10m														
一般项目	4	宽度（mm）	≥设计值+B	20m														
一般项目	5	边坡	不陡于设计要求	10m														
平均合格率（%）																		
施工单位检查评定结论			项目专业质量检查员：（签字）															
监理（建设）单位意见			监理工程师：（签字） （或建设单位项目专业技术负责人）：（签字）　　年　月　日															

注：本表由施工项目专业质量检查员填写，监理工程师（建设单位项目技术负责人）组织项目专业质量检查员等进行验收，并应按上表进行记录，编号按对应选一。

〔14.1.2〕人行地道宜整幅施工。分幅施工时，临时道路宽度应满足现况交通要求，且边坡稳定。需支护时，应在施工前对支护结构进行施工设计。

〔14.1.3〕挖方区人行地道基槽开挖应符合本规范第6.3节的有关规定，且边坡稳定。

〔14.1.4〕遇地下水时，应先将地下水降至基底以下50cm方可施工，且降水应连续进行，直至工程完成到地下水位50cm以上且具有抗浮及防渗漏能力方可停止降水。

〔14.1.5〕人行地道地基承载力必须符合设计要求。地基承载力应经检验确认合格。

〔14.1.6〕人行地道两侧的回填土，应在主体结构防水层的保护层完成，宜保护层砌筑砂浆达到3MPa后方可进行。地道两侧填土应对称进行，高差不宜超过30cm。

〔14.1.7〕变形缝（伸缩缝、沉降缝）止水带安装应位置准确、牢固，缝宽及填缝材料应符合要求。

〔14.1.8〕为人行地道服务的地下管线，应与人行地道主体结构同步配合施工，并应符合国家现行有关标准规定。

〔14.1.9〕采用暗挖法施工时，应符合国家现行有关标准的规定。人行地道地基质量检验应符合下列要求：

主 控 项 目

1）地基承载力应符合设计要求。填方地基压实度不应小于95%，挖方地段钎探合格。

检查数量：每个通道抽检3点。

检验方法：查压度报告或钎探报告。

一 般 项 目

见060101/060201/060301表中有关规定。

3.6.2 人行地道防水检验批质量检验记录

3.6.2.1 人行地道防水检验批质量检验记录表

人行地道防水检验批质量检验记录表 **表 3-44**

表 A.0.1

编号：060102/060202/060302□□

工程名称				分部工程名称							分项工程名称					人行地道防水层		
施工单位				技术负责人							项目经理							
分包单位				分包项目经理							施工班组长							
工程数量				验收部位（或桩号）							项目技术负责人							
交方班组				接方班组							检查日期					年 月 日		
检查项目	序号	检查内容	检验依据/允许偏差（规定值或±偏差值）	检验频率		检查结果/实测点偏差值或实测值												
				范围	点数	1	2	3	4	5	6	7	8	9	10	应测点数	合格点数	合格率（%）
主控项目	1	防水材料及配合比	符合设计要求	同品种、同牌号每批次	1					检验报告编号：								
	2	外观检查	防水层应粘贴密实、牢固，无破损；搭接长度≥10cm	全数检查														

续表

<table>
<tr><th rowspan="2">检查项目</th><th rowspan="2">序号</th><th rowspan="2">检查内容</th><th rowspan="2">检验依据/允许偏差（规定值或±偏差值）</th><th colspan="2">检 验 频 率</th><th colspan="13">检查结果/实测点偏差值或实测值</th></tr>
<tr><th>范 围</th><th>点 数</th><th>1</th><th>2</th><th>3</th><th>4</th><th>5</th><th>6</th><th>7</th><th>8</th><th>9</th><th>10</th><th>应测点数</th><th>合格点数</th><th>合格率（%）</th></tr>
<tr><td rowspan="3">一般项目</td><td>1</td><td>防水涂料厚度</td><td>平均厚度符合设计要求，最少处不小于设计值的80%</td><td>100m²</td><td>2</td><td></td><td></td><td></td><td></td><td></td><td></td><td></td><td></td><td></td><td></td><td></td><td></td><td></td></tr>
<tr><td>2</td><td>保护层</td><td>保护层与防水层粘结牢固，结合紧密，厚度均匀一致</td><td>全数检查</td><td></td><td></td><td></td><td></td><td></td><td></td><td></td><td></td><td></td><td></td><td></td><td></td><td></td><td></td></tr>
<tr><td></td><td></td><td></td><td></td><td></td><td></td><td></td><td></td><td></td><td></td><td></td><td></td><td></td><td></td><td></td><td></td><td></td><td></td></tr>
<tr><td colspan="3">平均合格率（%）</td><td colspan="16"></td></tr>
<tr><td colspan="3">施工单位检查评定结论</td><td colspan="16">项目专业质量检查员：（签字）</td></tr>
<tr><td colspan="3">监理（建设）单位意见</td><td colspan="16">监理工程师：（签字）
（或建设单位项目专业技术负责人）：（签字） 年 月 日</td></tr>
</table>

注：本表由施工项目专业质量检查员填写，监理工程师（建设单位项目技术负责人）组织项目专业质量检查员等进行验收，并应按上表进行记录，编号按对应选一。

3.6.2.2　060102/060202/060302□□说明

《城镇道路工程施工与质量验收规范》CJJ 1—2008 相关内容：

〔14〕人行地道结构｛(现浇、预制、砌筑）防水｝

一般规定

〔14.2.2〕人行地道外防水作业应符合下列规定：

1）材料品质、规格、性能应符合设计要求。

2）结构底部防水层应在垫层混凝土强度达到 5MPa 后铺设，且与地道结构粘贴牢固。

3）人行地道基础施工不得破坏防水层。地道侧墙与顶板防水层铺设完成后，应在其外侧做保护层。

〔14.1.7〕变形缝（伸缩缝、沉降缝）止水带安装应位置准确、牢固，缝宽及填缝材料应符合要求。

主控项目

1）防水材料及配合比必须符合设计要求。

检验数量：同品种、同牌号按批次。

检验方法：查出厂合格证、质量检验报告，计量措施和现场抽验报告。

2）防水层应粘贴密实、牢固，无破损；搭接长度≥10cm。

一般项目

3）平均厚度符合设计要求，最少处不小于设计值的 80%（注：摘自《地下防水工程质量验收规范》GB 50208—2002）

检验数量：每 100m^2 抽 2 点。

检验方法：针测法或割取 20mm×20mm 实样用卡尺测量。

4）保护层与防水层粘结牢固，结合紧密，厚度均匀一致（注：摘自《地下防水工程质量验收规范》GB 50208—2002）

检验数量：全数检查。

检验方法：观察。

5）防水材料允许偏差应符合表 060102 规定。

3.6.3 人行地道基础模板检验批质量检验记录

人行地道基础模板检验批质量检验记录表 **表 3-45**

表 A.0.1　　编号：060103/060203/060303□□

<table>
<tr><td colspan="4">工程名称</td><td></td><td colspan="2">分部工程名称</td><td colspan="5"></td><td colspan="5">分项工程名称</td><td colspan="3">人行地道基础模板</td></tr>
<tr><td colspan="4">施工单位</td><td></td><td colspan="2">技术负责人</td><td colspan="5"></td><td colspan="5">项目经理</td><td colspan="3"></td></tr>
<tr><td colspan="4">分包单位</td><td></td><td colspan="2">分包项目经理</td><td colspan="5"></td><td colspan="5">施工班组长</td><td colspan="3"></td></tr>
<tr><td colspan="4">工程数量</td><td></td><td colspan="2">验收部位（或桩号）</td><td colspan="5"></td><td colspan="5">项目技术负责人</td><td colspan="3"></td></tr>
<tr><td colspan="4">交方班组</td><td></td><td colspan="2">接方班组</td><td colspan="5"></td><td colspan="5">检查日期</td><td colspan="3">年　月　日</td></tr>
<tr><td rowspan="2">检查项目</td><td rowspan="2">序号</td><td rowspan="2" colspan="2">检查内容</td><td rowspan="2">检验依据/允许偏差（规定值或±偏差值）</td><td colspan="2">检 验 频 率</td><td colspan="13">检查结果/实测点偏差值或实测值</td></tr>
<tr><td>范 围</td><td>点 数</td><td>1</td><td>2</td><td>3</td><td>4</td><td>5</td><td>6</td><td>7</td><td>8</td><td>9</td><td>10</td><td>应测点数</td><td>合格点数</td><td>合格率（%）</td></tr>
<tr><td rowspan="2">主控项目</td><td>1</td><td colspan="2">隔离剂</td><td>涂刷模板隔离剂不得污染钢筋和混凝土接槎处</td><td>全数</td><td></td><td></td><td></td><td></td><td></td><td></td><td></td><td></td><td></td><td></td><td></td><td></td><td></td><td></td></tr>
<tr><td>2</td><td colspan="2">支模</td><td>模板及支撑不得有松动、跑模或下沉现象，接缝严密、不得漏浆，模内必须清洁</td><td>全数</td><td></td><td></td><td></td><td></td><td></td><td></td><td></td><td></td><td></td><td></td><td></td><td></td><td></td><td></td></tr>
<tr><td rowspan="2">一般项目</td><td rowspan="2">1</td><td rowspan="2">相邻两板表面高差（mm）</td><td>刨光模板、钢模板</td><td>≤2</td><td rowspan="2">20m</td><td rowspan="2">2</td><td rowspan="2"></td><td rowspan="2"></td><td rowspan="2"></td><td rowspan="2"></td><td rowspan="2"></td><td rowspan="2"></td><td rowspan="2"></td><td rowspan="2"></td><td rowspan="2"></td><td rowspan="2"></td><td rowspan="2"></td><td rowspan="2"></td><td rowspan="2"></td></tr>
<tr><td>不刨光模板</td><td>≤4</td></tr>
</table>

续表

<table>
<tr><td rowspan="2">检查项目</td><td rowspan="2">序号</td><td rowspan="2" colspan="2">检查内容</td><td rowspan="2">检验依据/允许偏差（规定值或±偏差值）</td><td colspan="2">检 验 频 率</td><td colspan="13">检查结果/实测点偏差值或实测值</td></tr>
<tr><td>范 围</td><td>点 数</td><td>1</td><td>2</td><td>3</td><td>4</td><td>5</td><td>6</td><td>7</td><td>8</td><td>9</td><td>10</td><td>应测点数</td><td>合格点数</td><td>合格率（%）</td></tr>
<tr><td rowspan="8">一般项目</td><td rowspan="2">2</td><td rowspan="2">表面平整度（mm）</td><td>刨光模板、钢模板</td><td>≤3</td><td rowspan="2">20m</td><td rowspan="2">4</td><td rowspan="2"></td><td rowspan="2"></td><td rowspan="2"></td><td rowspan="2"></td><td rowspan="2"></td><td rowspan="2"></td><td rowspan="2"></td><td rowspan="2"></td><td rowspan="2"></td><td rowspan="2"></td><td rowspan="2"></td><td rowspan="2"></td><td rowspan="2"></td></tr>
<tr><td>不刨光模板</td><td>≤5</td></tr>
<tr><td rowspan="3">3</td><td rowspan="3">断面尺寸（mm）</td><td>宽度</td><td>±10</td><td rowspan="3">20m</td><td rowspan="3">2</td><td rowspan="3"></td><td rowspan="3"></td><td rowspan="3"></td><td rowspan="3"></td><td rowspan="3"></td><td rowspan="3"></td><td rowspan="3"></td><td rowspan="3"></td><td rowspan="3"></td><td rowspan="3"></td><td rowspan="3"></td><td rowspan="3"></td><td rowspan="3"></td></tr>
<tr><td>高度</td><td>±10</td></tr>
<tr><td>杯槽宽度</td><td>+20；0</td></tr>
<tr><td>4</td><td colspan="2">轴线偏位</td><td>杯槽中心线①</td><td>≤10</td><td>20m</td><td>1</td><td></td><td></td><td></td><td></td><td></td><td></td><td></td><td></td><td></td><td></td><td></td><td></td></tr>
<tr><td>5</td><td colspan="3">杯槽底面高程（支撑面）①</td><td>+5；−10</td><td>20m</td><td>1</td><td></td><td></td><td></td><td></td><td></td><td></td><td></td><td></td><td></td><td></td><td></td><td></td></tr>
<tr><td rowspan="2">6</td><td rowspan="2">预埋件①</td><td>高程</td><td>±5</td><td rowspan="2">每个</td><td rowspan="2">1</td><td rowspan="2"></td><td rowspan="2"></td><td rowspan="2"></td><td rowspan="2"></td><td rowspan="2"></td><td rowspan="2"></td><td rowspan="2"></td><td rowspan="2"></td><td rowspan="2"></td><td rowspan="2"></td><td rowspan="2"></td><td rowspan="2"></td><td rowspan="2"></td></tr>
<tr><td>偏位</td><td>≤15</td></tr>
<tr><td colspan="4">平均合格率（%）</td><td colspan="16"></td></tr>
<tr><td colspan="4">施工单位检查评定结论</td><td colspan="16">项目专业质量检查员：（签字）</td></tr>
<tr><td colspan="4">监理（建设）单位意见</td><td colspan="16">监理工程师：（签字）
（或建设单位项目专业技术负责人）：（签字）　　年　月　日</td></tr>
</table>

注：（①发生此项时使用）本表由施工项目专业质量检查员填写，监理工程师（建设单位项目技术负责人）组织项目专业质量检查员等进行验收，并应按上表进行记录，编号按对应选一。

3.6.4 人行地道基础钢筋检验批质量检验记录

人行地道基础钢筋检验批质量检验记录表 **表 3-46**

表 A.0.1

编号：060104/060204/060304□□

<table>
<tr><td colspan="3">工程名称</td><td></td><td colspan="2">分部工程名称</td><td colspan="5"></td><td colspan="5">分项工程名称</td><td colspan="3">人行地道基础钢筋</td></tr>
<tr><td colspan="3">施工单位</td><td></td><td colspan="2">技术负责人</td><td colspan="5"></td><td colspan="5">项目经理</td><td colspan="3"></td></tr>
<tr><td colspan="3">分包单位</td><td></td><td colspan="2">分包项目经理</td><td colspan="5"></td><td colspan="5">施工班组长</td><td colspan="3"></td></tr>
<tr><td colspan="3">工程数量</td><td></td><td colspan="2">验收部位（或桩号）</td><td colspan="5"></td><td colspan="5">项目技术负责人</td><td colspan="3"></td></tr>
<tr><td colspan="3">交方班组</td><td></td><td colspan="2">接方班组</td><td colspan="5"></td><td colspan="5">检查日期</td><td colspan="3">年 月 日</td></tr>
<tr><td rowspan="2">检查项目</td><td rowspan="2">序号</td><td rowspan="2">检查内容</td><td rowspan="2">检验依据/允许偏差（规定值或±偏差值）</td><td colspan="2">检验频率</td><td colspan="13">检查结果/实测点偏差值或实测值</td></tr>
<tr><td>范围</td><td>点数</td><td>1</td><td>2</td><td>3</td><td>4</td><td>5</td><td>6</td><td>7</td><td>8</td><td>9</td><td>10</td><td>应测点数</td><td>合格点数</td><td>合格率（%）</td></tr>
<tr><td>主控项目</td><td>1</td><td>原材料</td><td>钢筋品种、规格和加工、成型安装符合设计要求</td><td>按品种、每批次</td><td>1</td><td></td><td></td><td></td><td></td><td colspan="6">合格证、检验报告编号：</td><td></td><td></td><td></td></tr>
<tr><td rowspan="2">钢筋加工</td><td>1</td><td>受力钢筋成型长度（mm）</td><td>+5；−10</td><td rowspan="2">每根（每一类型抽查10%且不少于5根）</td><td>1</td><td></td><td></td><td></td><td></td><td></td><td></td><td></td><td></td><td></td><td></td><td></td><td></td><td></td></tr>
<tr><td>2</td><td>箍筋尺寸（mm）</td><td>0；−3</td><td>2</td><td></td><td></td><td></td><td></td><td></td><td></td><td></td><td></td><td></td><td></td><td></td><td></td><td></td></tr>
</table>

续表

检查项目	序号	检查内容	检验依据/允许偏差（规定值或±偏差值）	检验频率		检查结果/实测点偏差值或实测值												
				范围	点数	1	2	3	4	5	6	7	8	9	10	应测点数	合格点数	合格率（%）
钢筋安装	1	配置两排以上受力筋时的排距（mm）	±5	10m	2													
	2	受力筋间距（mm）	±10		2													
	3	箍筋间距（mm）	±20		2													
	4	保护层厚度（mm）	±5		2													
平均合格率（%）																		
施工单位检查评定结论			项目专业质量检查员：（签字）															
监理（建设）单位意见			监理工程师：（签字） （或建设单位项目专业技术负责人）：（签字）　　年　月　日															

注：本表由施工项目专业质量检查员填写，监理工程师（建设单位项目技术负责人）组织项目专业质量检查员等进行验收，并应按上表进行记录，编号按对应选一。

3.6.5 人行地道基础混凝土检验批质量检验记录

3.6.5.1 人行地道基础混凝土检验批质量检验记录表

人行地道基础混凝土检验批质量检验记录表 **表 3-47**

表 A.0.1

编号：060105/060205/060305□□

工程名称		分部工程名称		分项工程名称	人行地道基础混凝土
施工单位		技术负责人		项目经理	
分包单位		分包项目经理		施工班组长	
工程数量		验收部位（或桩号）		项目技术负责人	
交方班组		接方班组		检查日期	年 月 日

检查项目	序号	检查内容	检验依据/允许偏差（规定值或±偏差值）	检验频率		检查结果/实测点偏差值或实测值												
				范围	点数	1	2	3	4	5	6	7	8	9	10	应测点数	合格点数	合格率（%）
主控项目	1	混凝土强度	符合设计规定	$100m^3$、每工作班	1组					检验报告编号：								
一般项目	1	中线偏位（mm）	≤10	20m	1													
	2	顶面高程（mm）	±10	20m	1													

续表

检查项目	序号	检查内容	检验依据/允许偏差（规定值或±偏差值）	检验频率		检查结果/实测点偏差值或实测值												
				范围	点数	1	2	3	4	5	6	7	8	9	10	应测点数	合格点数	合格率（%）
一般项目	3	长度（mm）	±10	20m	1													
	4	宽度（mm）	±10	20m	1													
	5	厚度（mm）	±10	20m	1													
	6	杯口轴线位移①（mm）	≤10	20m	1													
	7	杯口底面高程①（mm）	±10	20m	1													
	8	杯口底、顶宽度①（mm）	10～15	20m	1													
	9	预埋件①（mm）	≤10	每个	1													
平均合格率（%）																		
施工单位检查评定结论			项目专业质量检查员：（签字）															
监理（建设）单位意见			监理工程师：（签字） （或建设单位项目专业技术负责人）：（签字）　年　月　日															

注：（①发生此项时使用）本表由施工项目专业质量检查员填写，监理工程师（建设单位项目技术负责人）组织项目专业质量检查员等进行验收，并应按上表进行记录，编号按对应选一。

3.6.5.2　060105/060205/060305□□说明

〔14〕人行地道结构［(现浇、预制、砌筑）混凝土基础］

人行地道混凝土基础质量检验应符合下列规定：

主 控 项 目

1）钢筋品种、规格和加工、成型与安装应符合设计要求。

检查数量：钢筋按品种每批1次，安装全数检查。

检验方法：查钢筋试验单和验收记录。

2）混凝土强度应符合设计规定。

检查数量：每班或每 $100m^3$ 取1组（3块)，少于规定按1组计。

检验方法：查强度试验报告。

一 般 项 目

3）混凝土基础允许偏差应符合表〔14.5.2-1〕的规定。

混凝土基础允许偏差表　　　　表〔14.5.2-1〕

项　　目	允许偏差	检验频率		检 验 方 法
		范　围	点数	
中线偏位	≤10	20m	1	用经纬仪测量
顶面高程	±10	20m	1	用水准仪测量
长度	±10	20m	1	用钢尺量
宽度	±10	20m	1	用钢尺量
厚度	±10	20m	1	用钢尺量
杯口轴线位移①	≤10	20m	1	用经纬仪测量
杯口底面高程①	±10	20m	1	用水准仪测量
杯口底、顶宽度①	10～15	20m	1	用钢尺量
预埋件①	≤10	每个	1	用钢尺量

注：① 发生此项时使用。

3.6.6 人行地道墙、顶模板检验批质量检验记录

人行地道墙、顶模板检验批质量检验记录表　　　　**表 3-48**

表 A.0.1　　　　编号：060106/060309□□

<table>
<tr><td colspan="4">工程名称</td><td></td><td colspan="2">分部工程名称</td><td colspan="5"></td><td colspan="5">分项工程名称</td><td colspan="3">人行地道墙、顶模板</td></tr>
<tr><td colspan="4">施工单位</td><td></td><td colspan="2">技术负责人</td><td colspan="5"></td><td colspan="5">项目经理</td><td colspan="3"></td></tr>
<tr><td colspan="4">分包单位</td><td></td><td colspan="2">分包项目经理</td><td colspan="5"></td><td colspan="5">施工班组长</td><td colspan="3"></td></tr>
<tr><td colspan="4">工程数量</td><td></td><td colspan="2">验收部位（或桩号）</td><td colspan="5"></td><td colspan="5">项目技术负责人</td><td colspan="3"></td></tr>
<tr><td colspan="4">交方班组</td><td></td><td colspan="2">接方班组</td><td colspan="5"></td><td colspan="5">检查日期</td><td colspan="3">年　月　日</td></tr>
<tr><td rowspan="2">检查项目</td><td rowspan="2">序号</td><td rowspan="2" colspan="2">检查内容</td><td rowspan="2">检验依据/允许偏差（规定值或±偏差值）</td><td colspan="2">检验频率</td><td colspan="13">检查结果/实测点偏差值或实测值</td></tr>
<tr><td>范围</td><td>点数</td><td>1</td><td>2</td><td>3</td><td>4</td><td>5</td><td>6</td><td>7</td><td>8</td><td>9</td><td>10</td><td>应测点数</td><td>合格点数</td><td>合格率（%）</td></tr>
<tr><td rowspan="2">主控项目</td><td>1</td><td colspan="2">隔离剂</td><td>不得污染钢筋和混凝土接槎处</td><td>全数</td><td></td><td></td><td></td><td></td><td></td><td></td><td></td><td></td><td></td><td></td><td></td><td></td><td></td><td></td></tr>
<tr><td>2</td><td colspan="2">支模</td><td>模板及支撑不得有松动、跑模或下沉现象，接缝严密、不得漏浆，模内必须清洁</td><td>全数</td><td></td><td></td><td></td><td></td><td></td><td></td><td></td><td></td><td></td><td></td><td></td><td></td><td></td><td></td></tr>
<tr><td rowspan="2">一般项目</td><td rowspan="2">1</td><td rowspan="2">相邻两板表面高差（mm）</td><td>刨光模板、钢模板</td><td>2</td><td rowspan="2">20m</td><td rowspan="2">2</td><td rowspan="2"></td><td rowspan="2"></td><td rowspan="2"></td><td rowspan="2"></td><td rowspan="2"></td><td rowspan="2"></td><td rowspan="2"></td><td rowspan="2"></td><td rowspan="2"></td><td rowspan="2"></td><td rowspan="2"></td><td rowspan="2"></td><td rowspan="2"></td></tr>
<tr><td>不刨光模板</td><td>4</td></tr>
</table>

续表

检查项目	序号	检查内容		检验依据/允许偏差（规定值或±偏差值）	检验频率		检查结果/实测点偏差值或实测值												
					范围	点数	1	2	3	4	5	6	7	8	9	10	应测点数	合格点数	合格率（%）
一般项目	2	表面平整度	刨光模板、钢模板	3	20m	4													
			不刨光模板	5															
	3	垂直度（mm）		≤0.1%H且≤6	20m	2													
	4	杯槽内尺寸①（mm）		+3；−5	20m	3													
	5	轴线偏位（mm）		10	20m	2													
	6	顶面高程（mm）		+2；−5	20m	1													
平均合格率（%）																			
施工单位检查评定结论				项目专业质量检查员：（签字）															
监理（建设）单位意见				监理工程师：（签字） （或建设单位项目专业技术负责人）：（签字） 年 月 日															

注：1.（①发生此项时使用）本表由施工项目专业质量检查员填写，监理工程师（建设单位项目技术负责人）组织项目专业质量检查员等进行验收，并应按上表进行记录，编号按对应选一。

2. H 为人行地道墙宽度。

3.6.7 现浇人行地道墙、顶钢筋检验批质量检验记录

现浇人行地道墙、顶钢筋检验批质量检验记录表 **表 3-49**

表 A.0.1 编号：060107/060310□□

工程名称				分部工程名称						分项工程名称						人行地道墙、顶钢筋		
施工单位				技术负责人						项目经理								
分包单位				分包项目经理						施工班组长								
工程数量				验收部位（或桩号）						项目技术负责人								
交方班组				接方班组						检查日期						年 月 日		
检查项目	序号	检查内容	检验依据/允许偏差（规定值或±偏差值）	检验频率		检查结果/实测点偏差值或实测值												
				范围	点数	1	2	3	4	5	6	7	8	9	10	应测点数	合格点数	合格率（%）
主控项目	1	原材料	钢筋品种、规格和加工、成型安装符合设计要求	按品种、每批次	1					合格证、检验报告编号：								
钢筋加工	1	受力钢筋成型长度（mm）	+5；−10	每根（每一类型抽查10%且不少于5根）	1													
	2	箍筋尺寸（mm）	0；−3		2													

续表

<table>
<tr><td rowspan="2">检查项目</td><td rowspan="2">序号</td><td rowspan="2">检查内容</td><td rowspan="2">检验依据/允许偏差（规定值或±偏差值）</td><td colspan="2">检 验 频 率</td><td colspan="13">检查结果/实测点偏差值或实测值</td></tr>
<tr><td>范 围</td><td>点 数</td><td>1</td><td>2</td><td>3</td><td>4</td><td>5</td><td>6</td><td>7</td><td>8</td><td>9</td><td>10</td><td>应测点数</td><td>合格点数</td><td>合格率（%）</td></tr>
<tr><td rowspan="4">钢筋安装</td><td>1</td><td>配置两排以上受力筋时的排距（mm）</td><td>±5</td><td rowspan="4">10m</td><td>2</td><td></td><td></td><td></td><td></td><td></td><td></td><td></td><td></td><td></td><td></td><td></td><td></td><td></td></tr>
<tr><td>2</td><td>受力筋间距（mm）</td><td>±10</td><td>2</td><td></td><td></td><td></td><td></td><td></td><td></td><td></td><td></td><td></td><td></td><td></td><td></td><td></td></tr>
<tr><td>3</td><td>箍筋间距（mm）</td><td>±20</td><td>2</td><td></td><td></td><td></td><td></td><td></td><td></td><td></td><td></td><td></td><td></td><td></td><td></td><td></td></tr>
<tr><td>4</td><td>保护层厚度（mm）</td><td>±5</td><td>2</td><td></td><td></td><td></td><td></td><td></td><td></td><td></td><td></td><td></td><td></td><td></td><td></td><td></td></tr>
<tr><td colspan="3">平均合格率（%）</td><td colspan="16"></td></tr>
<tr><td colspan="3">施工单位检查评定结论</td><td colspan="16">项目专业质量检查员：（签字）</td></tr>
<tr><td colspan="3">监理（建设）单位意见</td><td colspan="16">监理工程师：（签字）
（或建设单位项目专业技术负责人）：（签字）　　年　月　日</td></tr>
</table>

注：本表由施工项目专业质量检查员填写，监理工程师（建设单位项目技术负责人）组织项目专业质量检查员等进行验收，并应按上表进行记录，编号按对应选一。

3.6.8 人行地道墙、顶混凝土检验批质量检验记录

3.6.8.1 人行地道墙、顶混凝土检验批质量检验记录表

人行地道墙、顶混凝土检验批质量检验记录表 **表 3-50**

表 A.0.1

编号：060108/060311□□

工程名称		分部工程名称		分项工程名称	人行地道墙、顶混凝土
施工单位		技术负责人		项目经理	
分包单位		分包项目经理		施工班组长	
工程数量		验收部位（或桩号）		项目技术负责人	
交方班组		接方班组		检查日期	年 月 日

检查项目	序号	检查内容	检验依据/允许偏差（规定值或±偏差值）	检验频率		检查结果/实测点偏差值或实测值												
				范围	点数	1	2	3	4	5	6	7	8	9	10	应测点数	合格点数	合格率（%）
主控项目	1	混凝土强度	标准养护、同条件应符合设计规定	$100m^3$、每工作班	各1组					试验报告编号：								
一般项目	1	地道底板顶面高程（mm）	±10	20m	1													
	2	地道净宽（mm）	±20	20m	2													
	3	墙高（mm）	±10	20m	2													

检查项目	序号	检查内容	检验依据/允许偏差（规定值或±偏差值）	检验频率		检查结果/实测点偏差值或实测值												
				范围	点数	1	2	3	4	5	6	7	8	9	10	应测点数	合格点数	合格率（%）
一般项目	4	中线偏位（mm）	≤10	20m	2													
	5	墙面垂直度（mm）	≤10	20m	2													
	6	墙面平整度（mm）	≤5	20m	2													
	7	顶板挠度（mm）	≤*L*1000 且<10mm	20m	2													
	8	现浇顶板底面平整度（mm）	≤5	10m	2													
平均合格率（%）																		
施工单位检查评定结论			项目专业质量检查员：（签字）															
监理（建设）单位意见			监理工程师：（签字） （或建设单位项目专业技术负责人）：（签字）　　年　月　日															

注：1. 本表由施工项目专业质量检查员填写，监理工程师（建设单位项目技术负责人）组织项目专业质量检查员等进行验收，并应按上表进行记录，编号按对应选一。
2. *L* 为人行地道净跨径。

3.6.8.2　060108/060311□□说明

《城镇道路工程施工与质量验收规范》CJJ 1—2008 相关内容：

〔14〕人行地道结构［(现浇、砌筑)墙、顶板混凝土］

〔14.5.1〕现浇钢筋混凝土人行地道结构质量检验应符合下列规定：

主 控 项 目

4）钢筋品种、规格和加工、成型与安装应符合设计要求。

检查数量：钢筋按品种每批1次，安装全数检查。

检验方法：查钢筋试验单和验收记录。

5）混凝土强度应符合设计规定。

检查数量：每班或每 $100m^3$ 取1组（3块），少于规定按1组计。

检验方法：查强度试验报告。

一 般 项 目

6）混凝土表面应光滑、平整，无蜂窝、麻面、缺边掉角现象。

7）钢筋混凝土结构允许偏差应符合表〔14.5.1〕的规定。

钢筋混凝土结构允许偏差表　　表〔14.5.1〕

<table>
<tr><th rowspan="2">项　目</th><th rowspan="2">允许偏差</th><th colspan="2">检验频率</th><th rowspan="2">检 验 方 法</th></tr>
<tr><th>范围</th><th>点数</th></tr>
<tr><td>地道底板顶面高程（mm）</td><td>±10</td><td rowspan="7">20m</td><td>1</td><td>用水准仪测量</td></tr>
<tr><td>地道净宽（mm）</td><td>±20</td><td>2</td><td>用钢尺量，宽厚各1点</td></tr>
<tr><td>墙高（mm）</td><td>±10</td><td>2</td><td>用钢尺量，每侧1点</td></tr>
<tr><td>中线位移（mm）</td><td>≤10</td><td>2</td><td>用钢尺量，每侧1点</td></tr>
<tr><td>墙面垂直度（mm）</td><td>≤10</td><td>2</td><td>用垂线和钢尺量，每侧1点</td></tr>
<tr><td>墙面平整度（mm）</td><td>≤5</td><td>2</td><td>用2m直尺、塞尺量，每侧1点</td></tr>
<tr><td>顶板挠度（mm）</td><td>≤L/1000
且＜10mm</td><td>2</td><td>用钢尺量</td></tr>
<tr><td>现浇顶板底面平整度（mm）</td><td>≤5</td><td>10m</td><td>2</td><td>用2m直尺、塞尺量</td></tr>
</table>

注：L 为人行道净跨。

3.6.9 人行地道模板拆除检验批质量检验记录

3.6.9.1 人行地道模板拆除检验批质量检验记录表

人行地道模板拆除检验批质量检验记录表 **表 3-51**

表 A.0.1

编号：060109/060312□□

<table>
<tr><td colspan="3">工程名称</td><td colspan="3"></td><td colspan="2">分部工程名称</td><td colspan="5"></td><td colspan="5">分项工程名称</td><td colspan="3">人行地道墙、顶模板拆除</td></tr>
<tr><td colspan="3">施工单位</td><td colspan="3"></td><td colspan="2">技术负责人</td><td colspan="5"></td><td colspan="5">项目经理</td><td colspan="3"></td></tr>
<tr><td colspan="3">分包单位</td><td colspan="3"></td><td colspan="2">分包项目经理</td><td colspan="5"></td><td colspan="5">施工班组长</td><td colspan="3"></td></tr>
<tr><td colspan="3">工程数量</td><td colspan="3"></td><td colspan="2">验收部位（或桩号）</td><td colspan="5"></td><td colspan="5">项目技术负责人</td><td colspan="3"></td></tr>
<tr><td colspan="3">交方班组</td><td colspan="3"></td><td colspan="2">接方班组</td><td colspan="5"></td><td colspan="5">检查日期</td><td colspan="3">年 月 日</td></tr>
<tr><td rowspan="2">检查项目</td><td rowspan="2">序号</td><td rowspan="2">检查内容</td><td colspan="3" rowspan="2">检验依据/允许偏差（规定值或±偏差值）</td><td colspan="2">检验频率</td><td colspan="13">检查结果/实测点偏差值或实测值</td></tr>
<tr><td>范围</td><td>点数</td><td>1</td><td>2</td><td>3</td><td>4</td><td>5</td><td>6</td><td>7</td><td>8</td><td>9</td><td>10</td><td>应测点数</td><td>合格点数</td><td>合格率（%）</td></tr>
<tr><td rowspan="7">主控项目</td><td rowspan="7">1</td><td rowspan="7">底模及支架拆除时的混凝土强度应符合设计要求，当设计无要求时，应按右表规定</td><td>构件类型</td><td>构件跨度（m）</td><td>混凝土达设计值百分比（%）</td><td rowspan="7">全数</td><td rowspan="7"></td><td></td><td></td><td></td><td></td><td colspan="6">同条件混凝土检验报告：</td><td></td><td></td><td></td></tr>
<tr><td rowspan="3">板</td><td>≤2</td><td>≥50</td><td colspan="13" rowspan="6"></td></tr>
<tr><td>>2，≤8</td><td>≥75</td></tr>
<tr><td>>8</td><td>≥100</td></tr>
<tr><td rowspan="2">梁、拱、壳</td><td>≤8</td><td>≥75</td></tr>
<tr><td>>8</td><td>≥100</td></tr>
<tr><td>悬臂构件</td><td>—</td><td>≥100</td></tr>
</table>

续表

检查项目	序号	检查内容	检验依据/允许偏差（规定值或±偏差值）	检验频率		检查结果/实测点偏差值或实测值												
				范围	点数	1	2	3	4	5	6	7	8	9	10	应测点数	合格点数	合格率（%）
主控项目	2	预应力构件	底模及支架的拆除应按施工技术方案执行，当无具体要求时，不应在结构构件建立预应力前拆除	全数														
一般项目	1	侧模拆除	混凝土强度应能保证其表面及棱角不受损坏	全数														
	2	拆除要求	模板拆除时，不应对承载面造成冲击荷载，拆除的模板与支架宜分散堆放，并及时清运															
平均合格率（%）																		
施工单位检查评定结论			项目专业质量检查员：（签字）															
监理（建设）单位意见			监理工程师：（签字） （或建设单位项目专业技术负责人）：（签字）　　年　月　日															

注：本表由施工项目专业质量检查员填写，监理工程师（建设单位项目技术负责人）组织项目专业质量检查员等进行验收，并应按上表进行记录，编号按对应选一。

3.6.9.2　060109/060312□□说明

《城镇道路工程施工与质量验收规范》CJJ 1—2008 相关内容：

〔14〕人行地道结构（墙、顶模板拆除）

模板及其支架拆除的顺序及安全措施应按经技术安全论证通过的施工技术方案执行。

模板的制作、安装、拆除应符合国家现行标准《城市桥梁工程施工与质量验收规范》CJJ 2—2008的有关规定外，尚应符合下列规定：

主 控 项 目

1）底模及支架拆除时的混凝土强度应符合设计要求，当设计无要求时，应按右表规定。

检查数量：全数检查。

检验方法：同条件混凝土检验报告。

2）对后张法预应力混凝土结构构件，底模及支架的拆除应按施工技术方案执行。

检查数量：全数检查。

检验方法：观察。

一 般 项 目

3）侧模拆除时混凝土强度应能保证其表面及棱角不受损坏。

检查数量：全数检查。

检验方法：观察。

4）模板拆除时，不应对承载面造成冲击荷载，拆除的模板与支架宜分散堆放，并及时清运。

检查数量：全数检查。

检验方法：观察。

混凝土底模拆除时的混凝土强度要求　　表3-51a

构件类型	构件跨度（m）	达到设计的混凝土立方体抗压强度标准值的（%）
板	≤2	≥50
	>2；≤8	≥75
	>8	≥100
梁、拱、壳	≤8	≥75
	>8	≥100
悬臂构件	—	≥100

注：摘自《混凝土结构工程施工质量验收规范》GB 50204—2002。

3.6.10 人行地道预制墙板检验批质量检验记录

3.6.10.1 人行地道预制墙板检验批质量检验记录表

人行地道预制墙板检验批质量检验记录表 **表 3-52**

表 A.0.1 编号：060206□□

工程名称				分部工程名称								分项工程名称				人行地道墙板构件预制		
施工单位				技术负责人								项目经理						
分包单位				分包项目经理								施工班组长						
工程数量				验收部位（或桩号）								项目技术负责人						
交方班组				接方班组								检查日期				年　月　日		
检查项目	序号	检查内容	检验依据/允许偏差（规定值或±偏差值）	检验频率		检查结果/实测点偏差值或实测值												
				范围	点数	1	2	3	4	5	6	7	8	9	10	应测点数	合格点数	合格率（%）
主控项目	1	混凝土强度	符合设计要求	每块、每工作班	1组					检验报告编号								
一般项目	1	厚、高（mm）	±5	每构件（每类抽查板的10%且不少于5块）	1													
	2	宽度（mm）	0；−10		1													
	3	侧弯（mm）	$\leqslant L/1000$		1													

续表

检查项目	序号	检查内容	检验依据/允许偏差（规定值或±偏差值）	检验频率		检查结果/实测点偏差值或实测值												
				范围	点数	1	2	3	4	5	6	7	8	9	10	应测点数	合格点数	合格率（%）
一般项目	4	板面对角线（mm）	≤10	每构件（每类抽查板的10%且不少于5块）	1													
	5	外露面平整度（mm）	≤5		2													
	6	麻面（mm）	≤1%		1													
平均合格率（%）																		
施工单位检查评定结论			项目专业质量检查员：（签字）															
监理（建设）单位意见			监理工程师：（签字） （或建设单位项目专业技术负责人）：（签字）　　年　月　日															

注：（*L* 为板长）本表由施工项目专业质量检查员填写，监理工程师（建设单位项目技术负责人）组织项目专业质量检查员等进行验收，并应按上表进行记录。

3.6.11 人行地道预制顶板检验批质量检验记录

3.6.11.1 人行地道预制顶板检验批质量检验记录表

人行地道预制顶板检验批质量检验记录表 **表 3-53**

表 A.0.1

编号：060207/060307□□

工程名称		分部工程名称		分项工程名称	人行地道顶板构件预制
施工单位		技术负责人		项目经理	
分包单位		分包项目经理		施工班组长	
工程数量		验收部位（或桩号）		项目技术负责人	
交方班组		接方班组		检查日期	年 月 日

检查项目	序号	检查内容	检验依据/允许偏差（规定值或±偏差值）	检验频率		检查结果/实测点偏差值或实测值												
				范围	点数	1	2	3	4	5	6	7	8	9	10	应测点数	合格点数	合格率（%）
主控项目	1	混凝土强度	符合设计要求	每块、每工作班	1组					检验报告编号								
一般项目	1	厚、高（mm）	±5	每构件（每类抽查总数20%）	1													
	2	宽度（mm）	0；−10		1													
	3	长度（mm）	±10		1													

续表

<table>
<tr><td rowspan="2">检查项目</td><td rowspan="2">序号</td><td rowspan="2">检查内容</td><td rowspan="2">检验依据/允许偏差（规定值或±偏差值）</td><td colspan="2">检 验 频 率</td><td colspan="13">检查结果/实测点偏差值或实测值</td></tr>
<tr><td>范 围</td><td>点 数</td><td>1</td><td>2</td><td>3</td><td>4</td><td>5</td><td>6</td><td>7</td><td>8</td><td>9</td><td>10</td><td>应测点数</td><td>合格点数</td><td>合格率（%）</td></tr>
<tr><td rowspan="3">一般项目</td><td>4</td><td>对角线长度（mm）</td><td>≤10</td><td rowspan="3">每构件（每类抽查总数20%）</td><td>2</td><td></td><td></td><td></td><td></td><td></td><td></td><td></td><td></td><td></td><td></td><td></td><td></td><td></td></tr>
<tr><td>5</td><td>外露面平整度（mm）</td><td>≤5</td><td>1</td><td></td><td></td><td></td><td></td><td></td><td></td><td></td><td></td><td></td><td></td><td></td><td></td><td></td></tr>
<tr><td>6</td><td>麻面</td><td>≤1%</td><td>1</td><td></td><td></td><td></td><td></td><td></td><td></td><td></td><td></td><td></td><td></td><td></td><td></td><td></td></tr>
<tr><td colspan="3">平均合格率（%）</td><td colspan="16"></td></tr>
<tr><td colspan="3">施工单位检查评定结论</td><td colspan="16">项目专业质量检查员：（签字）</td></tr>
<tr><td colspan="3">监理（建设）单位意见</td><td colspan="16">监理工程师：（签字）
（或建设单位项目专业技术负责人）：（签字） 年 月 日</td></tr>
</table>

注：本表由施工项目专业质量检查员填写，监理工程师（建设单位项目技术负责人）组织项目专业质量检查员等进行验收，并应按上表进行记录，编号按对应选一。

3.6.12 人行地道构件安装检验批质量检验记录

3.6.12.1 人行地道构件安装检验批质量检验记录表

人行地道构件安装检验批质量检验记录表 **表 3-54**

表 A.0.1

编号：060208/060308□□

工程名称				分部工程名称					分项工程名称									人行地道墙、顶板构件安装
施工单位				技术负责人					项目经理									
分包单位				分包项目经理					施工班组长									
工程数量				验收部位（或桩号）					项目技术负责人									
交方班组				接方班组					检查日期									年 月 日
检查项目	序号	检查内容	检验依据/允许偏差（规定值或±偏差值）	检验频率		检查结果/实测点偏差值或实测值												
				范围	点数	1	2	3	4	5	6	7	8	9	10	应测点数	合格点数	合格率（%）
主控项目	1	预制构件混凝土强度	符合设计要求	进场构件	全数					合格证及检验报告编号：								
	2	杯口、板缝混凝土强度	应符合设计要求	每工作班	1组					检验报告编号：								
一般项目	1	中线偏位（mm）	≤10	每块	2													
	2	墙板内顶面、高程（mm）	±5		2													

续表

检查项目	序号	检查内容	检验依据/允许偏差（规定值或±偏差值）	检验频率		检查结果/实测点偏差值或实测值												
				范围	点数	1	2	3	4	5	6	7	8	9	10	应测点数	合格点数	合格率（%）
一般项目	3	墙板垂直度	$\leqslant 0.15\% H$ 且$\leqslant$5mm	每块	4													
	4	板间高差（mm）	$\leqslant$5		4													
	5	相邻板顶面错台（mm）	$\leqslant$10	每座地道	20%板缝													
	6	板端压墙长度（mm）	±10		6													
平均合格率（%）																		
施工单位检查评定结论			项目专业质量检查员：（签字）															
监理（建设）单位意见			监理工程师：（签字） （或建设单位项目专业技术负责人）：（签字） 年 月 日															

注：1. 本表由施工项目专业质量检查员填写，监理工程师（建设单位项目技术负责人）组织项目专业质量检查员等进行验收，并应按上表进行记录，编号按对应选一。
2. H 为墙板全高。

3.6.12.2 060206/060207/060307/060208/060308□□说明

1.《城镇道路工程施工与质量验收规范》CJJ 1—2008 相关内容

〔14〕人行地道结构（墙、顶构件预制与安装）

〔14.5.2〕预制安装钢筋混凝土人行地道结构质量检验应符合下列规定：

主 控 项 目

5）预制钢筋混凝土墙板、顶板强度应符合设计要求。

检查数量：全数检查。

检验方法：查出厂合格证和强度试验报告。

6）杯口板缝混凝土强度应符合设计要求。

检查数量：每工作班 1 组（3 块）。

检验方法：查强度试验报告。

一 般 项 目

7）墙板、顶板安装直顺，杯口与板缝灌注密实。

检查数量：全数检查。

检验方法：观察、查强度试验报告。

8）预制墙板、顶板允许偏差应符合表〔14.5.2-2〕及表〔14.5.2-3〕的规定。

预制墙板允许偏差表　　　表〔14.5.2-2〕

项　目	允许偏差	检验频率		检　验　方　法
		范　围	点数	
厚、高	±5	每构件（每类抽查板的10%且不少于5块）	1	用钢尺量，每抽查一块板（序号1、2、3、4）各1点
宽度	0；−10		1	
侧弯	≤L/1000		1	
板面对角线	≤10		1	
外露面平整度	≤5		2	用 2m 直尺、塞尺量，每侧 1 点
麻面	≤1%		1	用钢尺量麻面总面积

预制顶板允许偏差表　　　　表〔14.5.2-3〕

项　目	允许偏差	检验频率		检　验　方　法
		范　围	点数	
厚、高	±5	每构件（每类抽查总数20%）	1	用钢尺量
宽度	0；－10		1	用钢尺量
长度	±10		1	用钢尺量
对角线长度	≤10		2	用钢尺量
外露面平整度	≤5		1	用2m直尺、塞尺量
麻面	≤1%		1	用钢尺量麻面总面积

9）墙板、顶板安装允许偏差应符合表〔14.5.2-4〕的规定。

墙板、顶板安装允许偏差表　　　　表〔14.5.2-4〕

项　目	允许偏差	检验频率		检　验　方　法
		范　围	点数	
中线偏位（mm）	≤10	每块	2	拉线用钢尺量
墙板内顶面、高程（mm）	±5		2	用水准仪测量
墙板垂直度	≤0.15%H且≤5mm		4	用垂线和钢尺量
板间高差（mm）	≤5		4	用钢板尺和塞尺量
相邻板顶面错台（mm）	≤10	每座地道	20%板缝	用钢尺量
板端压墙长度（mm）	±10		6	查隐蔽验收记录，用钢尺量，每侧3点

注：表中H为墙板全高（mm）。

3.6.13　人行地道砌筑墙体检验批质量检验记录

3.6.13.1　人行地道砌筑墙体检验批质量检验记录表（见表3-55）

3.6.13.2　060306□□说明

〔14〕人行地道结构（砌筑墙体）

〔14.5.3〕人行地道砌筑墙体质量检验应符合下列规定：

人行地道砌筑墙体检验批质量检验记录表

表 3-55

表 A.0.1

编号：060306□□

工程名称		分部工程名称		分项工程名称	人行地道砌筑墙体
施工单位		技术负责人		项目经理	
分包单位		分包项目经理		施工班组长	
工程数量		验收部位（或桩号）		项目技术负责人	
交方班组		接方班组		检查日期	年 月 日

检查项目	序号	检查内容	检验依据/允许偏差（规定值或±偏差值）	检验频率		检查结果/实测点偏差值或实测值												
				范围	点数	1	2	3	4	5	6	7	8	9	10	应测点数	合格点数	合格率（%）
主控项目	1	结构厚度	不应小于设计值	20m	2													
	2	砂浆强度	平均抗压强度符合设计规定，任一组最低值不低于设计强度的85%	≤50m³砌体	1组				检验报告编号：									
一般项目	1	地道底部高程（mm）	±10	10m	1													
	2	地道结构净高（mm）	±10	20m	2													

续表

检查项目	序号	检查内容	检验依据/允许偏差（规定值或±偏差值）	检验频率		检查结果/实测点偏差值或实测值												
				范围	点数	1	2	3	4	5	6	7	8	9	10	应测点数	合格点数	合格率（%）
一般项目	3	地道净宽（mm）	±20	20m	2													
	4	中线偏位（mm）	≤10	20m	2													
	5	墙面垂直度（mm）	≤15	10m	2													
	6	墙面平整度（mm）	≤5	10m	2													
平均合格率（%）																		
施工单位检查评定结论			项目专业质量检查员：（签字）															
监理（建设）单位意见			监理工程师：（签字） （或建设单位项目专业技术负责人）：（签字）　　年　月　日															

注：本表由施工项目专业质量检查员填写，监理工程师（建设单位项目技术负责人）组织项目专业质量检查员等进行验收，并应按上表进行记录。

主 控 项 目

6）结构厚度不应小于设计值。

检验数量：每 20m 抽检 2 点。

检查方法：用钢尺量。

7）砂浆平均抗压强度等级应符合设计规定，任一组试件抗压强度最低值不应小于设计强度的 85%。

检查数量：同一配合比砂浆，每 $50m^3$ 砌体中，作 1 组，不足 $50m^3$ 按 1 组计。

检验方法：查试验报告。

一 般 项 目

11）砌筑墙体应丁顺匀称，表面平整，灰缝均匀、饱满，变形缝垂直贯通。

12）墙体砌筑允许偏差应符合表〔14.5.3〕的规定。

墙体砌筑允许偏差表 **表〔14.5.3〕**

项目	允许偏差	检验频率		检验方法
		范围	点数	
地道底部高程	±10	10m	1	用水准仪测量
地道结构净高	±10	20m	2	用钢尺量
地道净宽	±20	20m	2	用钢尺量
中线偏位	≤10	20m	2	用经纬仪测定、钢尺量
墙面垂直度	≤15	10m	2	用垂线和钢尺量
墙面平整度	≤5	10m	2	用 2m 直尺、塞尺量

3.7 挡土墙工程

3.7.1 挡土墙地基检验批质量检验记录

3.7.1.1 挡土墙地基检验批质量检验记录表

挡土墙地基检验批质量检验记录表

表 3-56

表 A.0.1

编号：070101/070201/070301/070401□□

工程名称		分部工程名称		分项工程名称	挡土墙地基
施工单位		技术负责人		项目经理	
分包单位		分包项目经理		施工班组长	
工程数量		验收部位（或桩号）		项目技术负责人	
交方班组		接方班组		检查日期	年　月　日

检查项目	序号	检查内容	检验依据/允许偏差（规定值或±偏差值）	检验频率		检查结果/实测点偏差值或实测值												
				范围	点数	1	2	3	4	5	6	7	8	9	10	应测点数	合格点数	合格率（%）
主控项目	1	地基承载力（触探）	符合设计要求	每道基槽	3					隐检或检验报告编号：								
	2	地基承载力（钎探）	符合设计要求	每道基槽	3					隐检或检验报告编号：								
一般项目	1	基底高程（mm）	+5，−10	10m														
	2	轴线偏位（mm）	≤20	每道基础														

续表

<table>
<tr><th rowspan="2">检查项目</th><th rowspan="2">序号</th><th rowspan="2">检查内容</th><th rowspan="2">检验依据/允许偏差（规定值或±偏差值）</th><th colspan="2">检 验 频 率</th><th colspan="13">检查结果/实测点偏差值或实测值</th></tr>
<tr><th>范 围</th><th>点 数</th><th>1</th><th>2</th><th>3</th><th>4</th><th>5</th><th>6</th><th>7</th><th>8</th><th>9</th><th>10</th><th>应测点数</th><th>合格点数</th><th>合格率（%）</th></tr>
<tr><td rowspan="3">一般项目</td><td>3</td><td>平整度（mm）</td><td>≤15</td><td>10m</td><td></td><td></td><td></td><td></td><td></td><td></td><td></td><td></td><td></td><td></td><td></td><td></td><td></td><td></td></tr>
<tr><td>4</td><td>宽度（mm）</td><td>≥设计值+B</td><td>20m</td><td></td><td></td><td></td><td></td><td></td><td></td><td></td><td></td><td></td><td></td><td></td><td></td><td></td><td></td></tr>
<tr><td>5</td><td>边坡</td><td>不陡于设计要求</td><td>10m</td><td></td><td></td><td></td><td></td><td></td><td></td><td></td><td></td><td></td><td></td><td></td><td></td><td></td><td></td></tr>
<tr><td colspan="3">平均合格率（%）</td><td colspan="16"></td></tr>
<tr><td colspan="3">施工单位检查评定结论</td><td colspan="16">项目专业质量检查员：（签字）</td></tr>
<tr><td colspan="3">监理（建设）单位意见</td><td colspan="16">监理工程师：（签字）
（或建设单位项目专业技术负责人）：（签字）　　年　月　日</td></tr>
</table>

注：1. 本表由施工项目专业质量检查员填写，监理工程师（建设单位项目技术负责人）组织项目专业质量检查员等进行验收，每道基础按沉降缝划分，编号按对应选一。
2. B 为挡土墙基底宽度。

3.7.1.2　070101/070201/070301/070401□□说明

《城镇道路工程施工与质量验收规范》CJJ 1—2008 相关内容：

〔15〕挡土墙（现浇/预制/砌筑）

〔15.1〕一般规定

〔15.1.1〕挡土墙基础地基承载力必须符合设计要求，且经检测验收合格后方可进行后续工序施工。

〔15.1.2〕施工中应按设计规定施作挡土墙的排水系统、泄水孔、反滤层和结构变形缝。

〔15.1.3〕当挡土墙墙面需立体绿化时，应报请建设单位补充防止挡土墙基础浸水下沉的设计。

〔15.1.4〕墙背填土应采用透水性材料或设计规定的填料，土方施工应符合本规范第 14.1 节的有关规定。

〔15.1.5〕挡土墙顶设帽石时，帽石安装应平顺、坐浆饱满、缝隙均匀。

〔15.1.6〕当挡土墙顶部设有栏杆时，栏杆施工应符合国家现行标准《城市桥梁施工与质量验收规范》CJJ 2 的有关规定。

主 控 项 目

1. 地基承载力应符合设计要求。

检查数量：每道挡土墙基槽抽检 3 点。

检验方法：查触（钎）探检验报告、隐蔽验收记录。

一 般 项 目

见 070101/070201/070301/070401 表中有关规定。

3.7.2 挡土墙基础模板检验批质量检验记录

挡土墙基础模板检验批质量检验记录 **表 3-57**

表 A.0.1

编号：070102/070202/070302/070402□□

<table>
<tr><td colspan="4">工程名称</td><td></td><td colspan="2">分部工程名称</td><td colspan="5"></td><td colspan="5">分项工程名称</td><td colspan="3">挡土墙基础模板</td></tr>
<tr><td colspan="4">施工单位</td><td></td><td colspan="2">技术负责人</td><td colspan="5"></td><td colspan="5">项目经理</td><td colspan="3"></td></tr>
<tr><td colspan="4">分包单位</td><td></td><td colspan="2">分包项目经理</td><td colspan="5"></td><td colspan="5">施工班组长</td><td colspan="3"></td></tr>
<tr><td colspan="4">工程数量</td><td></td><td colspan="2">验收部位（或桩号）</td><td colspan="5"></td><td colspan="5">项目技术负责人</td><td colspan="3"></td></tr>
<tr><td colspan="4">交方班组</td><td></td><td colspan="2">接方班组</td><td colspan="5"></td><td colspan="5">检查日期</td><td colspan="3">年 月 日</td></tr>
<tr><td rowspan="2">检查项目</td><td rowspan="2">序号</td><td rowspan="2" colspan="2">检查内容</td><td rowspan="2">检验依据/允许偏差（规定值或±偏差值）</td><td colspan="2">检 验 频 率</td><td colspan="13">检查结果/实测点偏差值或实测值</td></tr>
<tr><td>范 围</td><td>点 数</td><td>1</td><td>2</td><td>3</td><td>4</td><td>5</td><td>6</td><td>7</td><td>8</td><td>9</td><td>10</td><td>应测点数</td><td>合格点数</td><td>合格率（%）</td></tr>
<tr><td rowspan="2">主控项目</td><td>1</td><td colspan="2">隔离剂</td><td>不得污染钢筋和混凝土接槎处</td><td>全数</td><td></td><td></td><td></td><td></td><td></td><td></td><td></td><td></td><td></td><td></td><td></td><td></td><td></td><td></td></tr>
<tr><td>2</td><td colspan="2">支模</td><td>模板及支撑不得有松动、跑模或下沉现象，接缝严密、不得漏浆，模内必须清洁</td><td>全数</td><td></td><td></td><td></td><td></td><td></td><td></td><td></td><td></td><td></td><td></td><td></td><td></td><td></td><td></td></tr>
<tr><td rowspan="2">一般项目</td><td rowspan="2">1</td><td rowspan="2">相邻两板表面高差（mm）</td><td>刨光模板、钢模板</td><td>≤2</td><td rowspan="2">20m</td><td rowspan="2">2</td><td></td><td></td><td></td><td></td><td></td><td></td><td></td><td></td><td></td><td></td><td></td><td></td><td></td></tr>
<tr><td>不刨光模板</td><td>≤4</td><td></td><td></td><td></td><td></td><td></td><td></td><td></td><td></td><td></td><td></td><td></td><td></td><td></td></tr>
</table>

检查项目	序号	检查内容		检验依据/允许偏差（规定值或±偏差值）	检验频率		检查结果/实测点偏差值或实测值												
					范围	点数	1	2	3	4	5	6	7	8	9	10	应测点数	合格点数	合格率（%）
一般项目	2	表面平整度（mm）	刨光模板、钢模板	≤3	20m	4													
			不刨光模板	≤5															
	3	断面尺寸（mm）	宽度	±10	20m	2													
			高度	±10															
			杯槽宽度	+20；0															
	4	轴线偏位（mm）	杯槽中心线①	≤10	20m	1													
	5	杯槽底面高程（支撑面）①（mm）		+5；−10	20m	1													
	6	预埋件①（mm）	高程	±5	每个	1													
			偏位	≤15															
平均合格率（%）																			
施工单位检查评定结论				项目专业质量检查员：（签字）															
监理（建设）单位意见				监理工程师：（签字） （或建设单位项目专业技术负责人）：（签字） 年 月 日															

注：（①发生此项时使用）本表由施工项目专业质量检查员填写，监理工程师（建设单位项目技术负责人）组织项目专业质量检查员等进行验收，并应按上表进行记录，编号按对应选一。

3.7.3 挡土墙基础钢筋检验批质量检验记录

挡土墙基础钢筋检验批质量检验记录表 **表 3-58**

表 A.0.1 编号：070103/070203/070303/070403□□

<table>
<tr><td colspan="3">工程名称</td><td></td><td colspan="2">分部工程名称</td><td colspan="5"></td><td colspan="5">分项工程名称</td><td colspan="3">挡土墙基础钢筋</td></tr>
<tr><td colspan="3">施工单位</td><td></td><td colspan="2">技术负责人</td><td colspan="5"></td><td colspan="5">项目经理</td><td colspan="3"></td></tr>
<tr><td colspan="3">分包单位</td><td></td><td colspan="2">分包项目经理</td><td colspan="5"></td><td colspan="5">施工班组长</td><td colspan="3"></td></tr>
<tr><td colspan="3">工程数量</td><td></td><td colspan="2">验收部位（或桩号）</td><td colspan="5"></td><td colspan="5">项目技术负责人</td><td colspan="3"></td></tr>
<tr><td colspan="3">交方班组</td><td></td><td colspan="2">接方班组</td><td colspan="5"></td><td colspan="5">检查日期</td><td colspan="3">年　月　日</td></tr>
<tr><td rowspan="2">检查项目</td><td rowspan="2">序号</td><td rowspan="2">检查内容</td><td rowspan="2">检验依据/允许偏差（规定值或±偏差值）</td><td colspan="2">检 验 频 率</td><td colspan="13">检查结果/实测点偏差值或实测值</td></tr>
<tr><td>范　围</td><td>点　数</td><td>1</td><td>2</td><td>3</td><td>4</td><td>5</td><td>6</td><td>7</td><td>8</td><td>9</td><td>10</td><td>应测点数</td><td>合格点数</td><td>合格率（%）</td></tr>
<tr><td>主控项目</td><td>1</td><td>原材料</td><td>钢筋品种、规格和加工、成型安装符合设计要求</td><td>按品种、每批次</td><td>1</td><td></td><td></td><td colspan="8">合格证、检验报告编号：</td><td></td><td></td><td></td></tr>
<tr><td rowspan="2">钢筋加工</td><td>1</td><td>受力钢筋成型长度（mm）</td><td>+5；−10</td><td rowspan="2">每根（每一类型抽查10%且不少于5根）</td><td>1</td><td></td><td></td><td></td><td></td><td></td><td></td><td></td><td></td><td></td><td></td><td></td><td></td><td></td></tr>
<tr><td>2</td><td>箍筋尺寸（mm）</td><td>0；−3</td><td>2</td><td></td><td></td><td></td><td></td><td></td><td></td><td></td><td></td><td></td><td></td><td></td><td></td><td></td></tr>
</table>

续表

检查项目	序号	检查内容	检验依据/允许偏差（规定值或±偏差值）	检验频率		检查结果/实测点偏差值或实测值												
				范围	点数	1	2	3	4	5	6	7	8	9	10	应测点数	合格点数	合格率（%）
钢筋安装	1	配置两排以上受力筋时的排距（mm）	±5	10m	2													
	2	受力筋间距（mm）	±10		2													
	3	箍筋间距（mm）	±20		2													
	4	保护层厚度（mm）	±5		2													
平均合格率（%）																		
施工单位检查评定结论			项目专业质量检查员：（签字）															
监理（建设）单位意见			监理工程师：（签字） （或建设单位项目专业技术负责人）：（签字） 年 月 日															

注：本表由施工项目专业质量检查员填写，监理工程师（建设单位项目技术负责人）组织项目专业质量检查员等进行验收，并应按上表进行记录，编号按对应选一。

3.7.4 挡土墙混凝土基础检验批质量检验记录

3.7.4.1 挡土墙混凝土基础检验批质量检验记录表

挡土墙混凝土基础检验批质量检验记录表 **表 3-59**

表 A.0.1

编号：070104/070204/070304/070404□□

工程名称		分部工程名称		分项工程名称	挡土墙基础混凝土
施工单位		技术负责人		项目经理	
分包单位		分包项目经理		施工班组长	
工程数量		验收部位（或桩号）		项目技术负责人	
交方班组		接方班组		检查日期	年　月　日

检查项目	序号	检查内容	检验依据/允许偏差（规定值或±偏差值）	检验频率		检查结果/实测点偏差值或实测值												
				范围	点数	1	2	3	4	5	6	7	8	9	10	应测点数	合格点数	合格率（%）
主控项目	1	混凝土强度	符合设计规定	100m^3、每工作班	1组	检验报告编号：												
一般项目	1	中线偏位（mm）	≤10	20m	1													
	2	顶面高程（mm）	±10	20m	1													

续表

检查项目	序号	检查内容	检验依据/允许偏差（规定值或±偏差值）	检验频率		检查结果/实测点偏差值或实测值												
				范围	点数	1	2	3	4	5	6	7	8	9	10	应测点数	合格点数	合格率（%）
一般项目	3	长度（mm）	±10	20m	1													
	4	宽度（mm）	±10	20m	1													
	5	厚度（mm）	±10	20m	1													
	6	杯口轴线位移①（mm）	≤10	20m	1													
	7	杯口底面高程①（mm）	±10	20m	1													
	8	杯口底、顶宽度①（mm）	10～15	20m	1													
	9	预埋件①（mm）	≤10	每个	1													
平均合格率（%）																		
施工单位检查评定结论			项目专业质量检查员：（签字）															
监理（建设）单位意见			监理工程师：（签字） （或建设单位项目专业技术负责人）：（签字） 年 月 日															

注：（①发生此项时使用）本表由施工项目专业质量检查员填写，监理工程师（建设单位项目技术负责人）组织项目专业质量检查员等进行验收，并应按上表进行记录，编号按对应选一。

3.7.4.2　070104/070204/070304/070404□□说明

《城镇道路工程施工与质量验收规范》CJJ 1—2008 相关内容：

〔15〕挡土墙（混凝土基础）

混凝土挡土墙基础质量检验应符合下列规定：

主 控 项 目

1）钢筋品种和规格、加工、成型、安装应符合设计要求。

检查数量：钢筋按品种每批 1 次，安装全数检查。

检验方法：查钢筋试验单和验收记录。

2）混凝土强度应符合设计规定。

检查数量：每班或每 100m^3 取 1 组（3 块），少于规定按 1 组计。

检验方法：查强度试验报告。

一 般 项 目

3）挡土墙混凝土基础允许偏差应符合表〔14.5.2-1〕的规定。

挡土墙混凝土基础允许偏差表　　　　**表〔14.5.2-1〕**

项　目	允许偏差(mm)	检验频率		检验方法
		范　围	点数	
中线偏位	≤10	20m	1	用经纬仪测量
顶面高程	±10	20m	1	用水准仪测量
长度	±10	20m	1	用钢尺量
宽度	±10	20m	1	用钢尺量
厚度	±10	20m	1	用钢尺量
杯口轴线位移①	≤10	20m	1	用经纬仪测量
杯口底面高程①	±10	20m	1	用水准仪测量
杯口底、顶宽度①	10～15	20m	1	用钢尺量
预埋件①	≤10	每个	1	用钢尺量

注：① 发生此项时使用。

3.7.5 现浇钢筋混凝土挡土墙模板检验批质量检验记录

3.7.5.1 现浇钢筋混凝土挡土墙模板检验批质量检验记录表

现浇钢筋混凝土挡土墙模板检验质量检验记录表 **表 3-60**

表 A.0.1

编号：070105□□

<table>
<tr><td colspan="4">工程名称</td><td colspan="2"></td><td colspan="2">分部工程名称</td><td colspan="5"></td><td colspan="5">分项工程名称</td><td colspan="3">现浇钢筋混凝土挡土墙模板</td></tr>
<tr><td colspan="4">施工单位</td><td colspan="2"></td><td colspan="2">技术负责人</td><td colspan="5"></td><td colspan="5">项目经理</td><td colspan="3"></td></tr>
<tr><td colspan="4">分包单位</td><td colspan="2"></td><td colspan="2">分包项目经理</td><td colspan="5"></td><td colspan="5">施工班组长</td><td colspan="3"></td></tr>
<tr><td colspan="4">工程数量</td><td colspan="1"></td><td colspan="3">验收部位（或桩号）</td><td colspan="5"></td><td colspan="5">项目技术负责人</td><td colspan="3"></td></tr>
<tr><td colspan="4">交方班组</td><td colspan="1"></td><td colspan="3">接方班组</td><td colspan="5"></td><td colspan="5">检查日期</td><td colspan="3">年　月　日</td></tr>
<tr><td rowspan="2">检查项目</td><td rowspan="2">序号</td><td rowspan="2" colspan="2">检查内容</td><td rowspan="2">检验依据/允许偏差（规定值或±偏差值）</td><td colspan="2">检验频率</td><td colspan="13">检查结果/实测点偏差值或实测值</td></tr>
<tr><td>范围</td><td>点数</td><td>1</td><td>2</td><td>3</td><td>4</td><td>5</td><td>6</td><td>7</td><td>8</td><td>9</td><td>10</td><td>应测点数</td><td>合格点数</td><td>合格率（%）</td></tr>
<tr><td rowspan="2">主控项目</td><td>1</td><td colspan="2">隔离剂</td><td>不得污染钢筋和混凝土接槎处</td><td>全数</td><td></td><td></td><td></td><td></td><td></td><td></td><td></td><td></td><td></td><td></td><td></td><td></td><td></td><td></td></tr>
<tr><td>2</td><td colspan="2">支模</td><td>模板及支撑不得有松动跑模或下沉现象，接缝严密、不得漏浆，模内必须清洁</td><td>全数</td><td></td><td></td><td></td><td></td><td></td><td></td><td></td><td></td><td></td><td></td><td></td><td></td><td></td><td></td></tr>
<tr><td rowspan="2">一般项目</td><td rowspan="2">1</td><td rowspan="2">相邻两板表面高差（mm）</td><td>刨光模板、钢模板</td><td>2</td><td rowspan="2">20m</td><td rowspan="2">4</td><td rowspan="2"></td><td rowspan="2"></td><td rowspan="2"></td><td rowspan="2"></td><td rowspan="2"></td><td rowspan="2"></td><td rowspan="2"></td><td rowspan="2"></td><td rowspan="2"></td><td rowspan="2"></td><td rowspan="2"></td><td rowspan="2"></td><td rowspan="2"></td></tr>
<tr><td>不刨光模板</td><td>4</td></tr>
</table>

续表

检查项目	序号	检查内容		检验依据/允许偏差（规定值或±偏差值）	检验频率		检查结果/实测点偏差值或实测值												
					范围	点数	1	2	3	4	5	6	7	8	9	10	应测点数	合格点数	合格率（%）
一般项目	2	表面平整度（mm）	刨光模板、钢模板	3	20m	4													
			不刨光模板	5															
	3	垂直度（mm）		≤0.1%H且≤6	20m	2													
	4	轴线偏位（mm）		10	20m														
	5	顶面高程（mm）		+2；−5	20m	2													
平均合格率（%）																			
施工单位检查评定结论				项目专业质量检查员：（签字）															
监理（建设）单位意见				监理工程师：（签字） （或建设单位项目专业技术负责人）：（签字）　年　月　日															

注：1. 本表由施工项目专业质量检查员填写，监理工程师（建设单位项目技术负责人）组织项目专业质量检查员等进行验收，并应按上表进行记录。

2. H为挡土墙高度。

3.7.6 现浇钢筋混凝土挡土墙钢筋检验批质量检验记录

3.7.6.1 现浇钢筋混凝土挡土墙钢筋检验批质量检验记录表

现浇钢筋混凝土挡土墙钢筋检验批质量检验记录表 **表 3-61**

表 A.0.1

编号：070106□□

工程名称		分部工程名称		分项工程名称	现浇钢筋混凝土挡土墙钢筋
施工单位		技术负责人		项目经理	
分包单位		分包项目经理		施工班组长	
工程数量		验收部位（或桩号）		项目技术负责人	
交方班组		接方班组		检查日期	年 月 日

检查项目	序号	检查内容	检验依据/允许偏差（规定值或±偏差值）	检验频率		检查结果/实测点偏差值或实测值												
				范围	点数	1	2	3	4	5	6	7	8	9	10	应测点数	合格点数	合格率（%）
主控项目	1	原材料	钢筋品种、规格和加工、成型安装符合设计要求	按品种、每批次	1				合格证、检验报告编号：									
钢筋加工	1	受力钢筋成型长度（mm）	+5；−10	每根（每一类型抽查10%且不少于5根）	1													
	2	箍筋尺寸（mm）	0；−3		2													

续表

检查项目	序号	检查内容	检验依据/允许偏差（规定值或±偏差值）	检验频率		检查结果/实测点偏差值或实测值												
				范围	点数	1	2	3	4	5	6	7	8	9	10	应测点数	合格点数	合格率（%）
钢筋安装	1	配置两排以上受力筋时的排距（mm）	±5	10m	2													
	2	受力筋间距（mm）	±10		2													
	3	箍筋间距（mm）	±20		2													
	4	保护层厚度（mm）	±5		2													
平均合格率（%）																		
施工单位检查评定结论			项目专业质量检查员：（签字）															
监理（建设）单位意见			监理工程师：（签字） （或建设单位项目专业技术负责人）：（签字） 年 月 日															

注：本表由施工项目专业质量检查员填写，监理工程师（建设单位项目技术负责人）组织项目专业质量检查员等进行验收，并应按上表进行记录。

3.7.7 现浇混凝土挡土墙检验批质量检验记录

3.7.7.1 现浇混凝土挡土墙检验批质量检验记录表

现浇混凝土挡土墙检验批质量检验记录表 **表 3-62**

表 A.0.1

编号：070107□□

工程名称		分部工程名称		分项工程名称	现浇混凝土挡土墙
施工单位		技术负责人		项目经理	
分包单位		分包项目经理		施工班组长	
工程数量		验收部位（或桩号）		项目技术负责人	
交方班组		接方班组		检查日期	年 月 日

检查项目	序号	检查内容	检验依据/允许偏差（规定值或±偏差值）	检验频率		检查结果/实测点偏差值或实测值												
				范围	点数	1	2	3	4	5	6	7	8	9	10	应测点数	合格点数	合格率（%）
主控项目	1	混凝土强度	标准养护、同条件应符合设计规定	$100m^3$、每工作班	1组					检验报告编号：								
	2	伸缩缝、沉降缝	缝隙必须垂直，上下贯通、接触面平整，基础、墙身、压顶必须在同一垂直线上	全数														

续表

<table>
<tr><td rowspan="2">检查项目</td><td rowspan="2">序号</td><td rowspan="2" colspan="2">检查内容</td><td rowspan="2">检验依据/允许偏差（规定值或±偏差值）</td><td colspan="2">检 验 频 率</td><td colspan="13">检查结果/实测点偏差值或实测值</td></tr>
<tr><td>范 围</td><td>点 数</td><td>1</td><td>2</td><td>3</td><td>4</td><td>5</td><td>6</td><td>7</td><td>8</td><td>9</td><td>10</td><td>应测点数</td><td>合格点数</td><td>合格率（%）</td></tr>
<tr><td rowspan="6">一般项目</td><td>1</td><td colspan="2">长度（mm）</td><td>±20</td><td>每座</td><td>1</td><td></td><td></td><td></td><td></td><td></td><td></td><td></td><td></td><td></td><td></td><td></td><td></td><td></td></tr>
<tr><td rowspan="2">2</td><td rowspan="2">断面尺寸（mm）</td><td>厚</td><td>±5</td><td rowspan="2">20m</td><td rowspan="2">2</td><td rowspan="2"></td><td rowspan="2"></td><td rowspan="2"></td><td rowspan="2"></td><td rowspan="2"></td><td rowspan="2"></td><td rowspan="2"></td><td rowspan="2"></td><td rowspan="2"></td><td rowspan="2"></td><td rowspan="2"></td><td rowspan="2"></td><td rowspan="2"></td></tr>
<tr><td>高</td><td>±5</td></tr>
<tr><td>3</td><td colspan="2">垂直度</td><td>≤0.15%H且≤10mm</td><td>20m</td><td>2</td><td></td><td></td><td></td><td></td><td></td><td></td><td></td><td></td><td></td><td></td><td></td><td></td><td></td></tr>
<tr><td>4</td><td colspan="2">外露面平整度（mm）</td><td>≤5</td><td>20m</td><td>2</td><td></td><td></td><td></td><td></td><td></td><td></td><td></td><td></td><td></td><td></td><td></td><td></td><td></td></tr>
<tr><td>5</td><td colspan="2">顶面高程（mm）</td><td>±5</td><td>20m</td><td>2</td><td></td><td></td><td></td><td></td><td></td><td></td><td></td><td></td><td></td><td></td><td></td><td></td><td></td></tr>
<tr><td colspan="4">平均合格率（%）</td><td colspan="16"></td></tr>
<tr><td colspan="4">施工单位检查评定结论</td><td colspan="16">项目专业质量检查员：（签字）</td></tr>
<tr><td colspan="4">监理（建设）单位意见</td><td colspan="16">监理工程师：（签字）
（或建设单位项目专业技术负责人）：（签字）　　年　月　日</td></tr>
</table>

注：1. 本表由施工项目专业质量检查员填写，监理工程师（建设单位项目技术负责人）组织项目专业质量检查员等进行验收，并应按上表进行记录。
2. H 为挡土墙板高度。

3.7.7.2　070107□□说明

《城镇道路工程施工与质量验收规范》CJJ 1—2008 相关内容：

〔15.6〕现浇混凝土挡土墙

〔15.6.1〕现浇钢筋混凝土挡土墙质量检验应符合下列规定

主 控 项 目

1）钢筋品种、规格和加工、成型与安装应符合设计要求。

检查数量：钢筋按品种每批 1 次，安装全数检查。

检验方法：查钢筋试验单和验收记录。

2）混凝土强度应符合设计规定。

检查数量：每班或每 100m^3 取 1 组（3 块），少于规定按 1 组计。

检验方法：查强度试验报告。

一 般 项 目

3）混凝土表面应光洁、平整，密实，无蜂窝、麻面、露筋现象，泄水孔通畅。

4）钢筋加工与安装偏差应符合表 070106 规定。

5）钢筋混凝土结构允许偏差应符合表〔15.6.1-1〕的规定。

现浇混凝土挡土墙允许偏差表　　表〔15.6.1-1〕

项　目		允许偏差	检验频率		检 验 方 法
			范围	点数	
长度（mm）		±20	每座	1	用钢尺量
断面尺寸（mm）	厚	±5	20m	1	用钢尺量
	高	±5		1	
垂直度		≤0.15%H 且≤10mm		1	用经纬仪式或垂线检测
外露面平整度（mm）		≤5		1	用 2m 直尺、塞尺量取最大值
顶面高程（mm）		±5		1	用水准仪测量

注：1. H 为挡土墙板高度。
2. 现浇混凝土挡土墙的伸缩缝、沉降缝施工质量很重要，我们在上表主控项目中增加了伸缩缝、沉降缝项目。

3.7.8 挡土墙滤层、泄水孔检验批质量检验记录

挡土墙滤层、泄水孔检验批质量检验记录表 **表 3-63**

表 A.0.1

编号：070108/070207/070307/070406□□

<table>
<tr><td colspan="3">工程名称</td><td colspan="2"></td><td colspan="2">分部工程名称</td><td colspan="5"></td><td colspan="5">分项工程名称</td><td colspan="3">挡土墙滤层、泄水孔</td></tr>
<tr><td colspan="3">施工单位</td><td colspan="2"></td><td colspan="2">技术负责人</td><td colspan="5"></td><td colspan="5">项目经理</td><td colspan="3"></td></tr>
<tr><td colspan="3">分包单位</td><td colspan="2"></td><td colspan="2">分包项目经理</td><td colspan="5"></td><td colspan="5">施工班组长</td><td colspan="3"></td></tr>
<tr><td colspan="3">工程数量</td><td colspan="2"></td><td colspan="2">验收部位（或桩号）</td><td colspan="5"></td><td colspan="5">项目技术负责人</td><td colspan="3"></td></tr>
<tr><td colspan="3">交方班组</td><td colspan="2"></td><td colspan="2">接方班组</td><td colspan="5"></td><td colspan="5">检查日期</td><td colspan="3">年 月 日</td></tr>
<tr><td rowspan="2">检查项目</td><td rowspan="2">序号</td><td rowspan="2" colspan="2">检查内容</td><td rowspan="2">检验依据/允许偏差（规定值或±偏差值）</td><td colspan="2">检验频率</td><td colspan="13">检查结果/实测点偏差值或实测值</td></tr>
<tr><td>范围</td><td>点数</td><td>1</td><td>2</td><td>3</td><td>4</td><td>5</td><td>6</td><td>7</td><td>8</td><td>9</td><td>10</td><td>应测点数</td><td>合格点数</td><td>合格率（%）</td></tr>
<tr><td rowspan="3">主控项目</td><td>1</td><td colspan="2">材料要求</td><td>反滤层的各种材料规格必须符合设计要求</td><td>每批次</td><td></td><td colspan="4"></td><td colspan="6">检验报告编号：</td><td></td><td></td><td></td></tr>
<tr><td>2</td><td colspan="2">泄水断面及坡度</td><td>不得小于设计规定</td><td>全数</td><td></td><td></td><td></td><td></td><td></td><td></td><td></td><td></td><td></td><td></td><td></td><td></td><td></td><td></td></tr>
<tr><td></td><td colspan="2"></td><td></td><td></td><td></td><td></td><td></td><td></td><td></td><td></td><td></td><td></td><td></td><td></td><td></td><td></td><td></td><td></td></tr>
<tr><td rowspan="2">一般项目</td><td rowspan="2">1</td><td rowspan="2">滤层（mm）</td><td>厚度</td><td>＋20；－0</td><td rowspan="2">每道、10m</td><td rowspan="2">1</td><td rowspan="2"></td><td rowspan="2"></td><td rowspan="2"></td><td rowspan="2"></td><td rowspan="2"></td><td rowspan="2"></td><td rowspan="2"></td><td rowspan="2"></td><td rowspan="2"></td><td rowspan="2"></td><td rowspan="2"></td><td rowspan="2"></td><td rowspan="2"></td></tr>
<tr><td>宽度</td><td>＋50；－10</td></tr>
</table>

续表

<table>
<tr><td rowspan="2">检查项目</td><td rowspan="2">序号</td><td rowspan="2" colspan="2">检查内容</td><td rowspan="2">检验依据/允许偏差（规定值或±偏差值）</td><td colspan="2">检 验 频 率</td><td colspan="13">检查结果/实测点偏差值或实测值</td></tr>
<tr><td>范 围</td><td>点 数</td><td>1</td><td>2</td><td>3</td><td>4</td><td>5</td><td>6</td><td>7</td><td>8</td><td>9</td><td>10</td><td>应测点数</td><td>合格点数</td><td>合格率（%）</td></tr>
<tr><td rowspan="6">一般项目</td><td rowspan="2">2</td><td rowspan="2">泄水孔（mm）</td><td>高程</td><td>±50</td><td rowspan="2">每道、10m</td><td rowspan="2">1</td><td rowspan="2"></td><td rowspan="2"></td><td rowspan="2"></td><td rowspan="2"></td><td rowspan="2"></td><td rowspan="2"></td><td rowspan="2"></td><td rowspan="2"></td><td rowspan="2"></td><td rowspan="2"></td><td rowspan="2"></td><td rowspan="2"></td><td rowspan="2"></td></tr>
<tr><td>间距</td><td>±200</td></tr>
<tr><td rowspan="2">3</td><td rowspan="2">变形缝（mm）</td><td>宽度</td><td>±10</td><td rowspan="2">每道</td><td rowspan="2">1</td><td rowspan="2"></td><td rowspan="2"></td><td rowspan="2"></td><td rowspan="2"></td><td rowspan="2"></td><td rowspan="2"></td><td rowspan="2"></td><td rowspan="2"></td><td rowspan="2"></td><td rowspan="2"></td><td rowspan="2"></td><td rowspan="2"></td><td rowspan="2"></td></tr>
<tr><td>直顺度</td><td>±10</td></tr>
<tr><td>4</td><td colspan="2"></td><td></td><td></td><td></td><td></td><td></td><td></td><td></td><td></td><td></td><td></td><td></td><td></td><td></td><td></td><td></td><td></td></tr>
<tr><td>5</td><td colspan="2"></td><td></td><td></td><td></td><td></td><td></td><td></td><td></td><td></td><td></td><td></td><td></td><td></td><td></td><td></td><td></td><td></td></tr>
<tr><td colspan="4">平均合格率（%）</td><td colspan="16"></td></tr>
<tr><td colspan="4">施工单位检查评定结论</td><td colspan="16">项目专业质量检查员：（签字）</td></tr>
<tr><td colspan="4">监理（建设）单位意见</td><td colspan="16">监理工程师：（签字）
（或建设单位项目专业技术负责人）：（签字） 年 月 日</td></tr>
</table>

注：本表由施工项目专业质量检查员填写，监理工程师（建设单位项目技术负责人）组织项目专业质量检查员等进行验收，并应按上表进行记录，编号按对应选一。

3.7.9 挡土墙回填土检验批质量检验记录

挡土墙回填土检验批质量检验记录表

表 3-64

表 A.0.1

编号：070109/070208/070308/070407□□

工程名称				分部工程名称						分项工程名称						挡土墙回填土		
施工单位				技术负责人						项目经理								
分包单位				分包项目经理						施工班组长								
工程数量				验收部位（或桩号）						项目技术负责人								
交方班组				接方班组						检查日期						年　月　日		
检查项目	序号	检查内容	检验依据/允许偏差（规定值或±偏差值）	检验频率		检查结果/实测点偏差值或实测值												
				范围	点数	1	2	3	4	5	6	7	8	9	10	应测点数	合格点数	合格率（%）
主控项目	1	压实度	符合设计要求	每压实层	3				检验报告编号：									
一般项目	1	填料要求	台背填土应采用透水性好的材料或按设计规定填料	全数														
平均合格率（%）																		
施工单位检查评定结论			项目专业质量检查员：（签字）															
监理（建设）单位意见			监理工程师：（签字） （或建设单位项目专业技术负责人）：（签字）　　年　月　日															

注：本表由施工项目专业质量检查员填写，监理工程师（建设单位项目技术负责人）组织项目专业质量检查员等进行验收，并应按上表进行记录，编号按对应选一。

3.7.10 挡土墙帽石检验批质量检验记录

挡土墙帽石检验批质量检验记录表 **表 3-65**

表 A.0.1

编号：070110/070209/070309/070408□□

<table>
<tr><td colspan="3">工程名称</td><td></td><td colspan="2">分部工程名称</td><td colspan="5"></td><td colspan="5">分项工程名称</td><td colspan="3">挡土墙帽石</td></tr>
<tr><td colspan="3">施工单位</td><td></td><td colspan="2">技术负责人</td><td colspan="5"></td><td colspan="5">项目经理</td><td colspan="3"></td></tr>
<tr><td colspan="3">分包单位</td><td></td><td colspan="2">分包项目经理</td><td colspan="5"></td><td colspan="5">施工班组长</td><td colspan="3"></td></tr>
<tr><td colspan="3">工程数量</td><td></td><td colspan="2">验收部位（或桩号）</td><td colspan="5"></td><td colspan="5">项目技术负责人</td><td colspan="3"></td></tr>
<tr><td colspan="3">交方班组</td><td></td><td colspan="2">接方班组</td><td colspan="5"></td><td colspan="5">检查日期</td><td colspan="3">年　月　日</td></tr>
<tr><td rowspan="2">检查项目</td><td rowspan="2">序号</td><td rowspan="2">检查内容</td><td rowspan="2">检验依据/允许偏差（规定值或±偏差值）</td><td colspan="2">检验频率</td><td colspan="13">检查结果/实测点偏差值或实测值</td></tr>
<tr><td>范围</td><td>点数</td><td>1</td><td>2</td><td>3</td><td>4</td><td>5</td><td>6</td><td>7</td><td>8</td><td>9</td><td>10</td><td>应测点数</td><td>合格点数</td><td>合格率（%）</td></tr>
<tr><td rowspan="2">主控项目</td><td>1</td><td>石材质量</td><td>质量、尺寸符合设计要求</td><td>进场批次</td><td>抽检</td><td></td><td></td><td></td><td></td><td colspan="6">检验报告编号：</td><td></td><td></td><td></td></tr>
<tr><td></td><td></td><td></td><td></td><td></td><td></td><td></td><td></td><td></td><td></td><td></td><td></td><td></td><td></td><td></td><td></td><td></td><td></td></tr>
<tr><td rowspan="4">一般项目</td><td>1</td><td>直顺度</td><td>≤10</td><td>20m</td><td>1</td><td></td><td></td><td></td><td></td><td></td><td></td><td></td><td></td><td></td><td></td><td></td><td></td><td></td></tr>
<tr><td>2</td><td>相邻块高差（mm）</td><td>≤3</td><td>20m</td><td>1</td><td></td><td></td><td></td><td></td><td></td><td></td><td></td><td></td><td></td><td></td><td></td><td></td><td></td></tr>
<tr><td>3</td><td>缝宽（mm）</td><td>±3</td><td>20m</td><td>1</td><td></td><td></td><td></td><td></td><td></td><td></td><td></td><td></td><td></td><td></td><td></td><td></td><td></td></tr>
<tr><td>4</td><td>顶面高程</td><td>±10</td><td>40m</td><td>1</td><td></td><td></td><td></td><td></td><td></td><td></td><td></td><td></td><td></td><td></td><td></td><td></td><td></td></tr>
<tr><td colspan="3">平均合格率（%）</td><td colspan="16"></td></tr>
<tr><td colspan="3">施工单位检查评定结论</td><td colspan="16">项目专业质量检查员：（签字）</td></tr>
<tr><td colspan="3">监理（建设）单位意见</td><td colspan="16">监理工程师：（签字）
（或建设单位项目专业技术负责人）：（签字）　　年　月　日</td></tr>
</table>

注：本表由施工项目专业质量检查员填写，监理工程师（建设单位项目技术负责人）组织项目专业质量检查员等进行验收，并应按上表进行记录，编号按对应选一。

3.7.11 挡土墙栏杆检验批质量检验记录

挡土墙栏杆检验批质量检验记录表 **表 3-66**

表 A.0.1

编号：070111/070210/070310/070409□□

工程名称		分部工程名称		分项工程名称	挡土墙栏杆
施工单位		技术负责人		项目经理	
分包单位		分包项目经理		施工班组长	
工程数量		验收部位（或桩号）		项目技术负责人	
交方班组		接方班组		检查日期	年 月 日

检查项目	序号	检查内容		检验依据/允许偏差（规定值或±偏差值）	检验频率		检查结果/实测点偏差值或实测值												
					范围	点数	1	2	3	4	5	6	7	8	9	10	应测点数	合格点数	合格率（%）
栏杆预制	1	断面尺寸（mm）		符合设计要求	每件（每类型）抽查10%，且不少于5件	1													
	2	柱高（mm）		0；+5		1													
	3	侧向弯曲		≤L/750		1													
	4	麻面		≤1%		1													
栏杆安装	1	直顺度	扶手	≤4	每跨侧	1													
	2	垂直度	栏杆柱	≤3	每柱（抽10%）	2													

续表

<table>
<tr><td rowspan="2">检查项目</td><td rowspan="2">序号</td><td rowspan="2" colspan="2">检查内容</td><td rowspan="2">检验依据/允许偏差（规定值或±偏差值）</td><td colspan="2">检 验 频 率</td><td colspan="13">检查结果/实测点偏差值或实测值</td></tr>
<tr><td>范 围</td><td>点 数</td><td>1</td><td>2</td><td>3</td><td>4</td><td>5</td><td>6</td><td>7</td><td>8</td><td>9</td><td>10</td><td>应测点数</td><td>合格点数</td><td>合格率（%）</td></tr>
<tr><td rowspan="4">栏杆安装</td><td>3</td><td colspan="2">栏杆间距</td><td>±3</td><td>每柱（抽10%）</td><td>1</td><td></td><td></td><td></td><td></td><td></td><td></td><td></td><td></td><td></td><td></td><td></td><td></td><td></td></tr>
<tr><td rowspan="2">4</td><td rowspan="2">相邻栏杆扶手高差</td><td>有柱</td><td>≤4</td><td rowspan="2">每处（抽10%）</td><td rowspan="2">1</td><td rowspan="2"></td><td rowspan="2"></td><td rowspan="2"></td><td rowspan="2"></td><td rowspan="2"></td><td rowspan="2"></td><td rowspan="2"></td><td rowspan="2"></td><td rowspan="2"></td><td rowspan="2"></td><td rowspan="2"></td><td rowspan="2"></td><td rowspan="2"></td></tr>
<tr><td>无柱</td><td>≤2</td></tr>
<tr><td>5</td><td colspan="2">栏杆平面偏位</td><td>≤4</td><td>30m</td><td>1</td><td></td><td></td><td></td><td></td><td></td><td></td><td></td><td></td><td></td><td></td><td></td><td></td><td></td></tr>
<tr><td colspan="4">平均合格率（%）</td><td colspan="16"></td></tr>
<tr><td colspan="4">施工单位检查评定结论</td><td colspan="16">项目专业质量检查员：（签字）</td></tr>
<tr><td colspan="4">监理（建设）单位意见</td><td colspan="16">监理工程师：（签字）
（或建设单位项目专业技术负责人）：（签字） 年 月 日</td></tr>
</table>

注：1. 本表由施工项目专业质量检查员填写，监理工程师（建设单位项目技术负责人）组织项目专业质量检查员等进行验收，并应按上表进行记录，编号按对应选一。

2. L 为构件长度。

3.7.12 装配式挡土墙板预制检验批质量检验记录

装配式挡土墙板预制检验批质量检验记录表 **表 3-67**

表 A.0.1

编号：070205□□

<table>
<tr><td colspan="3">工程名称</td><td></td><td colspan="2">分部工程名称</td><td colspan="5"></td><td colspan="5">分项工程名称</td><td colspan="3">装配式挡土墙板预制</td></tr>
<tr><td colspan="3">施工单位</td><td></td><td colspan="2">技术负责人</td><td colspan="5"></td><td colspan="5">项目经理</td><td colspan="3"></td></tr>
<tr><td colspan="3">分包单位</td><td></td><td colspan="2">分包项目经理</td><td colspan="5"></td><td colspan="5">施工班组长</td><td colspan="3"></td></tr>
<tr><td colspan="3">工程数量</td><td></td><td colspan="2">验收部位（或桩号）</td><td colspan="5"></td><td colspan="5">项目技术负责人</td><td colspan="3"></td></tr>
<tr><td colspan="3">交方班组</td><td></td><td colspan="2">接方班组</td><td colspan="5"></td><td colspan="5">检查日期</td><td colspan="3">年 月 日</td></tr>
<tr><td rowspan="2">检查项目</td><td rowspan="2">序号</td><td rowspan="2">检查内容</td><td rowspan="2">检验依据/允许偏差（规定值或±偏差值）</td><td colspan="2">检验频率</td><td colspan="13">检查结果/实测点偏差值或实测值</td></tr>
<tr><td>范围</td><td>点数</td><td>1</td><td>2</td><td>3</td><td>4</td><td>5</td><td>6</td><td>7</td><td>8</td><td>9</td><td>10</td><td>应测点数</td><td>合格点数</td><td>合格率（%）</td></tr>
<tr><td rowspan="2">主控项目</td><td>1</td><td>混凝土强度</td><td>符合设计要求</td><td>每块、每工作班</td><td>1组</td><td></td><td></td><td></td><td></td><td colspan="6">出厂合格证及检验报告编号：</td><td></td><td></td><td></td></tr>
<tr><td></td><td></td><td></td><td></td><td></td><td></td><td></td><td></td><td></td><td colspan="6"></td><td></td><td></td><td></td></tr>
<tr><td rowspan="6">一般项目</td><td>1</td><td>厚、高</td><td>±5</td><td rowspan="6">每构件（每类抽查板的10%且不少于5块）</td><td>1</td><td></td><td></td><td></td><td></td><td></td><td></td><td></td><td></td><td></td><td></td><td></td><td></td><td></td></tr>
<tr><td>2</td><td>宽度</td><td>0；−10</td><td>1</td><td></td><td></td><td></td><td></td><td></td><td></td><td></td><td></td><td></td><td></td><td></td><td></td><td></td></tr>
<tr><td>3</td><td>侧弯</td><td>≤L/1000</td><td>1</td><td></td><td></td><td></td><td></td><td></td><td></td><td></td><td></td><td></td><td></td><td></td><td></td><td></td></tr>
<tr><td>4</td><td>板面对角线</td><td>≤10</td><td>1</td><td></td><td></td><td></td><td></td><td></td><td></td><td></td><td></td><td></td><td></td><td></td><td></td><td></td></tr>
<tr><td>5</td><td>外露面平整度</td><td>≤5</td><td>2</td><td></td><td></td><td></td><td></td><td></td><td></td><td></td><td></td><td></td><td></td><td></td><td></td><td></td></tr>
<tr><td>6</td><td>麻面</td><td>≤1%</td><td>1</td><td></td><td></td><td></td><td></td><td></td><td></td><td></td><td></td><td></td><td></td><td></td><td></td><td></td></tr>
<tr><td colspan="3">平均合格率（%）</td><td colspan="16"></td></tr>
<tr><td colspan="3">施工单位检查评定结论</td><td colspan="16">项目专业质量检查员：（签字）</td></tr>
<tr><td colspan="3">监理（建设）单位意见</td><td colspan="16">监理工程师：（签字）
（或建设单位项目专业技术负责人）：（签字） 年 月 日</td></tr>
</table>

注：（L 为板长）本表由施工项目专业质量检查员填写，监理工程师（建设单位项目技术负责人）组织项目专业质量检查员等进行验收，并应按上表进行记录。

3.7.13 装配式挡土墙板安装检验批质量检验记录

装配式挡土墙板安装检验质量检验记录表 **表 3-68**

表 A.0.1 编号：070206□□

<table>
<tr><td colspan="3">工程名称</td><td></td><td colspan="2">分部工程名称</td><td colspan="4"></td><td colspan="6">分项工程名称</td><td colspan="3">装配式挡土墙板安装</td></tr>
<tr><td colspan="3">施工单位</td><td></td><td colspan="2">技术负责人</td><td colspan="4"></td><td colspan="6">项目经理</td><td colspan="3"></td></tr>
<tr><td colspan="3">分包单位</td><td></td><td colspan="2">分包项目经理</td><td colspan="4"></td><td colspan="6">施工班组长</td><td colspan="3"></td></tr>
<tr><td colspan="3">工程数量</td><td></td><td colspan="2">验收部位（或桩号）</td><td colspan="4"></td><td colspan="6">项目技术负责人</td><td colspan="3"></td></tr>
<tr><td colspan="3">交方班组</td><td></td><td colspan="2">接方班组</td><td colspan="4"></td><td colspan="6">检查日期</td><td colspan="3">年 月 日</td></tr>
<tr><td rowspan="2">检查项目</td><td rowspan="2">序号</td><td rowspan="2">检查内容</td><td rowspan="2">检验依据/允许偏差（规定值或±偏差值）</td><td colspan="2">检验频率</td><td colspan="13">检查结果/实测点偏差值或实测值</td></tr>
<tr><td>范围</td><td>点数</td><td>1</td><td>2</td><td>3</td><td>4</td><td>5</td><td>6</td><td>7</td><td>8</td><td>9</td><td>10</td><td>应测点数</td><td>合格点数</td><td>合格率（%）</td></tr>
<tr><td rowspan="2">主控项目</td><td>1</td><td>焊接</td><td>挡土墙板应焊接牢固、焊缝长度、宽度、高度均应符合设计要求、且无夹渣、裂纹、咬肉现象</td><td>全数</td><td></td><td></td><td></td><td></td><td></td><td colspan="6">隐蔽验收记录：</td><td></td><td></td><td></td></tr>
<tr><td>2</td><td>杯口混凝土强度</td><td>符合设计要求</td><td>每工作班</td><td>1组</td><td></td><td></td><td></td><td></td><td colspan="6">检验报告编号：</td><td></td><td></td><td></td></tr>
</table>

续表

<table>
<tr><th rowspan="2">检查项目</th><th rowspan="2">序号</th><th rowspan="2" colspan="2">检查内容</th><th rowspan="2">检验依据/允许偏差（规定值或±偏差值）</th><th colspan="2">检 验 频 率</th><th colspan="13">检查结果/实测点偏差值或实测值</th></tr>
<tr><th>范　围</th><th>点　数</th><th>1</th><th>2</th><th>3</th><th>4</th><th>5</th><th>6</th><th>7</th><th>8</th><th>9</th><th>10</th><th>应测点数</th><th>合格点数</th><th>合格率（%）</th></tr>
<tr><td rowspan="5">一般项目</td><td>1</td><td colspan="2">墙面垂直度</td><td>≤0.15%H且≤15mm</td><td rowspan="3">20m</td><td>1</td><td></td><td></td><td></td><td></td><td></td><td></td><td></td><td></td><td></td><td></td><td></td><td></td><td></td></tr>
<tr><td>2</td><td colspan="2">直顺度（mm）</td><td>≤10</td><td>1</td><td></td><td></td><td></td><td></td><td></td><td></td><td></td><td></td><td></td><td></td><td></td><td></td><td></td></tr>
<tr><td>3</td><td colspan="2">板间错台（mm）</td><td>≤5</td><td>1</td><td></td><td></td><td></td><td></td><td></td><td></td><td></td><td></td><td></td><td></td><td></td><td></td><td></td></tr>
<tr><td rowspan="2">4</td><td rowspan="2">预埋件（mm）</td><td>高程</td><td>±5</td><td rowspan="2">每个</td><td rowspan="2">1</td><td rowspan="2"></td><td rowspan="2"></td><td rowspan="2"></td><td rowspan="2"></td><td rowspan="2"></td><td rowspan="2"></td><td rowspan="2"></td><td rowspan="2"></td><td rowspan="2"></td><td rowspan="2"></td><td rowspan="2"></td><td rowspan="2"></td><td rowspan="2"></td></tr>
<tr><td>偏位</td><td>±15</td></tr>
<tr><td colspan="4">平均合格率（%）</td><td colspan="16"></td></tr>
<tr><td colspan="4">施工单位检查评定结论</td><td colspan="16">项目专业质量检查员：（签字）</td></tr>
<tr><td colspan="4">监理（建设）单位意见</td><td colspan="16">监理工程师：（签字）
（或建设单位项目专业技术负责人）：（签字）　　年　月　日</td></tr>
</table>

注：1. 本表由施工项目专业质量检查员填写，监理工程师（建设单位项目技术负责人）组织项目专业质量检查员等进行验收，并应按上表进行记录。
2. H为挡土墙高度。

3.7.14 砌筑挡土墙检验批质量检验记录

3.7.14.1 砌筑挡土墙检验批质量检验记录表

砌筑挡土墙检验批质量检验记录表 **表 3-69**

表 A.0.1

编号：070305/070306□□

<table>
<tr><td colspan="4">工程名称</td><td colspan="4"></td><td colspan="2">分部工程名称</td><td colspan="5"></td><td colspan="5">分项工程名称</td><td colspan="3">砌筑挡土墙</td></tr>
<tr><td colspan="4">施工单位</td><td colspan="4"></td><td colspan="2">技术负责人</td><td colspan="5"></td><td colspan="5">项目经理</td><td colspan="3"></td></tr>
<tr><td colspan="4">分包单位</td><td colspan="4"></td><td colspan="2">分包项目经理</td><td colspan="5"></td><td colspan="5">施工班组长</td><td colspan="3"></td></tr>
<tr><td colspan="4">工程数量</td><td colspan="4"></td><td colspan="2">验收部位（或桩号）</td><td colspan="5"></td><td colspan="5">项目技术负责人</td><td colspan="3"></td></tr>
<tr><td colspan="4">交方班组</td><td colspan="4"></td><td colspan="2">接方班组</td><td colspan="5"></td><td colspan="5">检查日期</td><td colspan="3">年 月 日</td></tr>
<tr><td rowspan="2">检查项目</td><td rowspan="2">序号</td><td rowspan="2" colspan="2">检查内容</td><td colspan="4">检验依据/允许偏差（mm）</td><td colspan="2">检验频率</td><td colspan="13">检查结果/实测点偏差值或实测值</td></tr>
<tr><td>料石</td><td>块石</td><td>片石</td><td>预制块</td><td>范围</td><td>点数</td><td>1</td><td>2</td><td>3</td><td>4</td><td>5</td><td>6</td><td>7</td><td>8</td><td>9</td><td>10</td><td>应测点数</td><td>合格点数</td><td>合格率（%）</td></tr>
<tr><td rowspan="2">主控项目</td><td>1</td><td colspan="2">材料质量</td><td colspan="4">砌块、石料强度符合设计要求</td><td>每品种、每检验批</td><td>1组</td><td></td><td></td><td></td><td></td><td colspan="6">检验报告编号：</td><td></td><td></td><td></td></tr>
<tr><td>2</td><td colspan="2">砂浆强度</td><td colspan="4">平均抗压强度符合设计规定，任一组最低值不低于设计强度的85%</td><td>≤50m³砌体</td><td>1组</td><td></td><td></td><td></td><td></td><td colspan="6">检验报告编号：</td><td></td><td></td><td></td></tr>
<tr><td rowspan="3">一般项目</td><td>1</td><td colspan="2">断面尺寸（mm）</td><td>0；+10</td><td colspan="3">≮设计值</td><td rowspan="3">20m</td><td>2</td><td></td><td></td><td></td><td></td><td></td><td></td><td></td><td></td><td></td><td></td><td></td><td></td><td></td></tr>
<tr><td rowspan="2">2</td><td rowspan="2">基底高程</td><td>土方</td><td>±20</td><td>±20</td><td>±20</td><td>±20</td><td>2</td><td></td><td></td><td></td><td></td><td></td><td></td><td></td><td></td><td></td><td></td><td></td><td></td><td></td></tr>
<tr><td>石方</td><td>±100</td><td>±100</td><td>±100</td><td>±100</td><td>2</td><td></td><td></td><td></td><td></td><td></td><td></td><td></td><td></td><td></td><td></td><td></td><td></td><td></td></tr>
</table>

续表

检查项目	序号	检查内容	检验依据/允许偏差（mm）				检验频率		检查结果/实测点偏差值或实测值												
			料石	块石	片石	预制块	范围	点数	1	2	3	4	5	6	7	8	9	10	应测点数	合格点数	合格率（%）
一般项目	3	顶面高程（mm）	±10	±15	±20	±10	20m	2													
	4	轴线偏位（mm）	≤10	≤15	≤15	≤10		2													
	5	墙面垂直度	≤0.5%*H*且≤20mm	≤0.5%*H*且≤30mm	≤0.5%*H*且≤30mm	≤0.5%*H*且≤30mm		2													
	6	平整度（mm）	≤5	≤30	≤30	≤5		2													
	7	水平缝平直度（mm）	≤10	—	—	≤10		2													
	8	墙面坡度	不陡于设计规定					1													
平均合格率（%）																					
施工单位检查评定结论			项目专业质量检查员：（签字）																		
监理（建设）单位意见			监理工程师：（签字） （或建设单位项目专业技术负责人）：（签字）　　年　月　日																		

注：1. 本表由施工项目专业质量检查员填写，监理工程师（建设单位项目技术负责人）组织项目专业质量检查员等进行验收，并应按上表进行记录，基础与墙身编号按对应选一。

2. *H* 为构筑全高。

3.7.14.2　070305/070306□□说明

〔15〕挡土墙结构（砌筑）

〔15.4.1〕砌筑挡土墙质量检验应符合下列规定；

主 控 项 目

1）砌块、石料强度应符合设计要求。

检查数量：每品种、每检验批1组（3块）。

检验方法：查试验报告。

2）砂浆平均抗压强度等级应符合设计规定，任一组试件抗压强度最低值不应小于设计强度的85%。

检查数量：同一配合比砂浆，每50m³砌体中，作1组，不足50m³按1组计。

检验方法：查试验报告。

一 般 项 目

3）挡土墙应牢固，外形美观，勾缝密实，均匀，泄水孔通畅。

4）砌筑挡土墙允许偏差应符合表〔15.6.3〕的规定。

砌筑挡土墙允许偏差表　　表〔15.6.3〕

项　目		允许偏差				检验频率		检验方法
		料石	块石	片石	预制块	范围	点数	
断面尺寸（mm）		0；+10	≮设计值			20m	2	用钢尺量，上下各1点
基底高程（mm）	±20	±20	±20	±20			2	用水准仪测量
	±100	±100	±100	±100				
顶面高程（mm）		±10	±15	±20	±10		2	用水准仪测量
轴线偏位（mm）		≤10	≤15	≤15	≤10		2	用经纬仪测量
墙面垂直度		≤0.5% *H* 且≤20mm	≤0.5% *H* 且≤30mm	≤0.5% *H* 且≤30mm	≤0.5% *H* 且≤20mm		2	用垂线检测
平整度（mm）		≤5	≤30	≤30	≤5		2	用2m直尺、塞尺量
水平缝平直度（mm）		≤10	—	—	≤10		2	用20m线、钢尺量
墙面坡度		不陡于设计规定					1	用坡度板检验

注：*H* 为构筑物全高。

3.7.15 加筋挡土墙砌块与筋带安装检验批质量检验记录

3.7.15.1 加筋挡土墙砌块与筋带安装检验批质量检验记录表

加筋挡土墙砌块与筋带安装检验批质量检验记录表 **表 3-70**

表 A.0.1 编号：070405□□

工程名称				分部工程名称							分项工程名称					加筋挡土墙砌块与筋带安装		
施工单位				技术负责人							项目经理							
分包单位				分包项目经理							施工班组长							
工程数量				验收部位（或桩号）							项目技术负责人							
交方班组				接方班组							检查日期					年 月 日		
检查项目	序号	检查内容	检验依据/允许偏差（规定值或±偏差值）	检验频率		检查结果/实测点偏差值或实测值												
				范围	点数	1	2	3	4	5	6	7	8	9	10	应测点数	合格点数	合格率（%）
主控项目	1	拉环、筋带材料	符合设计要求	每品种、每检验批	1					检验报告编号：								
	2	拉环、筋带数量、安装	符合设计要求，且粘接牢固	全数	抽样					试验记录编号：								
一般项目	1	每层顶面高程（mm）	±10	20m	4 组板													
	2	轴线偏位（mm）	≤10		3													
	3	墙面板垂直度或坡度（mm）	0～－0.5%H①		3													

续表

<table>
<tr><th rowspan="2">检查项目</th><th rowspan="2">序号</th><th rowspan="2" colspan="2">检查内容</th><th rowspan="2">检验依据/允许偏差（规定值或±偏差值）</th><th colspan="2">检 验 频 率</th><th colspan="13">检查结果/实测点偏差值或实测值</th></tr>
<tr><th>范 围</th><th>点 数</th><th>1</th><th>2</th><th>3</th><th>4</th><th>5</th><th>6</th><th>7</th><th>8</th><th>9</th><th>10</th><th>应测点数</th><th>合格点数</th><th>合格率（%）</th></tr>
<tr><td rowspan="8">一般项目</td><td rowspan="2">4</td><td rowspan="2">墙顶线位</td><td>路堤式（mm）</td><td>−100；+50</td><td rowspan="8">20m</td><td rowspan="2">3</td><td rowspan="2"></td><td rowspan="2"></td><td rowspan="2"></td><td rowspan="2"></td><td rowspan="2"></td><td rowspan="2"></td><td rowspan="2"></td><td rowspan="2"></td><td rowspan="2"></td><td rowspan="2"></td><td rowspan="2"></td><td rowspan="2"></td><td rowspan="2"></td></tr>
<tr><td>路肩式（mm）</td><td>±50</td></tr>
<tr><td rowspan="2">5</td><td rowspan="2">墙顶高程</td><td>路堤式（mm）</td><td>±50</td><td rowspan="2"></td><td rowspan="2"></td><td rowspan="2"></td><td rowspan="2"></td><td rowspan="2"></td><td rowspan="2"></td><td rowspan="2"></td><td rowspan="2"></td><td rowspan="2"></td><td rowspan="2"></td><td rowspan="2"></td><td rowspan="2"></td><td rowspan="2"></td><td rowspan="2"></td></tr>
<tr><td>路肩式（mm）</td><td>±30</td></tr>
<tr><td>6</td><td colspan="2">墙面倾斜度</td><td>+(≤0.5%H)②且≤+50mm
−(≤1.0%H)②且≥−100mm</td><td>2</td><td></td><td></td><td></td><td></td><td></td><td></td><td></td><td></td><td></td><td></td><td></td><td></td><td></td></tr>
<tr><td>7</td><td colspan="2">墙面板缝宽（mm）</td><td>±10</td><td>5</td><td></td><td></td><td></td><td></td><td></td><td></td><td></td><td></td><td></td><td></td><td></td><td></td><td></td></tr>
<tr><td>8</td><td colspan="2">墙面平整度（mm）</td><td>≤15</td><td>3</td><td></td><td></td><td></td><td></td><td></td><td></td><td></td><td></td><td></td><td></td><td></td><td></td><td></td></tr>
<tr><td colspan="4">平均合格率（%）</td><td colspan="16"></td></tr>
<tr><td colspan="4">施工单位检查评定结论</td><td colspan="16">项目专业质量检查员：（签字）</td></tr>
<tr><td colspan="4">监理（建设）单位意见</td><td colspan="16">监理工程师：（签字）
（或建设单位项目专业技术负责人）：（签字） 年 月 日</td></tr>
</table>

注：1）本表由施工项目专业质量检查员填写，监理工程师（建设单位项目技术负责人）组织项目专业质量检查员等进行验收，并应按上表进行记录。

① 示垂直度，+指外向，−指内向。

② 示倾斜度，+指外向，−指内向。

2）H 为挡土墙板高。

3.7.15.2　070405□□说明

《城镇道路工程施工与质量验收规范》CJJ 1—2008 相关内容：

〔15〕挡土墙结构（加筋砌块与筋带构件安装）

〔15.6.4〕加筋挡土墙砌块与筋带构件安装质量检验应符合下列规定：

主 控 项 目

1）拉环、筋带材料应符合设计要求。

检查数量：每品种、每检验批。

检验方法：出厂合格证或试验报告。

2）拉环、筋带数量、安装位置应符合设计要求。

检查数量：全部。

检验方法：观察、抽样查试验记录。

一 般 项 目

3）加筋土挡土墙板安装允许偏差应符合表〔15.6.4-1〕的规定。

加筋土挡土墙板安装允许偏差　　表〔15.6.4-1〕

项　　目	允许偏差	检验频率		检 验 方 法
		范围	点数	
每层顶面高程（mm）	±10	20m	4组板	用水准仪测量
轴线偏位（mm）	≤10		3	用经纬仪测量
墙面板垂直度或坡度（mm）	0～－0．5%H①		3	用垂线或坡度板量

注：①示垂直度，＋指外向，－指内向。

4）墙板面应光洁、平顺、美观无破损，板缝均匀，线形顺畅，沉降缝上下贯通顺直，泄水孔通畅。

5）加筋挡土墙总体允许偏差应符合表〔15.6.4-2〕的规定。

加筋土挡土墙总体允许偏差　　表〔15.6.4-2〕

项目		允许偏差	检验频率		检验方法
			范围	点数	
墙顶线位	路堤式（mm）	−100；+50	20m	3	用20m线和钢尺量
	路肩式（mm）	±50			
墙顶高程	路堤式（mm）	±50		3	用水准仪测量
	路肩式（mm）	±30			
墙面倾斜度		+(≤0.5%H)② 且≤+50mm −(≤1.0%H)② 且≥−100mm		2	用垂线或坡度板量
墙面板缝宽（mm）		±10		5	用钢尺量
墙面平整度（mm）		≤15		3	用2m直尺、塞尺量

注：② 示倾斜度，+指外向，−指内向。H为挡土墙板高。

3.8 附属构筑物

3.8.1 路缘石检验批质量检验记录

3.8.1.1 路缘石检验批质量检验记录表

3.8.1.2 080001□□说明

《城镇道路工程施工与质量验收规范》CJJ 1—2008相关内容：

〔16〕附属构筑物（路缘石安砌）

〔16.1〕路缘石

〔16.1.1〕路缘石宜由加工厂生产，并应提供产品强度、规格尺寸等技术资料及产品合格证。

〔16.1.2〕路缘石宜采用石材或预制混凝土标准块。路口、隔离带端部等曲线段路缘石，宜按设计弧形加工预制，也可采用小标准块。

〔16.1.3〕石质路缘石应采用质地坚硬的石料加工，强度应符合设计要求，宜选用花岗石。

〔16.1.4〕混凝土路缘石预制应符合规范16.1.4第1-3条有关规定。

路缘石检验批质量检验记录表

表 3-71

表 A.0.1

编号：080001□□

<table>
<tr><td colspan="3">工程名称</td><td colspan="1"></td><td colspan="2">分部工程名称</td><td colspan="5"></td><td colspan="5">分项工程名称</td><td colspan="3">路缘石安砌</td></tr>
<tr><td colspan="3">施工单位</td><td colspan="1"></td><td colspan="2">技术负责人</td><td colspan="5"></td><td colspan="5">项目经理</td><td colspan="3"></td></tr>
<tr><td colspan="3">分包单位</td><td colspan="1"></td><td colspan="2">分包项目经理</td><td colspan="5"></td><td colspan="5">施工班组长</td><td colspan="3"></td></tr>
<tr><td colspan="3">工程数量</td><td colspan="1"></td><td colspan="2">验收部位（或桩号）</td><td colspan="5"></td><td colspan="5">项目技术负责人</td><td colspan="3"></td></tr>
<tr><td colspan="3">交方班组</td><td colspan="1"></td><td colspan="2">接方班组</td><td colspan="5"></td><td colspan="5">检查日期</td><td colspan="3">年 月 日</td></tr>
<tr><td rowspan="2">检查项目</td><td rowspan="2">序号</td><td rowspan="2">检查内容</td><td rowspan="2">检验依据/允许偏差（规定值或±偏差值）</td><td colspan="2">检验频率</td><td colspan="13">检查结果/实测点偏差值或实测值</td></tr>
<tr><td>范围</td><td>点数</td><td>1</td><td>2</td><td>3</td><td>4</td><td>5</td><td>6</td><td>7</td><td>8</td><td>9</td><td>10</td><td>应测点数</td><td>合格点数</td><td>合格率（%）</td></tr>
<tr><td rowspan="2">主控项目</td><td>1</td><td>混凝土路缘石强度</td><td>符合设计要求</td><td>每品种、每检验批</td><td>1组</td><td></td><td></td><td></td><td></td><td colspan="6">出厂检验报告、复检报告编号：</td><td></td><td></td><td></td></tr>
<tr><td></td><td></td><td></td><td></td><td></td><td></td><td></td><td></td><td></td><td></td><td></td><td></td><td></td><td></td><td></td><td></td><td></td><td></td></tr>
<tr><td rowspan="4">一般项目</td><td>1</td><td>直顺度（mm）</td><td>≤10</td><td>100m</td><td>1</td><td></td><td></td><td></td><td></td><td></td><td></td><td></td><td></td><td></td><td></td><td></td><td></td><td></td></tr>
<tr><td>2</td><td>相邻块高差（mm）</td><td>≤3</td><td>20m</td><td>1</td><td></td><td></td><td></td><td></td><td></td><td></td><td></td><td></td><td></td><td></td><td></td><td></td><td></td></tr>
<tr><td>3</td><td>缝宽（mm）</td><td>±3</td><td>20m</td><td>1</td><td></td><td></td><td></td><td></td><td></td><td></td><td></td><td></td><td></td><td></td><td></td><td></td><td></td></tr>
<tr><td>4</td><td>顶面高程</td><td>±10</td><td>20m</td><td>1</td><td></td><td></td><td></td><td></td><td></td><td></td><td></td><td></td><td></td><td></td><td></td><td></td><td></td></tr>
<tr><td colspan="3">平均合格率（%）</td><td colspan="16"></td></tr>
<tr><td colspan="3">施工单位检查评定结论</td><td colspan="16">项目专业质量检查员：（签字）</td></tr>
<tr><td colspan="3">监理（建设）单位意见</td><td colspan="16">监理工程师：（签字）
（或建设单位项目专业技术负责人）：（签字） 年 月 日</td></tr>
</table>

注：本表由施工项目专业质量检查员填写，监理工程师（建设单位项目技术负责人）组织项目专业质量检查员等进行验收，并应按上表进行记录。

〔16.1.5〕路缘石基础宜与相应的基层同步施工。

〔16.1.6〕安装路缘石的控制桩，直线段桩距宜为10～15m，曲线段桩距宜为5～10m；路口处桩距宜为1～5m。

〔16.1.7〕路缘石应以干硬性砂浆铺砌，砂浆应饱满、厚度均匀。路缘石砌筑应稳固、直线段直顺、曲线段圆顺、缝隙均匀；路缘石灌缝应密实，平缘石表面应平顺不阻水。

〔16.1.8〕路缘石背后宜浇筑水泥混凝土支撑，并还土夯实。还土夯实宽度不宜小于50cm，高度不宜小于15cm，压实度不得小于90%。

〔16.1.9〕路缘石宜采用M10水泥砂浆灌缝。灌缝后，常温养护不应小于3d。

〔16.11.1〕路缘石安砌质量检验应符合下列规定：

主控项目

1）混凝土路缘石强度应符合设计要求。

检查数量：每种、每检验批一组（3块）。

检验方法：查出厂检验报告并复检。

一般项目

2）路缘石应砌筑稳固、砂浆饱满、勾缝密实，外露面清洁、线条顺畅，平缘石不阻水。

检查数量：全数检查。

检验方法：观察。

3）立缘石、平缘石安砌允许偏差应符合表〔16.11.1〕的规定。

立缘石、平缘石安砌允许偏差表　　表〔16.11.1〕

项目	允许偏差	检验频率		检验方法
		范围	点数	
直顺度（mm）	≤10	100m	1	用20m线和钢尺量①
相邻块高差（mm）	≤3	20m	1	用钢板尺塞尺量①
缝宽（mm）	±3	20m	1	用钢尺量①
顶面高程	±10	20m	1	用水准仪测量

注：1. ①示随机抽样，量3点取最大值。
2. 曲线段缘石安装的圆顺度允许偏差应结合工程具体制定。

3.8.2 雨水支管与雨水口检验批质量检验记录

3.8.2.1 雨水支管与雨水口检验批质量检验记录表

雨水支管与雨水口检验批质量检验记录表 **表 3-72**

表 A.0.1

编号：080002□□

<table>
<tr><td colspan="3">工程名称</td><td></td><td colspan="2">分部工程名称</td><td colspan="5"></td><td colspan="5">分项工程名称</td><td colspan="3">雨水支管与雨水口</td></tr>
<tr><td colspan="3">施工单位</td><td></td><td colspan="2">技术负责人</td><td colspan="5"></td><td colspan="5">项目经理</td><td colspan="3"></td></tr>
<tr><td colspan="3">分包单位</td><td></td><td colspan="2">分包项目经理</td><td colspan="5"></td><td colspan="5">施工班组长</td><td colspan="3"></td></tr>
<tr><td colspan="3">工程数量</td><td></td><td colspan="2">验收部位（或桩号）</td><td colspan="5"></td><td colspan="5">项目技术负责人</td><td colspan="3"></td></tr>
<tr><td colspan="3">交方班组</td><td></td><td colspan="2">接方班组</td><td colspan="5"></td><td colspan="5">检查日期</td><td colspan="3">年 月 日</td></tr>
<tr><td rowspan="2">检查项目</td><td rowspan="2">序号</td><td rowspan="2">检查内容</td><td rowspan="2">检验依据/允许偏差（规定值或±偏差值）</td><td colspan="2">检验频率</td><td colspan="13">检查结果/实测点偏差值或实测值</td></tr>
<tr><td>范围</td><td>点数</td><td>1</td><td>2</td><td>3</td><td>4</td><td>5</td><td>6</td><td>7</td><td>8</td><td>9</td><td>10</td><td>应测点数</td><td>合格点数</td><td>合格率（%）</td></tr>
<tr><td rowspan="3">主控项目</td><td>1</td><td>管材质量</td><td>符合规范规定</td><td>每种、每检验批</td><td>1组</td><td></td><td></td><td></td><td></td><td colspan="6">出厂合格证、检验报告：</td><td></td><td></td><td></td></tr>
<tr><td>2</td><td>基础混凝土强度</td><td>符合设计要求</td><td>≤100m³</td><td>1组</td><td></td><td></td><td></td><td></td><td colspan="6">试验报告编号：</td><td></td><td></td><td></td></tr>
<tr><td>3</td><td>砂浆强度</td><td>平均抗压强度符合设计规定，任一组最低值不低于设计强度的85%。</td><td>≤50m³砌体</td><td>1组</td><td></td><td></td><td></td><td></td><td colspan="6">试验报告编号：</td><td></td><td></td><td></td></tr>
</table>

续表

检查项目	序号	检查内容	检验依据/允许偏差（规定值或±偏差值）	检验频率		检查结果/实测点偏差值或实测值												
				范围	点数	1	2	3	4	5	6	7	8	9	10	应测点数	合格点数	合格率（%）
主控项目	4	沟槽回填土	快速路、主干路≥95%、次干路≥93%支路及其他小路≥90%	全数	每层3点					压实度报告：								
一般项目	1	井框与井壁吻合	≤10	每座	1													
	2	井框与周边路面吻合	0；−10		1													
	3	雨水口与路边线间距	≤20		1													
	4	井内尺寸	+20；0		1													
平均合格率（%）																		
施工单位检查评定结论			项目专业质量检查员：（签字）															
监理（建设）单位意见			监理工程师：（签字） （或建设单位项目专业技术负责人）：（签字） 年 月 日															

注：本表由施工项目专业质量检查员填写，监理工程师（建设单位项目技术负责人）组织项目专业质量检查员等进行验收，并应按上表进行记录。

3.8.2.2　080002□□说明

《城镇道路工程施工与质量验收规范》CJJ 1—2008相关内容：

〔16.2〕雨水支管与雨水口

〔16.2〕一般规定

〔16.2.1〕雨水支管应与雨水口配合施工。

〔16.2.2〕雨水支管、雨水口位置应符合设计规定，且满足路面排水要求。当设计规定位置不能满足路面排水要求时，应在施工前办理变更设计。

〔16.2.3〕雨水支管、雨水口基底应坚实，现浇混凝土基础应振捣密实，强度符合设计要求。

〔16.2.4〕砌筑雨水口应符合下列规定：

1）雨水管端面应露出井内壁，其露出长度不应大于2cm。

2）雨水口井壁，应表面平整，砌筑砂浆应饱满，勾缝应平顺。

3）雨水管穿井墙处，管顶应砌砖券。

4）井底应采用水泥砂浆抹出雨水口泛水坡。

〔16.2.5〕雨水支管敷设应直顺，不应错口、反坡、凹兜。检查井、雨水口内的外露管端面应完好，不应将断管端置入雨水口。

〔16.2.6〕雨水支管与雨水口四周回填应密实。处于道路基层内的雨水支管应做360°混凝土包封，且在包封混凝土达至设计强度75%前不得放行交通。

〔16.2.7〕雨水支管与既有雨水干线连接时，宜避开雨期。施工中，需进入检查井时，必须采取防缺氧、防有毒和有害气体的安全措施。

〔16.2.8〕支管与雨水干管连接，需新建检查井，其砌筑施工中应符合现行国家标准《给水排水管道工程施工及验收规范》GB 50268的有关规定。

〔16.11.2〕雨水支管与雨水质量检验应符合下列规定：

主　控　项　目

1）管材应符合现行国家标准《混凝土和钢筋混凝土排水管》GB 11836的有关规定。

检查数量：每种、每检验批。

检验方法：查合格证和出厂检验报告。

2）基础混凝土强度应符合设计要求。

检查数量：每 100m^3 1 组（3 块）。（不足 100m^3 取 1 组）。

检验方法：查试验报告。

3）砂浆平均抗压强度符合设计规定，任一组最低值不低于设计强度的 85％。

检查数量：同配合比第 50m^3 砌体作 1 组（6 块）。（不足 50m^3 按 1 组）。

检验方法：查试验报告。

4）回填土应符合规范第 6．3 条压实度的有关规定。

检查数量：全数检查。

检验方法：环刀法、灌砂法或灌水法。

一 般 项 目

5）雨水口内壁勾缝应直顺、坚实，无漏勾、脱落。井框、井箅应完整、配套，安装平稳、牢固。

检查数量：全数检查。

检验方法：观察。

6）雨水支管安装应直顺，无错口、反坡、存水，管内清洁，接口处内壁无砂浆外露及破损现象。管端面应完整。

检查数量：全数检查。

检验方法：观察。

7）雨水支管与雨水口安砌允许偏差应符合表〔16.11.2〕的规定。

雨水支管与雨水口安砌允许偏差表　表〔16.11.2〕

项　　目	允许偏差	检验频率		检 验 方 法
		范围	点数	
井框与井壁吻合	≤10	每座	1	用钢尺量
井框与周边路面吻合	0；－10		1	用直尺靠量
雨水口与路边线间距	≤20		1	用钢尺量
井内尺寸	＋20；0		1	用钢尺量，最大值

3.8.3 排水沟或截水沟检验批质量检验记录

3.8.3.1 排水沟或截水沟检验批质量检验记录表

排水沟或截水沟检验批质量检验记录表 **表 3-73**

表 A.0.1 编号：080003□□

<table>
<tr><td colspan="3">工程名称</td><td></td><td colspan="2">分部工程名称</td><td colspan="5"></td><td colspan="5">分项工程名称</td><td colspan="3">排水沟或截水沟</td></tr>
<tr><td colspan="3">施工单位</td><td></td><td colspan="2">技术负责人</td><td colspan="5"></td><td colspan="5">项目经理</td><td colspan="3"></td></tr>
<tr><td colspan="3">分包单位</td><td></td><td colspan="2">分包项目经理</td><td colspan="5"></td><td colspan="5">施工班组长</td><td colspan="3"></td></tr>
<tr><td colspan="3">工程数量</td><td></td><td colspan="2">验收部位（或桩号）</td><td colspan="5"></td><td colspan="5">项目技术负责人</td><td colspan="3"></td></tr>
<tr><td colspan="3">交方班组</td><td></td><td colspan="2">接方班组</td><td colspan="5"></td><td colspan="5">检查日期</td><td colspan="3">年 月 日</td></tr>
<tr><td rowspan="2">检查项目</td><td rowspan="2">序号</td><td rowspan="2">检查内容</td><td rowspan="2">检验依据/允许偏差（规定值或±偏差值）</td><td colspan="2">检验频率</td><td colspan="13">检查结果/实测点偏差值或实测值</td></tr>
<tr><td>范围</td><td>点数</td><td>1</td><td>2</td><td>3</td><td>4</td><td>5</td><td>6</td><td>7</td><td>8</td><td>9</td><td>10</td><td>应测点数</td><td>合格点数</td><td>合格率（%）</td></tr>
<tr><td rowspan="3">主控项目</td><td>1</td><td>预制块强度</td><td>符合设计要求</td><td>每种、每检验批</td><td>1组</td><td></td><td></td><td></td><td></td><td colspan="6">试验报告：</td><td></td><td></td><td></td></tr>
<tr><td>2</td><td>预制盖板钢筋品种、规格、数量，混凝土强度</td><td>符合设计要求</td><td colspan="2">同类构件抽 10%，且不少于 3 件</td><td></td><td></td><td></td><td></td><td colspan="6">出厂检验报告编号：</td><td></td><td></td><td></td></tr>
<tr><td>3</td><td>砂浆强度</td><td>平均抗压强度符合设计规定，任一组最低值不低于设计强度的 85%</td><td>≤$50m^3$ 砌体</td><td>1组</td><td></td><td></td><td></td><td></td><td colspan="6">试验报告编号：</td><td></td><td></td><td></td></tr>
</table>

续表

<table>
<tr><th rowspan="2">检查项目</th><th rowspan="2">序号</th><th rowspan="2">检查内容</th><th rowspan="2" colspan="2">检验依据/允许偏差（规定值或±偏差值）</th><th colspan="2">检验频率</th><th colspan="13">检查结果/实测点偏差值或实测值</th></tr>
<tr><th>范围</th><th>点数</th><th>1</th><th>2</th><th>3</th><th>4</th><th>5</th><th>6</th><th>7</th><th>8</th><th>9</th><th>10</th><th>应测点数</th><th>合格点数</th><th>合格率（%）</th></tr>
<tr><td rowspan="7">一般项目</td><td>1</td><td>轴线偏位</td><td colspan="2">≤30</td><td>100m</td><td>2</td><td></td><td></td><td></td><td></td><td></td><td></td><td></td><td></td><td></td><td></td><td></td><td></td><td></td></tr>
<tr><td>2</td><td>沟断面尺寸</td><td>砌石：±20</td><td>砌块：±10</td><td>40m</td><td>1</td><td></td><td></td><td></td><td></td><td></td><td></td><td></td><td></td><td></td><td></td><td></td><td></td><td></td></tr>
<tr><td>3</td><td>沟底高程</td><td>砌石：±20</td><td>砌块：±10</td><td>20m</td><td>1</td><td></td><td></td><td></td><td></td><td></td><td></td><td></td><td></td><td></td><td></td><td></td><td></td><td></td></tr>
<tr><td>4</td><td>墙面垂直度</td><td>砌石：≤30</td><td>砌块：≤15</td><td rowspan="3">40m</td><td>1</td><td></td><td></td><td></td><td></td><td></td><td></td><td></td><td></td><td></td><td></td><td></td><td></td><td></td></tr>
<tr><td>5</td><td>墙面平整度</td><td>砌石：≤30</td><td>砌块：≤10</td><td>1</td><td></td><td></td><td></td><td></td><td></td><td></td><td></td><td></td><td></td><td></td><td></td><td></td><td></td></tr>
<tr><td>6</td><td>边线直顺度</td><td>砌石：≤20</td><td>砌块：≤10</td><td>1</td><td></td><td></td><td></td><td></td><td></td><td></td><td></td><td></td><td></td><td></td><td></td><td></td><td></td></tr>
<tr><td>7</td><td>盖板压墙长度</td><td colspan="2">±20</td><td>40m</td><td>1</td><td></td><td></td><td></td><td></td><td></td><td></td><td></td><td></td><td></td><td></td><td></td><td></td><td></td></tr>
<tr><td colspan="3">平均合格率（%）</td><td colspan="17"></td></tr>
<tr><td colspan="3">施工单位检查评定结论</td><td colspan="17">项目专业质量检查员：（签字）</td></tr>
<tr><td colspan="3">监理（建设）单位意见</td><td colspan="17">监理工程师：（签字）
（或建设单位项目专业技术负责人）：（签字）　年　月　日</td></tr>
</table>

注：本表由施工项目专业质量检查员填写，监理工程师（建设单位项目技术负责人）组织项目专业质量检查员等进行验收，并应按上表进行记录。

3.8.3.2　080003□□说明

《城镇道路工程施工与质量验收规范》CJJ 1—2008 相关内容：

〔16.3〕排水沟或截水沟（砌筑）

一 般 规 定

〔16.3.1〕排水沟或截水沟应与道路配合施工。位置、高程应符合设计要求。

〔16.3.2〕土沟不得超挖，沟底、边坡应夯实，严禁用虚土贴底、贴坡。

〔16.3.3〕砌体和混凝土排水沟、截水沟的土基应夯实。

〔16.3.4〕砌体沟应坐浆饱满、勾缝密实，不应有通缝。沟底应平整，无反坡、凹兜现象；边坡、侧墙应表面平整，与其他排水设施的衔接应平顺。

〔16.3.5〕混凝土排水沟、截水沟的混凝土应振捣密实，强度应符合设计要求，外露面应平整。

〔16.3.6〕盖板沟的预制盖板，混凝土振捣应密实，混凝土强度应符合设计要求，配筋位置应准确，表面无蜂窝、无缺损。

〔16.11.3〕排水沟或截水沟质量检验应符合下列规定：

主 控 项 目

1）预制砌块强度应符合设计要求。

检查数量：每种、每检验批 1 组。

检验方法：查试验报告。

2）预制盖板的钢筋品种、规格、数量，混凝土的强度应符合设计要求。

检查数量：同类构件，抽查 1/10，且不少于 3 件。

检验方法：用钢尺量、查出厂检验报告。

3）砂浆平均抗压强度符合设计规定，任一组最低值不低于设计强度的 85%。

检查数量：同配合比第 $50m^3$ 砌体作 1 组（6 块）。（不足 $50m^3$ 按 1 组）。

检验方法：查试验报告。

一 般 项 目

4）砌筑砂浆饱满度不应小于 80%。

检查数量：每 100mm 或每班抽查不少于 3 点。

检验方法：观察。

5）砌筑水沟沟底应平整、无反坡、凹兜，边墙应平整、直顺、勾缝密实。与排水构筑物衔接顺畅。

检查数量：全数检查。

检验方法：观察。

6）砌筑排水沟或截水沟允许偏差应符合表〔16.11.3〕的规定。

砌筑排水沟或截水沟允许偏差表　　表〔16.11.3〕

项目	允许偏差（mm）		检验频率		检验方法
			范围	点数	
轴线偏位	≤30		100m	2	用经纬仪和钢尺量
沟断面尺寸	砌石	±20	40m	1	用钢尺量
	砌块	±10			
沟底高程	砌石	≤30	20m	1	用水准仪测量
	砌块	≤10			
墙面垂直度	砌石	≤30	40m	2	用垂线、钢尺量
	砌块	≤15			
墙面平整度	砌石	≤30		2	用 2m 直尺塞尺量
	砌块	≤10			
边线直顺度	砌石	≤20		2	用 20m 小线和钢尺量
	砌块	≤10			
盖板压墙长度	±20			2	用钢尺量

7）土沟断面应符合设计要求，沟底、边坡应坚实，无贴皮、反坡和积水现象。

检查数量：全数检查。

检验方法：观察。

3.8.4 倒虹管检验批质量检验记录

3.8.4.1 倒虹管检验批质量检验记录表

倒虹管检验批质量检验记录表

表 3-74

表 A.0.1

编号：080004□□

工程名称				分部工程名称									分项工程名称			倒虹管		
施工单位				技术负责人									项目经理					
分包单位				分包项目经理									施工班组长					
工程数量				验收部位（或桩号）									项目技术负责人					
交方班组				接方班组									检查日期			年　月　日		
检查项目	序号	检查内容	检验依据/允许偏差（规定值或±偏差值）	检验频率		检查结果/实测点偏差值或实测值												
				范围	点数	1	2	3	4	5	6	7	8	9	10	应测点数	合格点数	合格率（%）
主控项目	1	地基承载力	符合设计要求	每个基础						钎探记录：								
	2	管材质量	符合 GB 11836 规定	每种、每检验批	1组					出厂合格证、检验报告：								
	3	混凝土强度	符合设计要求	100m³	1组					试验报告编号：								
	4	砂浆强度	平均抗压强度符合设计规定，任一组最低值不低于设计强度的85%。	≤50m³砌体	1组					试验报告编号：								

续表

检查项目	序号	检查内容	检验依据/允许偏差（规定值或±偏差值）	检验频率		检查结果/实测点偏差值或实测值												
				范围	点数	1	2	3	4	5	6	7	8	9	10	应测点数	合格点数	合格率（%）
主控项目	5	闭水试验	≯设计值	每条倒虹管	1					闭水试验记录：								
	6	回填土压实度	按路基设计要求	每压实层	3					检验报告编号：								
一般项目	1	轴线偏位	≤30	每座	2													
	2	内底高程	±15		2													
	3	倒虹管长度	≮设计值		1													
	4	相邻管错口	≤5	每井段	4													
平均合格率（%）																		
施工单位检查评定结论			项目专业质量检查员：（签字）															
监理（建设）单位意见			监理工程师：（签字） （或建设单位项目专业技术负责人）：（签字） 年 月 日															

注：本表由施工项目专业质量检查员填写，监理工程师（建设单位项目技术负责人）组织项目专业质量检查员等进行验收，并应按上表进行记录。

3.8.4.2　080004□□说明

《城镇道路工程施工与质量验收规范》CJJ 1—2008 相关内容：

〔16.4〕倒虹管及涵洞（倒虹管）

一 般 规 定

〔16.4.1〕遇地下水时，应将地下水降至槽底以下 50cm，直到倒虹管与涵洞具备抗浮能力，且满足施工要求后，方可停止降水。

〔16.4.2〕倒虹管施工应符合下列规定：

1）管道水平与斜坡段交接处，应采用弯头连接。

2）主体结构建成后，闭水试验应在倒虹管充水 24h 后进行，测定 30min 渗水量。渗水量不应大于计算值。

渗水量应按下式计算：

$$Q=\frac{W}{T\cdot L}\times 1440$$

式中　Q——实测渗水量（$m^3/24h\cdot km$）；

W——补水量（L）；

T——实测渗水量观测时间（min）；

L——倒虹管长度（m）。

〔16.4.4〕采用埋设预制管做涵洞（管涵）施工，应符合现行国家标准《给水排水管道工程施工及验收规范》GB 50268 的有关规定。

〔16.11.4-1〕倒虹管质量检验应符合下列规定：

主 控 项 目

1）地基承载力应符合设计要求。

检查数量：每个基础。

检验方法：查钎探记录。

2）管材应符合本规范第〔16.11.2〕条第 1 款的规定。

3）混凝土的强度应符合设计要求。

检查数量：每 $100m^3$ 1 组（3 块）。

检验方法：查试验记录。

4）砂浆平均抗压强度符合设计规定，任一组最低值不低于设计强度的 85%。

检查数量：同配合比第 $50m^3$ 砌体作 1 组（6 块）。（不足 $50m^3$ 按 1 组）。

检验方法：查试验报告。

5）倒虹管闭水试验应符合本规范第〔16.4.2〕条第 2 款的规定。

检查数量：每一条倒虹管。

检验方法：检查闭水试验记录。

6）回填土压实度应符合路基压实度要求。

检查数量：每压实层抽查 3 点。

检验方法：环刀法、灌砂法或灌水法。

一 般 项 目

7）倒虹管允许偏差应符合表〔16.11.4-1〕的规定：

倒虹管允许偏差表　　　　表〔16.11.4-1〕

项　　目	允许偏差	检验频率		检 验 方 法
		范围	点数	
轴线偏位	≤30	每座	2	用经纬仪和钢尺量
内底高程	±15		2	用水准仪测量
倒虹管长度	≮设计值		1	用钢尺量
相邻管错口	≤5	每井段	4	用钢板尺和塞尺量

3.8.5　预制管涵洞检验批质量检验记录

3.8.5.1　预制管涵洞检验批质量检验记录表（见表 3-75）

3.8.5.2　080005□□说明

《城镇道路工程施工与质量验收规范》CJJ 1—2008 相关内容：

〔16.4〕倒虹管及涵洞（涵洞）

预制管涵洞检验批质量检验记录表

表 3-75

表 A.0.1

编号：080005□□

工程名称		分部工程名称		分项工程名称	预制管涵洞
施工单位		技术负责人		项目经理	
分包单位		分包项目经理		施工班组长	
工程数量		验收部位（或桩号）		项目技术负责人	
交方班组		接方班组		检查日期	年　月　日

检查项目	序号	检查内容	检验依据/允许偏差（规定值或±偏差值）	检验频率		检查结果/实测点偏差值或实测值												
				范围	点数	1	2	3	4	5	6	7	8	9	10	应测点数	合格点数	合格率（%）
主控项目	1	地基承载力	符合设计要求	每个基础						钎探记录：								
	2	管材质量	符合 GB 11836 规定	每种、每检验批	1组					出厂合格证、检验报告：								
	3	混凝土强度	符合设计要求	$100m^3$	1组					试验报告编号：								
	4	砂浆强度	平均抗压强度符合设计规定，任一组最低值不低于设计强度的85%	$\leqslant 50m^3$ 砌体	1组					试验报告编号：								
	5	闭水试验	≯设计值	每管段	1					闭水试验记录：								
	6	回填土压实度	按路基设计要求	每压实层	3					检验报告编号：								

续表

<table>
<tr><td rowspan="2">检查项目</td><td rowspan="2">序号</td><td rowspan="2">检查内容</td><td rowspan="2" colspan="2">检验依据/允许偏差（规定值或±偏差值）</td><td colspan="2">检 验 频 率</td><td colspan="13">检查结果/实测点偏差值或实测值</td></tr>
<tr><td>范 围</td><td>点 数</td><td>1</td><td>2</td><td>3</td><td>4</td><td>5</td><td>6</td><td>7</td><td>8</td><td>9</td><td>10</td><td>应测点数</td><td>合格点数</td><td>合格率（%）</td></tr>
<tr><td rowspan="6">一般项目</td><td>1</td><td>轴线偏位</td><td colspan="2">≤20</td><td rowspan="4">每道</td><td>2</td><td></td><td></td><td></td><td></td><td></td><td></td><td></td><td></td><td></td><td></td><td></td><td></td><td></td></tr>
<tr><td rowspan="2">2</td><td rowspan="2">内底高程</td><td>$D\leqslant1000$</td><td>±10</td><td rowspan="2">2</td><td rowspan="2"></td><td rowspan="2"></td><td rowspan="2"></td><td rowspan="2"></td><td rowspan="2"></td><td rowspan="2"></td><td rowspan="2"></td><td rowspan="2"></td><td rowspan="2"></td><td rowspan="2"></td><td rowspan="2"></td><td rowspan="2"></td><td rowspan="2"></td></tr>
<tr><td>$D>1000$</td><td>±15</td></tr>
<tr><td>3</td><td>涵管长度</td><td colspan="2">≮设计值</td><td>1</td><td></td><td></td><td></td><td></td><td></td><td></td><td></td><td></td><td></td><td></td><td></td><td></td><td></td></tr>
<tr><td rowspan="2">4</td><td rowspan="2">相邻管错口</td><td>$D\leqslant1000$</td><td>≤3</td><td rowspan="2">每节</td><td rowspan="2">1</td><td rowspan="2"></td><td rowspan="2"></td><td rowspan="2"></td><td rowspan="2"></td><td rowspan="2"></td><td rowspan="2"></td><td rowspan="2"></td><td rowspan="2"></td><td rowspan="2"></td><td rowspan="2"></td><td rowspan="2"></td><td rowspan="2"></td><td rowspan="2"></td></tr>
<tr><td>$D>1000$</td><td>≤5</td></tr>
<tr><td colspan="3">平均合格率（%）</td><td colspan="17"></td></tr>
<tr><td colspan="3">施工单位检查评定结论</td><td colspan="17">项目专业质量检查员：（签字）</td></tr>
<tr><td colspan="3">监理（建设）单位意见</td><td colspan="17">监理工程师：（签字）
（或建设单位项目专业技术负责人）：（签字） 年 月 日</td></tr>
</table>

注：1. 本表由施工项目专业质量检查员填写，监理工程师（建设单位项目技术负责人）组织项目专业质量检查员等进行验收，并应按上表进行记录。

2. D 为管涵内径。

一 般 规 定

〔16.4.1〕遇地下水时，应将地下水降至槽底以下 50cm，直到倒虹管与涵洞具备抗浮能力，且满足施工要求后，方可停止降水。

〔16.4.3〕矩形涵洞施工应符合本规范第 14 章的有关规定。

〔16.4.4〕采用埋设预制管做涵洞（管涵）施工，应符合现行国家标准《给排水管道施工及验收规范》GB 50268 的有关规定。

〔16.11.4-2〕预制管材涵洞质量检验应符合下列规定：

主 控 项 目

1）地基承载力应符合设计要求。

检查数量：每个基础。

检验方法：查钎探记录。

2）管材应符合本规范第 16.11.2 条第 1 款的规定。

3）混凝土的强度应符合设计要求。

检查数量：每 $100m^3$ 1 组（3 块）。

检验方法：查试验记录。

4）砂浆平均抗压强度符合设计规定，任一组最低值不低于设计强度的 85%。

检查数量：同配合比第 $50m^3$ 砌体作 1 组（6 块）。（不足 $50m^3$ 按 1 组）。

检验方法：查试验报告。

5）闭水试验应符合本规范第〔16.4.2〕条第 2 款的规定。

检查数量：每一条倒虹管。

检验方法：检查闭水试验记录。

6）回填土压实度应符合路基压实度要求。

检查数量：每压实层抽查 3 点。

检验方法：环刀法、灌砂法或灌水法。

一 般 项 目

7）预制管材涵洞允许偏差应符合表〔16.11.4-2〕的规定

预制管材涵洞允许偏差表　　表〔16.11.4-2〕

项　目	允许偏差（mm）		检验频率		检 验 方 法
			范　围	点　数	
轴线偏位	≤20		每道	2	用经纬仪和钢尺量
内底高程	D≤1000	±10		2	用水准仪测量
	D>1000	±15			
涵管长度	≮设计值			1	用钢尺量
相邻管错口	D≤1000	≤3	每节	1	用钢板尺和塞尺量
	D>1000	≤5			

注：D 为管涵内径。

8）矩形涵洞应符合规范第〔14.5〕节的有关规定。

3.8.6　护坡检验批质量检验记录

3.8.6.1　护坡检验批质量检验记录表

3.8.6.2　080006□□说明

〔16.5〕护坡

一 般 规 定

〔16.5.1〕护坡宜安排在枯水或少雨季节施工。

〔16.5.2〕施工护坡所用砌块、石料、砂浆、混凝土等均应符合设计要求。

〔16.5.3〕护坡砌筑应按设计坡度挂线，并应按本规范第14.4节的有关规定施工。

〔16.11.5〕护坡质量检验应符合下列规定：

主 控 项 目

1）预制砌块强度应符合设计要求。

护坡检验批质量检验记录表

表 3-76

表 A.0.1

编号：080006□□

<table>
<tr><td colspan="4">工程名称</td><td colspan="3"></td><td colspan="2">分部工程名称</td><td colspan="5"></td><td colspan="5">分项工程名称</td><td colspan="3">护坡</td></tr>
<tr><td colspan="4">施工单位</td><td colspan="3"></td><td colspan="2">技术负责人</td><td colspan="5"></td><td colspan="5">项目经理</td><td colspan="3"></td></tr>
<tr><td colspan="4">分包单位</td><td colspan="3"></td><td colspan="2">分包项目经理</td><td colspan="5"></td><td colspan="5">施工班组长</td><td colspan="3"></td></tr>
<tr><td colspan="4">工程数量</td><td colspan="3"></td><td colspan="2">验收部位（或桩号）</td><td colspan="5"></td><td colspan="5">项目技术负责人</td><td colspan="3"></td></tr>
<tr><td colspan="4">交方班组</td><td colspan="3"></td><td colspan="2">接方班组</td><td colspan="5"></td><td colspan="5">检查日期</td><td colspan="3">年 月 日</td></tr>
<tr><td rowspan="2">检查项目</td><td rowspan="2">序号</td><td rowspan="2" colspan="2">检查内容</td><td colspan="3">检验依据/允许偏差（mm）</td><td colspan="2">检验频率</td><td colspan="13">检查结果/实测点偏差值或实测值</td></tr>
<tr><td>浆砌块石</td><td>浆砌料石</td><td>混凝土砌块</td><td>范围</td><td>点数</td><td>1</td><td>2</td><td>3</td><td>4</td><td>5</td><td>6</td><td>7</td><td>8</td><td>9</td><td>10</td><td>应测点数</td><td>合格点数</td><td>合格率（%）</td></tr>
<tr><td rowspan="4">主控项目</td><td>1</td><td colspan="2">预制砌块强度</td><td colspan="3">符合设计要求</td><td>每种、每检验批</td><td>1</td><td></td><td></td><td></td><td></td><td colspan="6">出厂合格证、检验报告：</td><td></td><td></td><td></td></tr>
<tr><td>2</td><td colspan="2">砂浆强度</td><td colspan="3">平均抗压强度符合设计规定，任一组最低值不低于设计强度的85%。</td><td>≤50m³砌体</td><td>1组</td><td></td><td></td><td></td><td></td><td colspan="6">试验报告编号：</td><td></td><td></td><td></td></tr>
<tr><td>3</td><td colspan="2">基础混凝土强度</td><td colspan="3">符合设计要求</td><td>100m³</td><td>1组</td><td></td><td></td><td></td><td></td><td colspan="6">试验报告编号：</td><td></td><td></td><td></td></tr>
<tr><td></td><td colspan="2"></td><td colspan="3"></td><td></td><td></td><td></td><td></td><td></td><td></td><td colspan="6"></td><td></td><td></td><td></td></tr>
<tr><td rowspan="2">一般项目</td><td rowspan="2">1</td><td rowspan="2">基底高程</td><td>土方</td><td colspan="3">±20</td><td rowspan="2">20m</td><td>2</td><td></td><td></td><td></td><td></td><td></td><td></td><td></td><td></td><td></td><td></td><td></td><td></td><td></td></tr>
<tr><td>石方</td><td colspan="3">±100</td><td>2</td><td></td><td></td><td></td><td></td><td></td><td></td><td></td><td></td><td></td><td></td><td></td><td></td><td></td></tr>
</table>

续表

<table>
<tr><th rowspan="2">检查项目</th><th rowspan="2">序号</th><th rowspan="2">检查内容</th><th colspan="3">检验依据/允许偏差（mm）</th><th colspan="2">检 验 频 率</th><th colspan="13">检查结果/实测点偏差值或实测值</th></tr>
<tr><th>浆砌块石</th><th>浆砌料石</th><th>混凝土砌块</th><th>范 围</th><th>点 数</th><th>1</th><th>2</th><th>3</th><th>4</th><th>5</th><th>6</th><th>7</th><th>8</th><th>9</th><th>10</th><th>应测点数</th><th>合格点数</th><th>合格率（%）</th></tr>
<tr><td rowspan="6">一般项目</td><td>2</td><td>垫层厚度</td><td colspan="3">±20</td><td>20m</td><td>2</td><td></td><td></td><td></td><td></td><td colspan="6"></td><td></td><td></td><td></td></tr>
<tr><td>3</td><td>砌体厚度</td><td colspan="3">≮设计值</td><td>每沉降缝</td><td>2</td><td></td><td></td><td></td><td></td><td colspan="6"></td><td></td><td></td><td></td></tr>
<tr><td>4</td><td>坡度</td><td colspan="3">不陡于设计规定</td><td>20m</td><td>1</td><td></td><td></td><td></td><td></td><td colspan="6"></td><td></td><td></td><td></td></tr>
<tr><td>5</td><td>平整度</td><td>≤30</td><td>≤15</td><td>≤10</td><td>每座</td><td>1</td><td></td><td></td><td></td><td></td><td></td><td></td><td></td><td></td><td></td><td></td><td></td><td></td><td></td></tr>
<tr><td>6</td><td>顶面高程</td><td>±50</td><td>±30</td><td>±30</td><td>每座</td><td>2</td><td></td><td></td><td></td><td></td><td></td><td></td><td></td><td></td><td></td><td></td><td></td><td></td><td></td></tr>
<tr><td>7</td><td>顶边线型</td><td>≤30</td><td>≤10</td><td>≤10</td><td>100m</td><td>1</td><td></td><td></td><td></td><td></td><td></td><td></td><td></td><td></td><td></td><td></td><td></td><td></td><td></td></tr>
<tr><td colspan="3">平均合格率（%）</td><td colspan="18"></td></tr>
<tr><td colspan="3">施工单位检查评定结论</td><td colspan="18">项目专业质量检查员：（签字）</td></tr>
<tr><td colspan="3">监理（建设）单位意见</td><td colspan="18">监理工程师：（签字）
（或建设单位项目专业技术负责人）：（签字） 年 月 日</td></tr>
</table>

注：本表由施工项目专业质量检查员填写，监理工程师（建设单位项目技术负责人）组织项目专业质量检查员等进行验收，并应按上表进行记录。

检查数量：每种、每检验批1组（3块）。

检验方法：查出厂检验报告。

2）砂浆平均抗压强度符合设计规定，任一组最低值不低于设计强度的85%。

检查数量：同配合比第50m³砌体作1组（6块）不足50m³按1组。

检验方法：查试验报告。

3）基础混凝土强度应符合设计要求。

检查数量：每100m³1组（3块）。

检验方法：查试验报告。

一 般 项 目

4）砌筑线型顺畅、表面平整、咬砌有序、无翘动。砌缝均匀、勾缝密实。护坡顶与坡面之间缝隙封堵密实。

检查数量：全数检查。

检验方法：观察。

5）护坡允许偏差应符合表〔16.11.5〕的规定。

护坡允许偏差表　　　　表〔16.11.5〕

项目		允许偏差			检验频率		检验方法
		浆砌块石	浆砌料石	混凝土砌块	范围	点数	
基底高程	土方	±20			20m	2	用水准仪测量
	石方	±100					
垫层厚度		±20			20m	2	用钢尺量
砌体厚度		≮设计值			每沉降缝	2	用钢尺量顶底各1处
坡度		不陡于设计规定			20m	1	用坡度尺量
平整度		≤30	≤15	≤10	每座	1	用2m直尺、塞尺量
顶面高程		±50	±30	±30	每座	2	用水准仪测量两端部
顶边线型		≤30	≤10	≤10	100m	1	用20m线和钢尺量

注：H为墙高。

3.8.7 隔离墩检验批质量检验记录

3.8.7.1 隔离墩检验批质量检验记录表

隔离墩检验批质量检验记录表 **表 3-77**

表 A.0.1

编号：080007□□

工程名称		分部工程名称		分项工程名称	隔离墩
施工单位		技术负责人		项目经理	
分包单位		分包项目经理		施工班组长	
工程数量		验收部位（或桩号）		项目技术负责人	
交方班组		接方班组		检查日期	年 月 日

检查项目	序号	检查内容	检验依据/允许偏差（规定值或±偏差值）	检验频率		检查结果/实测点偏差值或实测值												
				范围	点数	1	2	3	4	5	6	7	8	9	10	应测点数	合格点数	合格率（%）
主控项目	1	混凝土强度	符合设计要求	每种、每批（2000 块）	1					出厂检验报告、复检报告：								
	2	预埋件焊接	预埋件焊接牢固，焊缝长度、宽度、高度均应符合设计要求，且无夹渣、裂纹、咬肉现象	全数检查						隐蔽验收记录：								

续表

<table>
<tr><th rowspan="2">检查项目</th><th rowspan="2">序号</th><th rowspan="2">检查内容</th><th rowspan="2">检验依据/允许偏差（规定值或±偏差值）</th><th colspan="2">检 验 频 率</th><th colspan="13">检查结果/实测点偏差值或实测值</th></tr>
<tr><th>范 围</th><th>点 数</th><th>1</th><th>2</th><th>3</th><th>4</th><th>5</th><th>6</th><th>7</th><th>8</th><th>9</th><th>10</th><th>应测点数</th><th>合格点数</th><th>合格率（%）</th></tr>
<tr><td rowspan="6">一般项目</td><td>1</td><td>直顺度</td><td>≤5</td><td>每 20m</td><td>1</td><td></td><td></td><td></td><td></td><td></td><td></td><td></td><td></td><td></td><td></td><td></td><td></td><td></td></tr>
<tr><td>2</td><td>平面偏位</td><td>≤4</td><td>每 20m</td><td>1</td><td></td><td></td><td></td><td></td><td></td><td></td><td></td><td></td><td></td><td></td><td></td><td></td><td></td></tr>
<tr><td>3</td><td>预埋件位置</td><td>≤5</td><td>每件</td><td>2</td><td></td><td></td><td></td><td></td><td></td><td></td><td></td><td></td><td></td><td></td><td></td><td></td><td></td></tr>
<tr><td>4</td><td>断面尺寸</td><td>±5</td><td>每 20m</td><td>1</td><td></td><td></td><td></td><td></td><td></td><td></td><td></td><td></td><td></td><td></td><td></td><td></td><td></td></tr>
<tr><td>5</td><td>相邻高差</td><td>≤3</td><td>抽查 20%</td><td>1</td><td></td><td></td><td></td><td></td><td></td><td></td><td></td><td></td><td></td><td></td><td></td><td></td><td></td></tr>
<tr><td>6</td><td>缝宽</td><td>±3</td><td>每 20m</td><td>1</td><td></td><td></td><td></td><td></td><td></td><td></td><td></td><td></td><td></td><td></td><td></td><td></td><td></td></tr>
<tr><td colspan="3">平均合格率（%）</td><td colspan="16"></td></tr>
<tr><td colspan="3">施工单位检查评定结论</td><td colspan="16">项目专业质量检查员：（签字）</td></tr>
<tr><td colspan="3">监理（建设）单位意见</td><td colspan="16">监理工程师：（签字）
（或建设单位项目专业技术负责人）：（签字） 年 月 日</td></tr>
</table>

注：本表由施工项目专业质量检查员填写，监理工程师（建设单位项目技术负责人）组织项目专业质量检查员等进行验收，并应按上表进行记录。

3.8.7.2　080007□□说明

《城镇道路工程施工与质量验收规范》CJJ 1—2008 相关内容：

〔16.6〕隔离墩

一 般 规 定

〔16.6.1〕隔离墩宜由有资质的生产厂供货。现场预制时宜采用钢模板，拼装严密、牢固，混凝土拆模时的强度不得低于设计强度的 75%。

〔16.6.2〕隔离墩吊装时，其强度应符合设计规定，设计无规定时不应低于设计强度的 75%。

〔16.6.3〕安装必须稳固，坐浆饱满；当采用焊接连接时，焊缝应符合设计要求。

〔16.11.6〕隔离墩质量检验应符合下列规定：

主 控 项 目

1）隔离墩混凝土强度应符合设计要求。

检查数量：每种、每批（2000 块）1 组。

检验方法：查出厂检验报告并复验。

2）隔离墩预埋件焊接应牢固，焊缝长度、宽度、高度均应符合设计要求，且无夹渣、裂纹、咬肉现象。

检查数量：全数检查。

检验方法：查隐蔽验收记录。

一 般 项 目

3）隔离墩安装应牢固、位置正确、线型美观，墩表面整洁。

检查数量：全数检查。

检验方法：观察。

4）隔离墩安装允许偏差应符合表〔16.11.6〕的规定。

隔离墩允许偏差表　　表〔16.11.6〕

项　目	允许偏差	检验频率		检验方法
		范围	点数	
直顺度	≤5	每 20m	1	用 20m 线和钢尺量
平面偏位	≤4	每 20m	1	用经纬仪和钢尺量
预埋件位置	≤5	每件	2	用经纬仪和钢尺量（发生时）
断面尺寸	±5	每 20m	1	用钢尺量
相邻高差	≤3	抽查 20%	1	用钢板尺和塞尺量
缝宽	±3	每 20m	1	用钢尺量

3.8.8　隔离栅检验批质量检验记录

3.8.8.1　隔离栅检验批质量检验记录表

3.8.8.2　080008□□说明

《城镇道路工程施工与质量验收规范》CJJ 1—2008 相关内容：

〔16.7〕隔离栅

一 般 规 定

〔16.7.1〕隔离网、隔离栅板应由有资质的工厂加工，其材质、规格形式及防腐处理均应符合设计要求。

〔16.7.2〕固定隔离栅的混凝土柱宜采用预制件。金属柱和连接件规格、尺寸、材质应符合规定，并应做防腐处理。

〔16.7.3〕隔离栅立柱应与基础连接牢固，位置应准确。

〔16.7.4〕立柱基础混凝土达到设计强度 75%后，方可安装隔离栅板、隔离网片。隔离栅板、隔离网片应与立柱连接牢固，框架、网面平整，无明显凹凸现象。

〔16.11.7〕隔离栅质量检验应符合下列规定：

主 控 项 目

1）隔离栅材质、规格、防腐处理均应符合设计要求。

检查数量：每种、每批（2000 块）1 组。

检验方法：查出厂检验报告。

隔离栅检验批质量检验记录

表 3-78

表 A.0.1

编号：080008□□

<table>
<tr><td colspan="3">工程名称</td><td colspan="1"></td><td colspan="2">分部工程名称</td><td colspan="4"></td><td colspan="6">分项工程名称</td><td colspan="3">隔离栅</td></tr>
<tr><td colspan="3">施工单位</td><td colspan="1"></td><td colspan="2">技术负责人</td><td colspan="4"></td><td colspan="6">项目经理</td><td colspan="3"></td></tr>
<tr><td colspan="3">分包单位</td><td colspan="1"></td><td colspan="2">分包项目经理</td><td colspan="4"></td><td colspan="6">施工班组长</td><td colspan="3"></td></tr>
<tr><td colspan="3">工程数量</td><td colspan="1"></td><td colspan="2">验收部位（或桩号）</td><td colspan="4"></td><td colspan="6">项目技术负责人</td><td colspan="3"></td></tr>
<tr><td colspan="3">交方班组</td><td colspan="1"></td><td colspan="2">接方班组</td><td colspan="4"></td><td colspan="6">检查日期</td><td colspan="3">年 月 日</td></tr>
<tr><td rowspan="2">检查项目</td><td rowspan="2">序号</td><td rowspan="2">检查内容</td><td rowspan="2">检验依据/允许偏差（规定值或±偏差值）</td><td colspan="2">检验频率</td><td colspan="13">检查结果/实测点偏差值或实测值</td></tr>
<tr><td>范围</td><td>点数</td><td>1</td><td>2</td><td>3</td><td>4</td><td>5</td><td>6</td><td>7</td><td>8</td><td>9</td><td>10</td><td>应测点数</td><td>合格点数</td><td>合格率（%）</td></tr>
<tr><td rowspan="2">主控项目</td><td>1</td><td>材质、规格、防腐处理</td><td>符合设计要求</td><td>每种、每批（2000 件）</td><td>1</td><td></td><td></td><td></td><td></td><td colspan="6">出厂检验报告：</td><td></td><td></td><td></td></tr>
<tr><td>2</td><td>隔离栅柱（金属、混凝土）</td><td>材质符合设计要求</td><td>每种、每批（2000 根）</td><td>1</td><td></td><td></td><td></td><td></td><td colspan="6">出厂检验报告或试验报告：</td><td></td><td></td><td></td></tr>
<tr><td rowspan="2">一般项目</td><td>1</td><td>顺直度（mm）</td><td>≤20</td><td>20m</td><td>1</td><td></td><td></td><td></td><td></td><td></td><td></td><td></td><td></td><td></td><td></td><td></td><td></td><td></td></tr>
<tr><td>2</td><td>立柱垂直度（mm/m）</td><td>≤8</td><td>每 40m</td><td>1</td><td></td><td></td><td></td><td></td><td></td><td></td><td></td><td></td><td></td><td></td><td></td><td></td><td></td></tr>
</table>

续表

检查项目	序号	检查内容	检验依据/允许偏差（规定值或±偏差值）	检验频率		检查结果/实测点偏差值或实测值												
				范围	点数	1	2	3	4	5	6	7	8	9	10	应测点数	合格点数	合格率（%）
一般项目	3	柱顶高度（mm）	±20	每40m	1													
	4	立柱中距（mm）	±30		1													
	5	立柱埋深（mm）	≮设计规定		1													
平均合格率（%）																		
施工单位检查评定结论			项目专业质量检查员：（签字）															
监理（建设）单位意见			监理工程师：（签字） （或建设单位项目专业技术负责人）：（签字）　年　月　日															

注：本表由施工项目专业质量检查员填写，监理工程师（建设单位项目技术负责人）组织项目专业质量检查员等进行验收，并应按上表进行记录。

2）隔离栅柱（金属、混凝土）材质应符合设计要求。

检查数量：每种、每批（2000 根）1 组。

检验方法：查出厂检验报告或试验报告。

3）隔离栅柱安装应牢固。

检查数量：全数检查。

检验方法：观察。

一 般 项 目

4）隔离栅允许偏差允许偏差应符合表〔16.11.7〕的规定。

隔离栅允许偏差表　　　　表〔16.11.7〕

项　　目	允许偏差	检验频率		检　验　方　法
		范围	点数	
顺直度（mm）	≤20	20m	1	用 20m 线和钢尺量
立柱垂直度（mm/m）	≤8	每 40m	1	用垂线和钢尺量
柱顶高度（mm）	±20		1	用钢尺量
立柱中距（mm）	±30		1	用钢尺量
立柱埋深（mm）	≮设计规定		1	用钢尺量

3.8.9　护栏检验批质量检验记录

3.8.9.1　护栏检验批质量检验记录表

3.8.9.2　080009□□说明

《城镇道路工程施工与质量验收规范》CJJ 1—2008 相关内容：

〔16.8〕护栏（安装）

一 般 规 定

〔16.8.1〕护栏应由有资质的工厂加工。护栏的材质、规格形式及防腐处理应符合设计要求。加工件表面不得有剥落、气泡、裂纹、疤痕、擦伤等缺陷。

〔16.8.2〕护栏立柱应埋置于坚实的基础内，埋设位置应准确，深度应符合设计规定。

〔16.8.3〕护栏的栏板、波形梁应与道路竖曲线相协调。

护栏检验批质量检验记录表

表 3-79

表 A.0.1

编号：080009□□

工程名称		分部工程名称		分项工程名称	护栏
施工单位		技术负责人		项目经理	
分包单位		分包项目经理		施工班组长	
工程数量		验收部位（或桩号）		项目技术负责人	
交方班组		接方班组		检查日期	年 月 日

检查项目	序号	检查内容	检验依据/允许偏差（规定值或±偏差值）	检验频率		检查结果/实测点偏差值或实测值												
				范围	点数	1	2	3	4	5	6	7	8	9	10	应测点数	合格点数	合格率（%）
主控项目	1	护栏材质	符合设计要求	每种、每批	1					出厂检验报告：								
	2	立柱材质	符合设计要求	每种、每批（2000 根）	1					出厂检验报告：								
	3	柱基混凝土	符合设计要求	每 $100m^3$	1 组					试验报告编号：								
	4	护栏柱置入深度	符合设计要求	全数检查														

续表

检查项目	序号	检查内容	检验依据/允许偏差（规定值或±偏差值）	检验频率		检查结果/实测点偏差值或实测值												
				范围	点数	1	2	3	4	5	6	7	8	9	10	应测点数	合格点数	合格率（%）
一般项目	1	顺直度（mm/m）	≤5	20m	1													
	2	中线偏位（mm）	≤20		1													
	3	立柱间距（mm）	±5		1													
	4	立柱垂直度（mm）	≤5		1													
	5	横栏高度（mm）	±20		1													
平均合格率（%）																		
施工单位检查评定结论			项目专业质量检查员：（签字）															
监理（建设）单位意见			监理工程师：（签字） （或建设单位项目专业技术负责人）：（签字）　年　月　日															

注：本表由施工项目专业质量检查员填写，监理工程师（建设单位项目技术负责人）组织项目专业质量检查员等进行验收，并应按上表进行记录。

〔16.8.4〕护栏的波形梁的起、讫点和道口处应按设计要求进行端头处理。

〔16.11.8〕护栏质量检验应符合下列规定：

主 控 项 目

1）护栏质量应符合设计要求。

检查数量：每种、每批1次。

检验方法：查出厂检验报告。

2）护栏立柱质量应符合设计要求。

检查数量：每种、每批（2000根）1次。

检验方法：查检验报告。

3）护栏柱基础混凝土强度应符合设计要求。

检查数量：每$100m^3$1组（3块）。

检验方法：查检验报告。

4）护栏柱置入深度应符合设计规定。

检查数量：全数检查。

检验方法：观察、量测。

一 般 项 目

5）护栏安装应牢固、位置正确、线型美观。

检查数量：全数检查。

检验方法：观察。

6）护栏安装允许偏差表应符合表〔16.11.8〕的规定。

护栏安装允许偏差表　　　表〔16.11.8〕

项　　目	允许偏差	检验频率		检　验　方　法
		范围	点数	
顺直度（mm/m）	≤5	20m	1	用20m线和钢尺量
中线偏位（mm）	≤20		1	用经纬仪和钢尺量
立柱间距（mm）	±5		1	用钢尺量
立柱垂直度（mm）	≤5		1	用垂线、钢尺量
横栏高度（mm）	±20		1	用钢尺量

3.8.10 （砌体）声屏障检验批质量检验记录

3.8.10.1 （砌体）声屏障检验批质量检验记录表

（砌体）声屏障检验批质量检验记录表 **表 3-80**

表 A.0.1

编号：080010□□

工程名称		分部工程名称		分项工程名称	（砌体）声屏障
施工单位		技术负责人		项目经理	
分包单位		分包项目经理		施工班组长	
工程数量		验收部位（或桩号）		项目技术负责人	
交方班组		接方班组		检查日期	年 月 日

检查项目	序号	检查内容	检验依据/允许偏差（规定值或±偏差值）	检验频率		检查结果/实测点偏差值或实测值												
				范围	点数	1	2	3	4	5	6	7	8	9	10	应测点数	合格点数	合格率（%）
主控项目	1	降噪效果	符合设计要求	按环保规定						环保部门检验报告：								
	2	材料要求	符合设计要求	每检验批	1					出厂合格证或试验报告：								
	3	混凝土强度	符合设计要求	$100m^3$	1					试验报告编号：								
	4	砂浆强度	平均抗压强度符合设计规定，任一组最低值不低于设计强度的85%。	$\leqslant 50m^3$ 砌体	1组					试验报告编号：								

续表

检查项目	序号	检查内容	检验依据/允许偏差（规定值或±偏差值）	检验频率		检查结果/实测点偏差值或实测值												
				范围	点数	1	2	3	4	5	6	7	8	9	10	应测点数	合格点数	合格率（%）
一般项目	1	中线偏位（mm）	≤10	20m	1													
	2	垂直度	≤0.3%H		1													
	3	墙体断面尺寸（mm）	符合设计规定		1													
	4	顺直度（mm）	≤10	100m	2													
	5	水平灰缝平整度（mm）	≤7		2													
	6	平直度（mm）	≤8	20m	2													
平均合格率（%）																		
施工单位检查评定结论			项目专业质量检查员：（签字）															
监理（建设）单位意见			监理工程师：（签字） （或建设单位项目专业技术负责人）：（签字）　　年　月　日															

注：1. 本表由施工项目专业质量检查员填写，监理工程师（建设单位项目技术负责人）组织项目专业质量检查员等进行验收，并应按上表进行记录。
2. H 为高度。

3.8.10.2　080010□□说明

〔16.9〕声屏障（砌体）

一 般 规 定

〔16.9.1〕声屏障所用材质与单体构件的结构形式、外形尺寸、隔声性能应符合设计要求。

〔16.9.2〕砌体声屏障施工应符合下列规定：

1）混凝土基础及砌筑施工应符合本规范第 14.2 节和第 14.4 节的有关规定。

2）施工中的临时预留洞净宽度不应大于 1m。

3）当砌体声屏障处于潮湿或有化学侵蚀介质环境中时，砌体中的钢筋应采取防腐措施。

〔16.11.9〕砌体声屏障质量检验应符合下规定：

主 控 项 目

1）降噪效果应符合设计要求。

检查数量：按环保部门规定。

检验方法：按环保部门规定。

一 般 项 目

2）声屏障所用材料与性能应符合设计要求。

检查数量：每检验批 1 次。

检验方法：查检验报告和合格证。

3）砌筑砂浆强度应符合本规范第 14.5.3 条第 7 款的规定。

4）混凝土强度应符合设计要求。

检查数量：每 $100m^3$ 1 组（3 块）。

检验方法：查试验报告。

5）砌体声屏障应砌筑牢固，咬砌有序，砌缝均匀，勾缝密实。

检查数量：全数检查。

检验方法：观察。

6）砌体声屏障允许偏差应符合表〔16.11.9-1〕的规定。

砌体声屏障允许偏差表　　表〔16.11.9-1〕

项　目	允许偏差	检验频率		检　验　方　法
		范围	点数	
中线偏位（mm）	≤10	20m	1	用经纬仪和钢尺量
垂直度	≤0.3%H		1	用垂线和钢尺量
墙体断面尺寸（mm）	符合设计规定		1	用钢尺量
顺直度（mm）	≤10	100m	2	用10m线与钢尺量，不少于5处。
水平灰缝平整度（mm）	≤7		2	用10m线与钢尺量，不少于5处。
平直度（mm）	≤8	20m	2	用2m直尺与塞尺量

3.8.11　（金属）声屏障检验批质量检验记录

3.8.11.1　（金属）声屏障检验批质量检验记录表

3.8.11.2　080011□□说明

《城镇道路工程施工与质量验收规范》CJJ 1—2008 相关内容：

〔16.9〕声屏障（金属）

一 般 规 定

〔16.9.1〕声屏障所用材质与单体构件的结构形式，外形尺寸、隔声性能应符合设计要求。

〔16.9.3〕金属声屏障施工应符合下规定：

1）焊接必须符合设计要求和国家现行有关标准的规定。焊接不应有裂缝、夹渣、未熔合和未填满弧坑等缺陷。

2）基础为砌体或水泥混凝土时，其施工应符合本规范第16.9.2条的有关规定。

3）屏体与基础的连接应牢固。

（金属）声屏障检验批质量检验记录表

表 3-81

表 A. 0. 1

编号：080011□□

<table>
<tr><td colspan="3">工程名称</td><td></td><td colspan="2">分部工程名称</td><td colspan="5"></td><td colspan="5">分项工程名称</td><td colspan="3">（金属）声屏障</td></tr>
<tr><td colspan="3">施工单位</td><td></td><td colspan="2">技术负责人</td><td colspan="5"></td><td colspan="5">项目经理</td><td colspan="3"></td></tr>
<tr><td colspan="3">分包单位</td><td></td><td colspan="2">分包项目经理</td><td colspan="5"></td><td colspan="5">施工班组长</td><td colspan="3"></td></tr>
<tr><td colspan="3">工程数量</td><td></td><td colspan="2">验收部位（或桩号）</td><td colspan="5"></td><td colspan="5">项目技术负责人</td><td colspan="3"></td></tr>
<tr><td colspan="3">交方班组</td><td></td><td colspan="2">接方班组</td><td colspan="5"></td><td colspan="5">检查日期</td><td colspan="3">年　月　日</td></tr>
<tr><td rowspan="2">检查项目</td><td rowspan="2">序号</td><td rowspan="2">检查内容</td><td rowspan="2">检验依据/允许偏差（规定值或±偏差值）</td><td colspan="2">检验频率</td><td colspan="13">检查结果/实测点偏差值或实测值</td></tr>
<tr><td>范围</td><td>点数</td><td>1</td><td>2</td><td>3</td><td>4</td><td>5</td><td>6</td><td>7</td><td>8</td><td>9</td><td>10</td><td>应测点数</td><td>合格点数</td><td>合格率（%）</td></tr>
<tr><td rowspan="2">主控项目</td><td>1</td><td>降噪效果</td><td>符合设计要求</td><td>按环保规定</td><td></td><td></td><td></td><td></td><td></td><td colspan="6">环保部门检验报告：</td><td></td><td></td><td></td></tr>
<tr><td>2</td><td>材料要求、（基础混凝土强度）</td><td>符合设计要求</td><td>每检验批（100m³）</td><td>1</td><td></td><td></td><td></td><td></td><td colspan="6">出厂合格证或试验报告：</td><td></td><td></td><td></td></tr>
<tr><td rowspan="2">一般项目</td><td>1</td><td>基线偏位（mm）</td><td>≤10</td><td rowspan="2">20m</td><td>1</td><td></td><td></td><td></td><td></td><td></td><td></td><td></td><td></td><td></td><td></td><td></td><td></td><td></td></tr>
<tr><td>2</td><td>金属立柱中距（mm）</td><td>±10</td><td>1</td><td></td><td></td><td></td><td></td><td></td><td></td><td></td><td></td><td></td><td></td><td></td><td></td><td></td></tr>
</table>

续表

检查项目	序号	检查内容	检验依据/允许偏差（规定值或±偏差值）	检验频率		检查结果/实测点偏差值或实测值												
				范围	点数	1	2	3	4	5	6	7	8	9	10	应测点数	合格点数	合格率（%）
一般项目	3	立柱垂直度（mm）	≤0.3%H	20m	2													
	4	屏体厚度（mm）	±2		1													
	5	屏体宽度、高度（mm）	±10		1													
	6	镀层厚度（μm）	≥设计值	20m且不少于5处	1													
平均合格率（%）																		
施工单位检查评定结论			项目专业质量检查员：（签字）															
监理（建设）单位意见			监理工程师：（签字） （或建设单位项目专业技术负责人）：（签字） 年 月 日															

注：1. 本表由施工项目专业质量检查员填写，监理工程师（建设单位项目技术负责人）组织项目专业质量检查员等进行验收，并应按上表进行记录。

2. H 为立柱高度。

4）采用钢化玻璃屏障时，其力学性能指标应符合设计要求。屏障与金属框架应镶嵌牢固、严密。

〔16.11.9〕金属声屏障质量检验应符合下规定：

主 控 项 目

1）降噪效果应符合设计要求。

检查数量：按环保部门规定。

检验方法：按环保部门规定。

一 般 项 目

2）声屏障所用材料与性能应符合设计要求。

检查数量：每检验批1次。

检验方法：查检验报告和合格证。

3）基础混凝土强度应符合设计要求。

检查数量：每100$m^3$1组（3块）。

检验方法：查检验报告。

4）金属声屏障安装应牢固。

检查数量：全数检查。

检验方法：观察。

5）金属声屏障安装允许偏差应符合表〔16.11.9-2〕的规定。

金属声屏障安装允许偏差表　　表〔16.11.9-2〕

项　　目	允许偏差	检验频率		检　验　方　法
		范围	点数	
基线偏位（mm）	≤10	20m	1	用经纬仪和钢尺量
金属立柱中距（mm）	±10		1	用钢尺量
立柱垂直度（mm）	≤0.3%H		2	用垂线和钢尺量，顺、横各1点
屏体厚度（mm）	±2		1	用游标卡尺量
屏体宽度、高度（mm）	±10		1	用钢尺量
镀层厚度（μm）	≥设计值	20m且不少于5处	1	用测厚仪量

3.8.12 防眩板检验批质量检验记录

3.8.12.1 防眩板检验批质量检验记录表

防眩板检验批质量检验记录表

表 3-82

表 A.0.1

编号：080012□□

工程名称				分部工程名称							分项工程名称					防眩板		
施工单位				技术负责人							项目经理							
分包单位				分包项目经理							施工班组长							
工程数量				验收部位（或桩号）							项目技术负责人							
交方班组				接方班组							检查日期					年　月　日		
检查项目	序号	检查内容	检验依据/允许偏差（规定值或±偏差值）	检验频率		检查结果/实测点偏差值或实测值												
				范围	点数	1	2	3	4	5	6	7	8	9	10	应测点数	合格点数	合格率（%）
一般项目	1	材料要求	符合设计要求	每种、每检验批	1					出厂合格证或试验报告：								
	2	防眩板直顺度	≤8	20m	1													
	3	垂直度	≤5	20m 且不少于 5 处	2													
	4	板条间距	±10		1													
	5	安装高度	±10		1													
平均合格率（%）																		
施工单位检查评定结论			项目专业质量检查员：（签字）															
监理（建设）单位意见			监理工程师：（签字） （或建设单位项目专业技术负责人）：（签字）　年　月　日															

注：本表由施工项目专业质量检查员填写，监理工程师（建设单位项目技术负责人）组织项目专业质量检查员等进行验收，并应按上表进行记录。

3.8.12.2　080012□□说明

《城镇道路工程施工与质量验收规范》CJJ 1—2008 相关内容：

〔16.10〕防眩板

一 般 规 定

〔16.10.1〕防眩板的材质、规格、防腐处理、几何尺寸及遮光角应符合设计要求。

〔16.10.2〕防眩板应由有资质的工厂加工，镀锌量应符合设计要求。防眩板表面应色泽均匀，不得有气泡、裂纹、疤痕、端面分层等缺陷。

〔16.10.3〕防眩板安装应位置准确，焊接或栓接应牢固。

〔16.10.4〕防眩板与护栏配合设置时，混凝土护栏上预埋连接件的间距宜为 50cm。

〔16.10.5〕路段与桥梁上防眩设施衔接应直顺。

〔16.10.6〕施工中不得损伤防眩板的金属镀层，出现损伤应在 24h 之内进行修补。

〔16.11.10〕防眩板质量检验应符合下列规定：

一 般 项 目

1）防眩板质量应符合设计要求。

检查数量：每品种、每批查 1 次。

检验方法：查出厂检验报告。

2）防眩板安装应牢固、位置准确，遮光角符合设计要求，板面无裂纹，涂层无气泡、缺损。

检查数量：全数检查。

检验方法：观察。

3）防眩板安装允许偏差应符合表〔16.11.10〕的规定。

防眩板安装允许偏差表　　表〔16.11.10〕

项目	允许偏差(mm)	检验频率		检验方法
		范围	点数	
防眩板直顺度	≤8	20m	1	用10m线和钢尺量
垂直度	≤5	20m且不少于5处	2	用垂线和钢尺量，顺、横各1点
板条间距	±10		1	用钢尺量
安装高度	±10		1	

4　检查、核查用表与工程填写范例

4.1　检查、核查用表

4.1.1　施工准备情况检查表

序号	检查①依据	检　查　内　容	检查结果	
			符　合	不符合
1	4.0.1条	建设单位应向施工、监理、设计等单位有关人员进行交底，并应形成文件		
2	4.0.2条	现场及毗邻建筑物及地下管线等构筑物、地勘、气象、水文观测资料的交底记录		
3	4.0.2条	对施工区域内的地上、地下管线等构筑物的拆移、加固方案交底记录		
4	4.0.3条	建设单位组织设计、勘测单位向施工单位移交现场测量控制桩、水准点的交接记录		
5	4.0.3条	施工单位根据实际情况编制测量方案，并依据方案建立施工测量控制网、线、点，并对控制网有可靠的保护措施		
6	4.0.5条	施工图进行自审、会审并形成会审记录，有设计变更的，要提供设计变更单或工程联系单		
7	4.0.6条	施工单位编制施工组织设计和专项施工方案，内容具体、有针对性，审批程序合理合法并具有效性		
8	4.0.7条	监视和测量的量具、器具齐全有效；采用的规范、标准、规程齐全且为有效版本		
9	4.0.8条	建立了质量保证体系，单位、分部、分项工程、检验批划分合理（可含在施工组织设计中）单独报监理审定，按审定划分表进行过程控制，		
10	4.0.9条	特殊人员须进行岗前培训，须持证上岗		

续表

序号	检查[①]依据	检　查　内　容	检查结果	
			符　合	不符合
11	4.0.10条	建立了安全、文明施工管理体系，具有安全组织设计、文明施工管理方案，且按照总图布置搭建了临时生产、生活设施，符合城市建设环保要求		
12	3.0.2条	施工单位主体单位工程质量、安全保证体系健全		
检查结果及处置意见		检查结果： 处置意见： 总监理工程师（建设单位项目技术负责人）： 年　月　日		

注：①《城镇道路工程施工与质量验收规范》CJJ 1—2008。

4.1.2　工程质量（安全）保证体系审查表

单位工程名称						
施工单位				建设单位		
监理单位						
机构人员		职　务	姓名	专业职称	执业资格证书	证书编号
	施工单位	项目经理★★				
		技术负责人★★				
		专职质量检查员				
		专职安全员★				
	建设单位	项目负责人				
		项目专业技术负责人				
		项目管理员				
		质量责任制度				

续表

<table>
<tr><td rowspan="9">机构人员</td><td></td><td>职　　务</td><td>姓名</td><td>专业职称</td><td>执业资格证书</td><td>证书编号</td></tr>
<tr><td rowspan="4">监理单位</td><td>项目总监★★</td><td></td><td></td><td></td><td></td></tr>
<tr><td>监理工程师</td><td></td><td></td><td></td><td></td></tr>
<tr><td>见证取样员</td><td></td><td></td><td></td><td></td></tr>
<tr><td></td><td></td><td></td><td></td><td></td></tr>
<tr><td rowspan="4">勘察设计单位</td><td>勘察项目负责人</td><td></td><td></td><td></td><td></td></tr>
<tr><td>勘察技术负责人</td><td></td><td></td><td></td><td></td></tr>
<tr><td>设计项目负责人</td><td></td><td></td><td></td><td></td></tr>
<tr><td>结构设计负责人</td><td></td><td></td><td></td><td></td></tr>
<tr><td colspan="4">检验测试单位名称和项目合同号</td><td colspan="2">检验测试单位
资质证书号</td><td>计量认证书编号</td></tr>
<tr><td colspan="4"></td><td colspan="2"></td><td></td></tr>
<tr><td colspan="2">审查意见</td><td colspan="5"></td></tr>
</table>

注：项目监督工程师（质监站该项目负责人）：　　　　　年　　月　　日
★★安全生产考核合格 B 证；★安全生产考核合格 C 证。

4.1.3 城镇道路工程强制性条文执行情况检查记录表

工程名称：　　　　　　　　　　　　　　　　检查日期：　　年　　月　　日

<table>
<tr><td rowspan="2">项目</td><td rowspan="2">条号</td><td rowspan="2">条款号①</td><td rowspan="2">检　查　内　容</td><td colspan="2">检查结果</td></tr>
<tr><td>符合</td><td>不符合</td></tr>
<tr><td rowspan="2">基本规定</td><td rowspan="2">3</td><td>3.0.7</td><td>施工中必须建立安全技术交底制度，并对作业人员进行相关的安全技术教育与培训。作业前主管施工技术人员必须向作业人员进行详尽的安全技术交底，并形成文件</td><td></td><td></td></tr>
<tr><td>3.0.9</td><td>施工中，前一分项工程未经验收合格严禁进行下一分项工程施工</td><td></td><td></td></tr>
<tr><td>土方路基</td><td>6</td><td>6.3.3</td><td>人机配合土方作业，必须设专人指挥。机械作业时，配合作业人员严禁处在机械作业和走行范围内。配合人员在机械走行范围内作业时，机械必须停止作业</td><td></td><td></td></tr>
</table>

续表

项目	条号	条款号①	检查内容	检查结果	
				符合	不符合
土方路基	6	6.3.10	挖方路基施工应遵守下列规定： 1. 挖土时应自上向下分层开挖，严禁掏洞开挖。作业中断或作业后，开挖面应做成稳定边坡； 2. 机械开挖作业时，必须避开构筑物\管线，在距管道边 1m 范围内应采用人工开挖；在距直埋缆线 2m 范围内必须采用人工开挖 3. 严禁挖掘机等机械在电力架空线路下作业。需在其一侧作业时，垂直及水平安全距离应符合电力架空线路的最小安全距离（表 6.3.10 规定）。		
沥青混合料面层	8	8.1.2	沥青混合料面层不得在雨、雪天气及环境最高温度低于 5℃时施工		
		8.2.20	热拌沥青混合料路面应待摊铺层自然降温至表面温度低于 50℃后，方可开放交通		
水泥混凝土面层	10	10.7.6	在面层混凝土弯拉强度达到设计强度，且填缝完成前，不得开放交通		
铺砌式面层	11	11.1.9	铺砌面层完成后，必须封闭交通，并应湿润养护，当水泥砂浆达到设计强度后，方可开放交通		
冬雨期施工	17	17.3.8	当面层混凝土弯拉强度未达到 1MPa 或抗压强度未达到 5MPa 时，必须采取防止混凝土受冻的措施，严禁混凝土受冻		
检查结论：			施工单位技术负责人：　　总监理工程师： （建设单位项目负责人）： 施工单位项目经理： 年　月　日　　　　年　月　日		

注：①《城镇道路工程施工与质量验收规范》CJJ 1—2008。

4.1.4 单位（子单位）工程质量控制资料核查记录表

工程名称				施工单位			
序号	项目	资料名称	份数	施工单位		监理（建设）单位	
				审查意见	审查人	核查意见	核查人
1	通用部分	图纸会审、设计变更、洽商记录					
2		工程定位测量、放线记录					
1	路基分部	土方路基压实度检测报告					
2		土方路基弯沉值检测报告					
3		原材料合格证/出厂检验报告（砂、石、土工材料等）					
4		原材料进场复检报告					
5		砂垫层材料进场检验报告					
6		软土路基压实度检测报告					
7		复合地基承载力检验报告					
8		隐蔽工程验收记录、施工记录					
9		分项分部工程质量验收记录					
1	基层分部	原材料合格证/出厂（场）检验报告					
2		原材料进场复检报告					
3		基层、底基层压实度检验报告					
4		基层、底基层试件 7d 无侧限抗压强度报告					
5		基层、底基层弯沉检测报告					
6		级配碎石及级配碎砾石的颗粒检验报告					
7		级配碎石及级配砾石压碎指标检测报告					
8		级配碎石及级配碎砾石的压实度检验报告					
9		级配碎石及级配碎砾石的弯沉检验报告					

续表

<table>
<tr><td>工程名称</td><td colspan="2"></td><td>施工单位</td><td colspan="4"></td></tr>
<tr><td rowspan="2">序号</td><td rowspan="2">项目</td><td rowspan="2">资料名称</td><td rowspan="2">份数</td><td colspan="2">施工单位</td><td colspan="2">监理(建设)单位</td></tr>
<tr><td>审查意见</td><td>审查人</td><td>核查意见</td><td>核查人</td></tr>
<tr><td>10</td><td rowspan="5">基层分部</td><td>沥青混合料马歇尔击实试件密度报告</td><td></td><td></td><td></td><td></td><td></td></tr>
<tr><td>11</td><td>沥青混合料弯沉检测报告</td><td></td><td></td><td></td><td></td><td></td></tr>
<tr><td>12</td><td>级配单（石灰土、砂砾碎石、石灰粉煤灰钢渣）</td><td></td><td></td><td></td><td></td><td></td></tr>
<tr><td>13</td><td>隐蔽工程验收记录、施工记录</td><td></td><td></td><td></td><td></td><td></td></tr>
<tr><td>14</td><td>分项分部工程质量验收记录</td><td></td><td></td><td></td><td></td><td></td></tr>
<tr><td>1</td><td rowspan="15">面层分部</td><td>对天气、环境温度控制记录</td><td></td><td></td><td></td><td></td><td></td></tr>
<tr><td>2</td><td>对原混凝土路面与基层空隙处理修补记录</td><td></td><td></td><td></td><td></td><td></td></tr>
<tr><td>3</td><td>测量复测记录</td><td></td><td></td><td></td><td></td><td></td></tr>
<tr><td>4</td><td>原材料合格证、出厂检验报告</td><td></td><td></td><td></td><td></td><td></td></tr>
<tr><td>5</td><td>原材料进场复检报告</td><td></td><td></td><td></td><td></td><td></td></tr>
<tr><td>6</td><td>沥青混合料产品抽样检验方案</td><td></td><td></td><td></td><td></td><td></td></tr>
<tr><td>7</td><td>沥青混合料压实度检验报告</td><td></td><td></td><td></td><td></td><td></td></tr>
<tr><td>8</td><td>沥青混合料弯沉检验报告</td><td></td><td></td><td></td><td></td><td></td></tr>
<tr><td>9</td><td>热拌沥青混合料配合比设计资料</td><td></td><td></td><td></td><td></td><td></td></tr>
<tr><td>10</td><td>混凝土及铺砌面层原材料合格证、出厂检验报告</td><td></td><td></td><td></td><td></td><td></td></tr>
<tr><td>11</td><td>进场复检报告</td><td></td><td></td><td></td><td></td><td></td></tr>
<tr><td>12</td><td>水泥混凝土试块强度报告（含抗折）</td><td></td><td></td><td></td><td></td><td></td></tr>
<tr><td>13</td><td>砂浆试块强度报告</td><td></td><td></td><td></td><td></td><td></td></tr>
<tr><td>14</td><td>钢筋、传力杆隐蔽记录</td><td></td><td></td><td></td><td></td><td></td></tr>
<tr><td>15</td><td>热拌沥青混合料面层通车前温度控制记录</td><td></td><td></td><td></td><td></td><td></td></tr>
</table>

续表

工程名称			施工单位				
序号	项目	资料名称	份数	施工单位		监理（建设）单位	
				审查意见	审查人	核查意见	核查人
16	面层分部	抗滑构造深度检测记录					
17		施工记录					
18		分项分部工程质量验收记录					
1	广场与停车场分部	料石出厂检验报告或复试报告					
2		预制混凝土砌块强度报告					
3		砂浆强度报告					
4		沥青混合料原材料出厂合格证、出厂检验报告					
5		沥青混合料原材料进场复试报告					
6		产品抽样检验方案					
7		沥青混合料面层压实度检验报告					
8		沥青混合料面层弯沉检测报告					
9		水泥混凝土面层强度报告					
10		施工记录					
11		分项分部质量验收记录					
1	人行道铺筑分部	料石出厂检验报告或复试报告					
2		预制混凝土砌块强度报告					
3		砂浆强度报告					
4		沥青混合料原材料出厂合格证、出厂检验报告					
5		沥青混合料原材料进场复试报告					
6		产品抽样检验方案					
7		沥青混合料面层压实度检验报告					

续表

工程名称			施工单位				
序号	项目	资料名称	份数	施工单位		监理(建设)单位	
				审查意见	审查人	核查意见	核查人
8	人行道铺筑分部	沥青混合料面层弯沉检测报告					
9		水泥混凝土面层强度报告					
10		施工记录					
11		分项分部质量验收记录					
1	人行地道结构	挖方地基承载力检测报告/填方压实度检测报告					
2		原材料出厂合格证、出厂检验报告、进场复检报告					
3		钢筋焊接检验报告					
4		隐蔽工程验收记录					
5		混凝土强度试验报告					
6		预制钢筋混凝土墙板顶板出厂合格证强度报告					
7		砂浆强度试验报告					
8		防水层产品性能检验报告					
9		施工记录					
10		分项分部工程质量验收记录					
1	挡土墙分部	地基承载力检测报告					
2		原材料出厂合格证、出厂检验报告、进场复检报告					
3		预制构件出厂合格证、出厂检验报告					
4		挡土墙板焊接检查记录					
5		隐蔽工程检查验收记录					
6		混凝土强度试验报告					
7		砂浆强度试验报告					

续表

工程名称			施工单位				
序号	项目	资料名称	份数	施工单位		监理(建设)单位	
				审查意见	审查人	核查意见	核查人
8	挡土墙分部	施工记录					
9		分项分部工程质量验收记录					
1	附属构筑物分部	地基承载力检测报告（钎探记录）					
2		原材料出厂合格证、出厂检验报告、进场复检报告					
3		预制构件出厂检验报告（包括检查井盖、雨水箅）					
4		隔离墩焊接检查记录					
5		隐蔽工程检查验收记录倒虹管闭水试验记录					
6		回填土压实度检验记录					
7		混凝土强度试验报告					
8		砂浆强度试验报告					
9		声屏障降噪效果检测报告					
10		防眩板效果检测记录					
11		施工记录					
12		分项分部工程质量验收记录					

结论（由监理或建设单位填写）：完整并符合要求（79项）

施工单位技术负责人：　　　　　　　　总监理工程师：

施工单位项目经理：　　　　　　　　（建设单位项目负责人）

年　月　日　　　　　　　　年　月　日

4.1.5 安全和使用功能检验资料核查表

<table>
<tr><td colspan="2">工程名称</td><td></td><td colspan="2">施工单位</td><td colspan="3"></td></tr>
<tr><td rowspan="2">序号</td><td rowspan="2">项目</td><td rowspan="2">资 料 名 称</td><td rowspan="2">份数</td><td colspan="2">施工单位</td><td colspan="2">监理(建设)单位</td></tr>
<tr><td>审查意见</td><td>审查人</td><td>核查意见</td><td>核查人</td></tr>
<tr><td>1</td><td rowspan="3">路基分部</td><td>土方路基压实度检测报告</td><td></td><td></td><td></td><td></td><td></td></tr>
<tr><td>2</td><td>软土路基压实度检测报告</td><td></td><td></td><td></td><td></td><td></td></tr>
<tr><td>3</td><td>复合地基承载力检验报告(水泥搅拌桩均匀性检查报告)</td><td></td><td></td><td></td><td></td><td></td></tr>
<tr><td>1</td><td rowspan="4">基层分部</td><td>基层、底基层压实度检验报告</td><td></td><td></td><td></td><td></td><td></td></tr>
<tr><td>2</td><td>级配碎石及级配碎砾石的压实度检验报告</td><td></td><td></td><td></td><td></td><td></td></tr>
<tr><td>3</td><td>级配碎石及级配碎砾石的弯沉检验报告</td><td></td><td></td><td></td><td></td><td></td></tr>
<tr><td>4</td><td>沥青混合料弯沉检测报告</td><td></td><td></td><td></td><td></td><td></td></tr>
<tr><td>1</td><td rowspan="3">面层分部</td><td>沥青混合料压实度检验报告</td><td></td><td></td><td></td><td></td><td></td></tr>
<tr><td>2</td><td>沥青混合料弯沉检验报告</td><td></td><td></td><td></td><td></td><td></td></tr>
<tr><td>3</td><td>抗滑构造深度检测记录</td><td></td><td></td><td></td><td></td><td></td></tr>
<tr><td>1</td><td rowspan="3">广场与停车场分部</td><td>预制混凝土砌块强度报告</td><td></td><td></td><td></td><td></td><td></td></tr>
<tr><td>2</td><td>沥青混合料面层压实度检验报告</td><td></td><td></td><td></td><td></td><td></td></tr>
<tr><td>3</td><td>沥青混合料面层弯沉检测报告</td><td></td><td></td><td></td><td></td><td></td></tr>
<tr><td>1</td><td rowspan="4">人行道铺筑分部</td><td>料石出厂检验报告或复试报告</td><td></td><td></td><td></td><td></td><td></td></tr>
<tr><td>2</td><td>预制混凝土砌块强度报告</td><td></td><td></td><td></td><td></td><td></td></tr>
<tr><td>3</td><td>沥青混合料面层压实度检验报告</td><td></td><td></td><td></td><td></td><td></td></tr>
<tr><td>4</td><td>沥青混合料面层弯沉检测报告</td><td></td><td></td><td></td><td></td><td></td></tr>
<tr><td>1</td><td rowspan="3">人行地道结构分部</td><td>挖方地基承载力检测报告/填方压实度检测报告</td><td></td><td></td><td></td><td></td><td></td></tr>
<tr><td>2</td><td>预制钢筋混凝土墙板顶板出厂合格证强度报告</td><td></td><td></td><td></td><td></td><td></td></tr>
<tr><td>3</td><td>防水层产品性能检验报告</td><td></td><td></td><td></td><td></td><td></td></tr>
</table>

续表

工程名称			施工单位				
序号	项目	资 料 名 称	份数	施工单位		监理（建设）单位	
				审查意见	审查人	核查意见	核查人
1	挡土墙分部	地基承载力检测报告					
2		挡土墙板焊接检查记录					
1	附属构筑物分部	地基承载力检测报告（钎探记录）					
2		隔离墩焊接检查记录					
3		回填土压实度检验记录					
4		声屏障降噪效果检测报告					
5		防眩板效果检测记录					
结论（由监理或建设单位填写）： 施工单位技术负责人：　　　　　　总监理工程师： 施工单位项目经理：　　　　　　（建设单位项目负责人） 年　月　日　　　　　　年　月　日							

4.1.6 路基分部工程观感质量检查表

（10条）　　　　　　　　　　　　　　　　编号：01

序号	所在分项工程	检查内容及标准①		观察结果								质量评价		
				1	2	3	4	5	6	7	8	好	一般	差
1	土方路基	6.8.1-4	路床应平整、坚实，无显著轮迹、返浆、波浪、起伏等现象，路堤边坡应密实、稳定、平顺											
2	石方路基（路堑）	6.8.2-1-1	上边坡必须稳定，严禁有松石、险石											
3	石方路基（填石路堤）	6.8.2-2-2	路床顶面应嵌缝牢固，表面均匀、平整、稳定，无推移、浮石											

续表

序号	所在分项工程	检查内容及标准①		观察结果								质量评价		
				1	2	3	4	5	6	7	8	好	一般	差
4	石方路基（填石路堤）	6.8.2-2-3	边坡应稳定、平顺，无松石											
5	路肩	6.8.3-1	肩线应顺畅、表面平整，不积水、不阻水											
6	路基处理（换填土）	6.8.1-4	路床应平整、坚实，无显著轮迹、返浆、波浪、起伏等现象，路堤边坡应密实、稳定、平顺											
7	路基处理（换填土）	6.8.4-3-2	反压护道的宽度、高度符合设计要求											
8	路基处理（土工材料）	6.8.4-4-3	下承层面不得有突刺、尖角											
9	路基处理（袋装砂井）	6.8.4-5-2	砂袋下沉时不得出现扭结、断裂等现象											
10	路基处理（塑料排水板）	6.8.4-6-2	塑料排水板下沉时不得出现扭结、断裂等现象											
检查结论		检查结论： 施工单位项目经理： 总监理工程师（建设单位项目专业技术负责人）： 年 月 日												

注：本表应在该分部工程完工之后，进行检查验收，表中所列分项在被下一个分项掩盖之前必须进行隐蔽工程检查验收同时填写该表中的相关内容。质量评价中一旦出现“差”的结果，必须返工重做。

①《城镇道路工程施工与质量验收规范》CJJ 1—2008。

4.1.7 基层分部工程观感质量检查表

（6条） 编号：02

序号	所在分项工程	检查内容及标准①		观察结果								质量评价		
				1	2	3	4	5	6	7	8	好	一般	差
1	石灰稳定土，石灰、粉煤灰稳定砂砾（碎石），石灰、粉煤灰稳定钢渣	7.8.1-4	表面应平整、坚实、无粗细骨料集中现象，无明显推移、裂缝，接茬平顺，无贴皮、散料											
2	水泥稳定土类	7.8.2-4	表面应平整、坚实、接缝平顺，无明显粗细骨料集中现象，无推移、裂缝、贴皮、松散、浮料											
3	级配砂砾及级配砾石	7.8.3-4	表面应平整、坚实，无松散和粗、细集料集中现象											
4	级配碎石及级配碎砾石	7.8.4-4	表面应平整、坚实，无推移、松散、浮石现象											
5	沥青混合料（沥青碎石）	7.8.5-4	表面应平整、坚实、接缝紧密，不应有明显轮迹、粗细集料集中、推移、裂缝、脱落等现象											
6	沥青贯入式基层	7.8.6-4	表面应平整、坚实、石料嵌锁稳定，无明显高低差；嵌缝料、沥青撒布应均匀，无花白、积油，漏浇等现象，且不得污染其他构筑物											
检查结论	结论： 施工单位项目经理： 监理工程师（建设单位项目专业技术负责人）： 年 月 日													

注：本表应在该分部工程完工之后，进行检查验收，表中所列分项在被下一个分项掩盖之前必须进行隐蔽工程检查验收同时填写该表中的相关内容。质量评价中一旦出现“差”的结果，必须返工重做。

①《城镇道路工程施工与质量验收规范》CJJ 1—2008。

4.1.8 面层分部工程观感质量检查表

（3 条）（沥青混合料面层子分部） 编号：03-01

序号	所在分项工程	检查内容及标准①		观察结果								质量评价		
				1	2	3	4	5	6	7	8	好	一般	差
1	热拌沥青混合料面层	8.5.1-3	表面应平整、坚实，接缝紧密，无枯焦；不应有明显轮迹、推挤裂缝、脱落、烂边、油斑、掉渣等现象，不得污染其他构筑物。面层与路缘石、平石及其他构筑物应接顺，不得有积水现象											
2	冷拌沥青混合料面层	8.5.2-4	表面应平整、坚实，接缝紧密，不应有明显轮迹、粗细集料集中、推挤、裂缝、脱落等现象											
3	透层、粘层、封层	8.5.3-3	封层油层与颗粒洒布应均匀，不应有松散、裂缝、油丁泛油、波浪、花白、漏洒、堆积、污染其他构筑物等现象											
检查结论		检查结论： 施工单位项目经理： 监理工程师（建设单位项目专业技术负责人）： 年　月　日												

注：本表应在该分部工程完工之后，进行检查验收，表中所列分项在被下一个分项掩盖之前必须进行隐蔽工程检查验收同时填写该表中的相关内容。质量评价中一旦出现“差”的结果，必须返工重做。

①《城镇道路工程施工与质量验收规范》CJJ 1—2008。

4.1.9 面层分部工程观感质量检查表

（2条）（沥青贯入式与沥青表面处理面层子分部）　　编号：03-02

<table>
<tr><th rowspan="2">序号</th><th rowspan="2">所在分项工程</th><th rowspan="2" colspan="2">检查内容及标准①</th><th colspan="8">观察结果</th><th colspan="3">质量评价</th></tr>
<tr><th>1</th><th>2</th><th>3</th><th>4</th><th>5</th><th>6</th><th>7</th><th>8</th><th>好</th><th>一般</th><th>差</th></tr>
<tr><td>1</td><td>沥青贯入式面层</td><td>9.4.1-5</td><td>表面应平整、坚实、石料嵌锁稳定、无明显高低差；嵌缝料、沥青应撒布均匀，无花白、积油、漏浇、浮油等现象，且不应污染其他构筑物</td><td></td><td></td><td></td><td></td><td></td><td></td><td></td><td></td><td></td><td></td><td></td></tr>
<tr><td>2</td><td>沥青表面处治</td><td>9.4.2-2</td><td>集料应压实平整，沥青应洒布均匀、无露白，嵌缝料应撒铺、扫墁均匀，不应有重叠现象</td><td></td><td></td><td></td><td></td><td></td><td></td><td></td><td></td><td></td><td></td><td></td></tr>
<tr><td></td><td></td><td></td><td></td><td></td><td></td><td></td><td></td><td></td><td></td><td></td><td></td><td></td><td></td><td></td></tr>
<tr><td></td><td></td><td></td><td></td><td></td><td></td><td></td><td></td><td></td><td></td><td></td><td></td><td></td><td></td><td></td></tr>
<tr><td colspan="2">检查结论</td><td colspan="13">检查结论：
施工单位项目经理：
监理工程师（建设单位项目专业技术负责人）：
年　　月　　日</td></tr>
</table>

注：本表应在该分部工程完工之后，进行检查验收，表中所列分项在被下一个分项掩盖之前必须进行隐蔽工程检查验收同时填写该表中的相关内容。质量评价中一旦出现“差”的结果，必须返工重做。

①《城镇道路工程施工与质量验收规范》CJJ 1—2008。

4.1.10 面层分部工程观感质量检查表

（2条）（水泥混凝土面层子分部） 编号：03-03

序号	所在分项工程	检查内容及标准①		观察结果								质量评价		
				1	2	3	4	5	6	7	8	好	一般	差
1	水泥混凝土面层	10.8.1-2-4	水泥混凝土面层应板面平整、密实，边角应整齐、无裂缝，并不应有石子外露和浮浆、脱皮、踏痕、积水等现象，蜂窝麻面面积不得大于总面积的0.5％											
2		10.8.1-2-5	伸缩缝应垂直顺，缝内不应有杂物。伸缩缝在规定的深度和宽度范围内应全部贯通，传力杆应与缝面垂直											
检查结论		检查结论： 施工单位项目经理： 总监理工程师（建设单位项目专业技术负责人）： 年 月 日												

注：本表应在该分部工程完工之后，进行检查验收，表中所列分项在被下一个分项掩盖之前必须进行隐蔽工程检查验收同时填写该表中的相关内容。质量评价中一旦出现“差”的结果，必须返工重做。

①《城镇道路工程施工与质量验收规范》CJJ 1—2008。

4.1.11 面层分部工程观感质量检查表

（2条）（铺砌式面层子分部）　　　　　　编号：03-04

序号	所在分项工程	检查内容及标准①		观察结果								质量评价		
				1	2	3	4	5	6	7	8	好	一般	差
1	料石面层	11.3.1-3	表面应平整、稳固、无翘动，缝线直顺、灌缝饱满，无反坡积水现象											
2	预制混凝土砌块	11.3.2-3	表面应平整、稳固、无翘动，缝线直顺、灌缝饱满，无反坡积水现象											
检查结论	检查结论： 施工单位项目经理： 总监理工程师（建设单位项目专业技术负责人）： 年　月　日													

注：本表应在该分部工程完工之后，进行检查验收，表中所列分项在被下一个分项掩盖之前必须进行隐蔽工程检查验收同时填写该表中的相关内容。质量评价中一旦出现“差”的结果，必须返工重做。

①《城镇道路工程施工与质量验收规范》CJJ 1—2008。

4.1.12 广场与停车场分部工程观感质量检查表

（7条） 编号：04

<table>
<tr><th rowspan="2">序号</th><th rowspan="2">所在分项工程</th><th rowspan="2" colspan="2">检查内容及标准①</th><th colspan="8">观察结果</th><th colspan="3">质量评价</th></tr>
<tr><th>1</th><th>2</th><th>3</th><th>4</th><th>5</th><th>6</th><th>7</th><th>8</th><th>好</th><th>一般</th><th>差</th></tr>
<tr><td>1</td><td>料石面层</td><td>12.2.1-2</td><td>表面应平整、稳固、无翘动，缝线直顺、灌缝饱满，无反坡积水现象</td><td></td><td></td><td></td><td></td><td></td><td></td><td></td><td></td><td></td><td></td><td></td></tr>
<tr><td>2</td><td>预制混凝土砌块</td><td>12.2.2-2</td><td>表面应平整、稳固、无翘动，缝线直顺、灌缝饱满，无反坡积水现象</td><td></td><td></td><td></td><td></td><td></td><td></td><td></td><td></td><td></td><td></td><td></td></tr>
<tr><td>3</td><td rowspan="3">沥青混合料面层</td><td rowspan="3">12.2.3-2</td><td>表面应平整、坚实，接缝紧密，无枯焦；不应有明显轮迹、推挤裂缝、脱落、烂边、油斑、掉渣等现象，不得污染其他构筑物。面层与路缘石、平石及其他构筑物应接顺，不得有积水现象。</td><td></td><td></td><td></td><td></td><td></td><td></td><td></td><td></td><td></td><td></td><td></td></tr>
<tr><td>4</td><td>表面应平整、坚实，接缝紧密，不应有明显轮迹、粗细集料集中、推挤、裂缝、脱落等现象</td><td></td><td></td><td></td><td></td><td></td><td></td><td></td><td></td><td></td><td></td><td></td></tr>
<tr><td>5</td><td>封层油层与颗粒洒布应均匀，不应有松散、裂缝、油丁泛油、波浪、花白、漏洒、堆积、污染其他构筑物等现象</td><td></td><td></td><td></td><td></td><td></td><td></td><td></td><td></td><td></td><td></td><td></td></tr>
<tr><td>6</td><td>水泥混凝土面层</td><td>12.2.4-2</td><td>水泥混凝土面层应板面平整、密实，边角应整齐、无裂缝，并不应有石子外露和浮浆、脱皮、踏痕、积水等现象，蜂窝麻面面积不得大于总面积的0.5%</td><td></td><td></td><td></td><td></td><td></td><td></td><td></td><td></td><td></td><td></td><td></td></tr>
</table>

续表

序号	所在分项工程	检查内容及标准①		观察结果								质量评价		
				1	2	3	4	5	6	7	8	好	一般	差
7	水泥混凝土面层	12.2.4-2	伸缩缝应垂直顺，缝内不应有杂物。伸缩缝在规定的深度和宽度范围内应全部贯通，传力杆应与缝面垂直											
检查结论	检查结论： 施工单位项目经理： 总监理工程师（建设单位项目专业技术负责人）： 年　月　日													

注：本表应在该分部工程完工之后，进行检查验收，表中所列分项在被下一个分项掩盖之前必须进行隐蔽工程检查验收同时填写该表中的相关内容。质量评价中一旦出现“差”的结果，必须返工重做。

①《城镇道路工程施工与质量验收规范》CJJ 1—2008。

4.1.13 人行道分部工程观感质量检查表

（4条）　　　　编号：05

序号	所在分项工程	检查内容及标准①		观察结果								质量评价		
				1	2	3	4	5	6	7	8	好	一般	差
1	料石人行道砌铺面层	13.4.1-4	盲道铺砌应正确											
2	混凝土预制块铺砌人行道面层	13.4.2-4	盲道铺砌应正确											
3	混凝土预制块铺砌人行道面层	13.4.2-5	铺砌应稳固、无翘动，表面平整、缝线直顺、缝宽均匀、灌缝饱满，无翘边、翘角、反坡、积水现象											
4	沥青混合料铺筑人行道面层	13.4.3-4	表面应平整、密实，无裂缝、烂边、掉渣、推挤现象，接茬应平顺、烫边无枯焦现象，与构筑物衔接平顺、无反坡积水											

续表

序号	所在分项工程	检查内容及标准①		观察结果								质量评价		
				1	2	3	4	5	6	7	8	好	一般	差
检查结论		检查结论： 施工单位项目经理： 总监理工程师（建设单位项目专业技术负责人）： 年　月　日												

注：本表应在该分部工程完工之后，进行检查验收，表中所列分项在被下一个分项掩盖之前必须进行隐蔽工程检查验收同时填写该表中的相关内容。质量评价中一旦出现“差”的结果，必须返工重做。

①《城镇道路工程施工与质量验收规范》CJJ 1—2008。

4.1.14 人行地道结构分部工程观感质量检查表

（5条）　　编号：06

序号	所在分项工程	检查内容及标准①		观察结果								质量评价		
				1	2	3	4	5	6	7	8	好	一般	差
1	现浇钢筋混凝土人行地道结构	14.5.1-6	混凝土表面应光、平整，无蜂窝、麻面、缺边掉角现象											
2	预制安装钢筋混凝土人行地道结构	14.5.2-8	墙板、顶板安装直顺，杯口与板缝灌注密实											
3	砌筑墙体、钢筋混凝土顶板结构人行地道	14.5.3-9	现浇混凝土顶板表面应光滑、平整，无蜂窝、麻面、缺边掉角现象											
4		14.5.3-10	预制顶板应安装平顺，灌缝饱满密实											
5		14.5.3-11	砌筑墙体应丁顺匀称，表面平整，灰缝均匀、饱满，变形缝垂直贯通											

续表

序号	所在分项工程	检查内容及标准①		观察结果								质量评价		
				1	2	3	4	5	6	7	8	好	一般	差
检查结论		检查结论： 施工单位项目经理： 总监理工程师（建设单位项目专业技术负责人）： 年　　月　　日												

注：本表应在该分部工程完工之后，进行检查验收，表中所列分项在被下一个分项掩盖之前必须进行隐蔽工程检查验收同时填写该表中的相关内容。质量评价中一旦出现“差”的结果，必须返工重做。

①《城镇道路工程施工与质量验收规范》CJJ 1—2008。

4.1.15 挡土墙分部工程观感质量检查表

（6条）　　　　编号：07

序号	所在分项工程	检查内容及标准①		观察结果								质量评价		
				1	2	3	4	5	6	7	8	好	一般	差
1	现浇钢筋混凝土挡土墙	15.6.1-3	混凝土表面应光洁、平整、密实，无蜂窝、麻面、露筋现象											
2	装配式钢筋混凝土挡土墙	15.6.2-6	预制挡土墙板安装应板缝均匀、灌缝密实，泻水孔通畅。帽石安装边缘顺畅、顶面平整、缝隙均匀密实											
3	砌体挡土墙	15.6.3-4	挡土墙应牢固，外形美观，勾缝密实、均匀，泻水孔通畅											
4	加筋挡土墙	15.6.4-5	拉环、筋带的数量、安装位置应符合设计要求，且粘接牢固											
5		15.6.4-6	填土土质应符合设计要求											

续表

序号	所在分项工程	检查内容及标准①		观察结果								质量评价		
				1	2	3	4	5	6	7	8	好	一般	差
6	加筋挡土墙	15.6.4-9	墙面板应光洁、平顺、美观无破损，板缝均匀，线形顺畅，沉降缝上下贯通顺直，泻水孔通畅											
检查结论	检查结论： 施工单位项目经理： 总监理工程师（建设单位项目专业技术负责人）： 年　　月　　日													

注：本表应在该分部工程完工之后，进行检查验收，表中所列分项在被下一个分项掩盖之前必须进行隐蔽工程检查验收同时填写该表中的相关内容。质量评价中一旦出现“差”的结果，必须返工重做。

①《城镇道路工程施工与质量验收规范》CJJ 1—2008。

4.1.16 附属构筑物分部工程观感质量检查表

（13 条）　　编号：08

序号	所在分项工程	检查内容及标准①		观察结果								质量评价		
				1	2	3	4	5	6	7	8	好	一般	差
1	路缘石安砌	16.11.1-2	路缘石应砌筑稳固、砂浆饱满、勾缝密实，外露面清洁、线条顺畅，平缘石不积水											
2	雨水支管与雨水口	16.11.2-5	雨水口内壁勾缝应直顺、坚实，无漏勾、脱落。井框、井箅应完整、配套，安装平稳、牢固											
3		16.11.2-6	雨水支管安装应直顺，无错、反坡、存水，管内清洁，接口处内壁无砂浆外露及破损现象。管端面应完整											
4	排水沟或截水沟	16.11.3-4	砌筑砂浆饱满度不应小于80%											

续表

序号	所在分项工程	检查内容及标准①		观察结果								质量评价		
				1	2	3	4	5	6	7	8	好	一般	差
5	排水沟或截水沟	16.11.3-5	砌筑水沟沟底应平整、无反坡、凹兜，边墙应平整、直顺、勾缝密实。与排水构筑物衔接顺畅											
6		16.11.3-7	土沟断面应符合设计要求，沟底、边坡应坚实，无贴皮、反坡和积水现象											
7	护坡	16.11.5-4	砌筑线型顺畅、表面平整、咬砌有序、无翘动。砌缝均匀、勾缝密实。护坡顶与坡面之间缝隙封堵密实											
8	隔离墩	16.11.6-3	隔离墩安装应牢固、位置正确、线型美观，墩表面整洁											
9	隔离栅	16.11.7-3	隔离栅柱安装应牢固											
10	护栏	16.11.8-4	护栏柱置入深度应符合设计要求											
11		16.11.8-5	护栏安装应牢固、位置正确、线型美观											
12	声屏障	16.11.9-5	砌体声屏障应砌筑牢固，咬砌有序，砌缝均匀，勾缝密实。金属声屏障安装应牢固											
13	防眩板	16.11.10-2	防眩板安装应牢固、位置准确，遮光角符合设计要求，板面无裂纹，涂层无气泡、缺损											
检查结论		检查结论： 施工单位项目技术负责人： 总监理工程师（建设单位项目专业技术负责人）： 年　月　日												

注：本表应在该分部工程完工之后，进行检查验收，表中所列分项在被下一个分项掩盖之前必须进行隐蔽工程检查验收同时填写该表中的相关内容。质量评价中一旦出现“差”的结果，必须返工重做。

①《城镇道路工程施工与质量验收规范》CJJ 1—2008。

4.2　工程用表填写范例

4.2.1　施工现场质量管理检查记录表

（GB 50300—2001）

工程名称	某道路工程	施工许可证号	SG-123456
建设单位	某道路建设指挥部	项目负责人	金某
设计单位	某市城乡规划设计院	项目负责人	王某
监理单位	某建设管理咨询有限公司	项目负责人	李某
施工单位	温岭市环球市政工程有限公司	项目经理	陈正友
序号	项　　目	主　要　内　容	
1	现场质量管理制度	1.质量例会制度；2.设计交底制度；3.技术交底制度；4.三检制度	
2	质量责任制	1.岗位责任制；2.月评奖惩制度；3.质量与经济挂勾制度	
3	主要专业工种操作上岗证	测量工、电工、机操工、电焊工均持证上岗	
4	分包方资质与对分包方管理管制度	无分包	
5	施工图审查情况	审查号：台S12121212	
6	地质勘察资料	地质报告书（某勘察院）	
7	施工组织及方案审批	施工组织设计、方案审批手续齐全	
8	施工技术标准	土方、填石、基层、沥青面层齐全	
9	工程质量检查制度	1.原材料检验制度；2.项目抽检检测计划	
10	搅拌站及计量设置	有管理制度及合格的计量措施，计量器具有效	
11	现场材料、设备存放与管理	有砂、石、水泥、沥青等存放管理制度	
12			
检查结论： 现场质量管理符合要求 总监理工程师 （建设单位项目专业技术负责人）：李某　　　　2009年2月10日			

4.2.2 土方路基（挖方）检验批质量检验记录表

表 A.0.1

编号：010001 01

工程名称	某大道Ⅰ标段道路工程	分部工程名称	路基	分项工程名称	土方路基挖方
施工单位	温岭市环球市政工程有限公司	技术负责人	张某	项目经理	陈正友
分包单位	无	分包项目经理	无	施工班组长	无
工程数量	L=100m　B=40m	验收部位（或桩号）	0K+000～0K+100	项目技术负责人	钟某
交方班组	1组	接方班组	2组	检查日期	2009年3月10日

检查项目	序号	检查内容	检验依据/允许偏差（规定值或±偏差值）（mm）	检验频率		检查结果/实测点偏差值或实测值												
				范围	点数	1	2	3	4	5	6	7	8	9	10	应测点数	合格点数	合格率（%）
主控项目	1	压实度	城市快速路、主干路≥95% 次干路93% 支路及其他小路≥90%	1000m²	3					检验报告编号：环刀001						12	12	100
主控项目	2	弯沉值	≯设计规定	每车道每20m	1					检验报告编号：弯沉001						20	20	100
一般项目	1	路床纵断高程（mm）	−20；+10	20m	1	−10	−8	−15	+5	+12						5	4	80
一般项目	2	路床中线偏位（mm）	≤30	100m	2	12	10									2	2	100
一般项目	3	路床平整度（mm）	≤15	20m	3	7	6	8	7	5	12	18	8	7	5	15	13	86.7
						8	10	8	16	5								

续表

检查项目	序号	检查内容	检验依据/允许偏差（规定值或±偏差值）（mm）	检验频率		检查结果/实测点偏差值或实测值												
				范围	点数	1	2	3	4	5	6	7	8	9	10	应测点数	合格点数	合格率（%）
一般项目	4	路床宽度(mm)	≥设计值＋B=41m	40m	1	+10	+20	+30								3	3	100
	5	路床横坡	±0.3%且不反坡	20m	6	+0.2	−0.1	−0.3	0	+0.2	+0.2	0	0.2	0.2	0.5	30	27	90
						−0.4	+0.2	+0.1	+0.3	0	−0.2	+0.2	0	+0.2	−0.2			
						0	−0.2	+0.2	0.5	0.2	−0.1	−0.3	0	+0.2	+0.2			
	6	边坡	不陡于设计值(1:1)1:	20m	2	1.1	1.11	1.15	0.7	1.2	1.2	1.2	1.18	1.17	1.15	10	9	90
平均合格率（%）			91.12%															
施工单位检查评定结论			合　格　项目专业质量检查员：王某															
监理(建设)单位意见			合　格　监理工程师：（或建设单位项目专业技术负责人）：　李某　2009年5月20日															

注：1. B 为施工时必要的附加宽度；

2. 本表由施工项目专业质量检查员填写，监理工程师（建设单位项目技术负责人）组织项目专业质量检查员等进行验收，并应按上表进行记录。

4.2.3 石方路基（填石）检验批质量检验记录表

表 A.0.1

编号：010004 01

工程名称	南方大道Ⅰ标段道路工程	分部工程名称	路基	分项工程名称	石方路基填石
施工单位	温岭市环球市政工程有限公司	技术负责人	钟某	项目经理	陈正友
分包单位	无	分包项目经理	无	施工班组长	无
工程数量	L=100m　B=40m	验收部位（或桩号）	0K+000～0K+100	项目技术负责人	钟某
交方班组	1组	接方班组	2组	检查日期	2009年5月20日

检查项目	序号	检查内容	检验依据/允许偏差（规定值或±偏差值）(mm)	检验频率		检查结果/实测点偏差值或实测值										应测点数	合格点数	合格率（%）
				范围	点数	1	2	3	4	5	6	7	8	9	10			
主控项目	1	压实密度	$\rho_d \geq 20kN/m^3$（不嵌缝） $\rho_d \geq 21kN/m^3$（嵌缝）	1000m^2	3					检验报告编号：灌砂 011						12	12	100
主控项目	2	弯沉值	≯设计规定 mm/100	20m	1					mm/100 报告编号：弯沉 011						5	5	100
一般项目	1	路床纵断高程（mm）	−20；+10	20m	1	+10	+8	+15	+5	+5						5	4	80
一般项目	2	路床中心偏位（mm）	≤30	100m	2	20	10									2	2	100
一般项目	3	路床平整度（mm）	≤20	20m	3	22 25	6 10	8 8	7 15	5 5	12	28	8	7	5	15	12	80

续表

检查项目	序号	检查内容	检验依据/允许偏差（规定值或±偏差值）(mm)	检验频率		检查结果/实测点偏差值或实测值												
				范围	点数	1	2	3	4	5	6	7	8	9	10	应测点数	合格点数	合格率（%）
一般项目	4	路床宽度(mm)	≥设计值＋B=41m	40m	1	+10	+10	+20								3	3	100
	5	路床横坡	±0.3%且不反坡	20m	6	−0.1	−0.1	+0.2	−0.1	−0.3	+0.2	−0.1	−0.3	−0.2	−0.1	30	28	93.3
						+0.2	+0.2	−0.4	+0.2	+0.1	−0.4	+0.2	+0.1	−0.2	−0.2			
						−0.2	+0.2	0	−0.2	+0.2	0	−0.2	+0.2	−0.2	−0.2			
	6	边坡	不陡于设计值(1∶1) 1∶	20m	2	1.1	1.11	1.15	0.7	1.2	1.2	0.8	1.18	1.17	1.15	10	8	80
平均合格率（%）			88.88%															
施工单位检查评定结论			合　格　　项目专业质量检查员：王某															
监理(建设)单位意见			合　格　　监理工程师： （或建设单位项目专业技术负责人）：　李某　2009年5月20日															

注：1. B 为施工时必要的附加宽度；

2. 本表由施工项目专业质量检查员填写，监理工程师（建设单位项目技术负责人）组织项目专业质量检查员等进行验收，并应按上表进行记录。

4.2.4 路肩检验批质量检验记录表

表 A.0.1 　　　　　　　　　　　　　　　　　　　　编号：010005 01

<table>
<tr><td colspan="2">工程名称</td><td colspan="2">南方大道Ⅰ标段道路工程</td><td colspan="2">分部工程名称</td><td colspan="5">路基</td><td colspan="5">分项工程名称</td><td colspan="3">路肩</td></tr>
<tr><td colspan="2">施工单位</td><td colspan="2">温岭市环球市政工程有限公司</td><td colspan="2">技术负责人</td><td colspan="5">张某</td><td colspan="5">项目经理</td><td colspan="3">陈正友</td></tr>
<tr><td colspan="2">分包单位</td><td colspan="2">无</td><td colspan="2">分包项目经理</td><td colspan="5">无</td><td colspan="5">施工班组长</td><td colspan="3">无</td></tr>
<tr><td colspan="2">工程数量</td><td colspan="2">$L=100m$　$B=40m$</td><td colspan="2">验收部位
（或桩号）</td><td colspan="5">0K＋000～0K＋100</td><td colspan="5">项目技术负责人</td><td colspan="3">钟某</td></tr>
<tr><td colspan="2">交方班组</td><td colspan="2">1 组</td><td colspan="2">接方班组</td><td colspan="5">2 组</td><td colspan="5">检查日期</td><td colspan="3">2009 年 5 月 20 日</td></tr>
<tr><td rowspan="2">检查项目</td><td rowspan="2">序号</td><td rowspan="2">检查内容</td><td rowspan="2">检验依据/允许偏差（规定值或±偏差值）（mm）</td><td colspan="2">检验频率</td><td colspan="13">检查结果/实测点偏差值或实测值</td></tr>
<tr><td>范围</td><td>点数</td><td>1</td><td>2</td><td>3</td><td>4</td><td>5</td><td>6</td><td>7</td><td>8</td><td>9</td><td>10</td><td>应测点数</td><td>合格点数</td><td>合格率（%）</td></tr>
<tr><td rowspan="3">主控项目</td><td>1</td><td>肩线</td><td>肩线应顺畅、表面平整，不积水、不阻水</td><td>全数</td><td></td><td>√</td><td>√</td><td>√</td><td>√</td><td>√</td><td>√</td><td>√</td><td>√</td><td>√</td><td>√</td><td>10</td><td>10</td><td>100</td></tr>
<tr><td>2</td><td>压实度</td><td>≥90%</td><td>100m</td><td>1</td><td></td><td></td><td></td><td colspan="7">检验报告编号：灌砂 015</td><td>1</td><td>1</td><td>100</td></tr>
<tr><td>3</td><td></td><td></td><td></td><td></td><td></td><td></td><td></td><td></td><td></td><td></td><td></td><td></td><td></td><td></td><td></td><td></td><td></td></tr>
</table>

续表

<table>
<tr><th rowspan="2">检查项目</th><th rowspan="2">序号</th><th rowspan="2">检查内容</th><th rowspan="2">检验依据/允许偏差（规定值或±偏差值）(mm)</th><th colspan="2">检验频率</th><th colspan="13">检查结果/实测点偏差值或实测值</th></tr>
<tr><th>范围</th><th>点数</th><th>1</th><th>2</th><th>3</th><th>4</th><th>5</th><th>6</th><th>7</th><th>8</th><th>9</th><th>10</th><th>应测点数</th><th>合格点数</th><th>合格率(%)</th></tr>
<tr><td rowspan="3">一般项目</td><td>1</td><td>宽度（mm）</td><td>≥设计规定</td><td>40m</td><td>2</td><td>+10</td><td>+10</td><td>+20</td><td>−10</td><td>+20</td><td></td><td></td><td></td><td></td><td></td><td>5</td><td>4</td><td>80</td></tr>
<tr><td>2</td><td>横坡</td><td>±0.1%且不反坡</td><td>40m</td><td>2</td><td>+0.1</td><td>0</td><td>−0.2</td><td>+0.1</td><td>0</td><td></td><td></td><td></td><td></td><td></td><td>5</td><td>4</td><td>80</td></tr>
<tr><td></td><td></td><td></td><td></td><td></td><td></td><td></td><td></td><td></td><td></td><td></td><td></td><td></td><td></td><td></td><td></td><td></td><td></td></tr>
<tr><td colspan="3">平均合格率（%）</td><td colspan="16">80%</td></tr>
<tr><td colspan="3">施工单位检查评定结论</td><td colspan="16">合　　格　　　　项目专业质量检查员：王某</td></tr>
<tr><td colspan="3">监理（建设）单位意见</td><td colspan="16">合　　格　　　　监理工程师：
（或建设单位项目专业技术负责人）：　李某　2009年5月20日</td></tr>
</table>

注：本表由施工项目专业质量检查员填写，监理工程师（建设单位项目技术负责人）组织项目专业质量检查员等进行验收，并应按上表进行记录。

4.2.5 基层（水泥稳定土类）检验批质量检验记录表

表 A.0.1　　　　　　　　　　　　　　　　　　　编号：020004 01

<table>
<tr><td colspan="3">工程名称</td><td>南方大道Ⅰ标段道路工程</td><td colspan="2">分部工程名称</td><td colspan="5">基层</td><td colspan="5">分项工程名称</td><td colspan="3">水泥基稳定基层</td></tr>
<tr><td colspan="3">施工单位</td><td>温岭市市政工程有限公司</td><td colspan="2">技术负责人</td><td colspan="5">张某</td><td colspan="5">项目经理</td><td colspan="3">陈正友</td></tr>
<tr><td colspan="3">分包单位</td><td>某</td><td colspan="2">分包项目经理</td><td colspan="5">王某</td><td colspan="5">施工班组长</td><td colspan="3">无</td></tr>
<tr><td colspan="3">工程数量</td><td>L=100m　B=40m</td><td colspan="2">验收部位（或桩号）</td><td colspan="5">0K+000～0K+100</td><td colspan="5">项目技术负责人</td><td colspan="3">钟某</td></tr>
<tr><td colspan="3">交方班组</td><td>1 组</td><td colspan="2">接方班组</td><td colspan="5">2 组</td><td colspan="5">检查日期</td><td colspan="3">2009 年 7 月 10 日</td></tr>
<tr><td rowspan="2">检查项目</td><td rowspan="2">序号</td><td rowspan="2">检查内容</td><td rowspan="2">检验依据/允许偏差（规定值或±偏差值）（mm）</td><td colspan="2">检验频率</td><td colspan="13">检查结果/实测点偏差值或实测值</td></tr>
<tr><td>范围</td><td>点数</td><td>1</td><td>2</td><td>3</td><td>4</td><td>5</td><td>6</td><td>7</td><td>8</td><td>9</td><td>10</td><td>应测点数</td><td>合格点数</td><td>合格率（%）</td></tr>
<tr><td rowspan="4">主控项目</td><td>1</td><td>材料</td><td>水泥土粒料应符合规范 CJJ 1—2008 第 7.5.1 条规定</td><td>不同材料进厂批次</td><td>1 次</td><td colspan="10">检验报告编号：试 002</td><td>3</td><td>3</td><td>100</td></tr>
<tr><td>2</td><td>压实度</td><td>快速路、主干路基层≥97%底基层≥97%。其他等级路基层≥95%底基层≥93%。</td><td>1000m²每压实层</td><td>1</td><td colspan="10">检验报告编号：灌砂：017</td><td>4</td><td>4</td><td>100</td></tr>
<tr><td>3</td><td>抗压强度</td><td>符合设计要求</td><td>2000m²</td><td>1 组</td><td colspan="10">检验报告编号：试 004</td><td>2</td><td>2</td><td>100</td></tr>
<tr><td>4</td><td>弯沉值（mm/100）</td><td>≯设计规定</td><td>20m</td><td>1</td><td colspan="10">报告编号：试 005</td><td></td><td></td><td></td></tr>
</table>

续表

检查项目	序号	检查内容	检验依据/允许偏差（规定值或±偏差值）（mm）		检验频率		检查结果/实测点偏差值或实测值												
					范围	点数	1	2	3	4	5	6	7	8	9	10	应测点数	合格点数	合格率（%）
一般项目	1	中线偏位（mm）	≤20		100m	1	10	15									2	2	100
	2	纵断高程（mm）	基层√	±15	20m	1	+5	+8	−5	+20	0						5	4	80
			底基层	±20															
	3	平整度（mm）	基层√	≤10	20m	3	15	8	10	5	8	10	5	8	12	5	15	13	86.7
			底基层	≤15			5	5	0	8	7								
	4	宽度（mm）	≥设计规定+B		40m	1	+10	+10	+20								3	3	100
	5	横坡	±3%且不反坡		20m	6	−0.1	+0.2	−0.3	−0.1	−0.1	+0.2	−0.1	−0.3	−0.2	−0.1	30	27	90
							+0.2	−0.4	+0.1	+0.2	+0.2	−0.4	+0.2	+0.1	−0.2	+0.2			
							−0.2	0	+0.2	−0.2	−0.2	0	−0.2	+0.2	−0.2	−0.4			
	6	厚度（mm）	±10		1000m²	1	+5	+8	+3	+5							4	4	100
平均合格率（%）			92.78%																
施工单位检查评定结论			合　格　　项目专业质量检查员：王某																
监理（建设）单位意见			合　格　　监理工程师： （或建设单位项目专业技术负责人）：　李某　2009年7月10日																

注：本表由施工项目专业质量检查员填写，监理工程师（建设单位项目技术负责人）组织项目专业质量检查员等进行验收，并应按上表进行记录。

4.2.6 面层（透层）检验批质量检验记录表

表 A.0.1

编号：030102 01

工程名称	南方大道Ⅰ标段道路工程	分部工程名称	面层	分项工程名称	透层
施工单位	温岭市市政工程有限公司	技术负责人	张某	项目经理	陈正友
分包单位	南方交通建设有限公司	分包项目经理	王某	施工班组长	张某
工程数量	L=100m　B=40m	验收部位（或桩号）	0K+000～0K+100	项目技术负责人	钟某
交方班组	3 组	接方班组	5 组	检查日期	2009 年 8 月 5 日

检查项目	序号	检查内容	检验依据/允许偏差（规定值或±偏差值）(mm)	检验频率 范围	检验频率 点数	1	2	3	4	5	6	7	8	9	10	应测点数	合格点数	合格率（%）
主控项目	1	材料要求	沥青品种、标号及粒料质量符合本规范 8.1 节有关规定	按进场批次、同批次同品种	1					合格证编号：沥青 001						1	1	100
										检验报告编号：集料 002-005						4	4	100
一般项目	1	宽度	≥设计值	40m	1	+10	+10	+20								3	3	100

续表

检查项目	序号	检查内容	检验依据/允许偏差（规定值或±偏差值）(mm)	检验频率		检查结果/实测点偏差值或实测值												
				范围	点数	1	2	3	4	5	6	7	8	9	10	应测点数	合格点数	合格率（%）
一般项目	2	观测	粒料洒布应均匀，不应有松散、裂缝、油丁、泛油、波浪、花白、漏洒、堆积、污染其他构筑物。	全数		符合规范要求												
平均合格率（%）			100%															
施工单位检查评定结论			合　格　　项目专业质量检查员：王某															
监理(建设)单位意见			合　格　　监理工程师： （或建设单位项目专业技术负责人）：　李某　2009年8月5日															

注：本表由施工项目专业质量检查员填写，监理工程师（建设单位项目技术负责人）组织项目专业质量检查员等进行验收，并应按上表进行记录。

4.2.7 面层（热拌沥青混合料）检验批质量检验记录表

表 A.0.1　　　　　　　　　　编号：030104 01

工程名称	南方大道Ⅰ标段道路工程	分部工程名称	面层	分项工程名称	热拌沥青混合料
施工单位	温岭市市政工程有限公司	技术负责人	张某	项目经理	陈正友
分包单位	南方交通建设有限公司	分包项目经理	王某	施工班组长	张某
工程数量	L=100m　B=40m	验收部位（或桩号）	0K+000～0K+100	项目技术负责人	钟某
交方班组	3 组	接方班组	5 组	检查日期	2009 年 8 月 15 日

检查项目	序号	检查内容	检验依据/允许偏差（规定值或±偏差值）	检验频率		检查结果/实测点偏差值或实测值												
				范围	点数	1	2	3	4	5	6	7	8	9	10	应测点数	合格点数	合格率（%）
主控项目	1	原材料、混合料	符合 8.5.1 条	按不同材料	每批次	出厂合格证或检验报告编号：原试 005　006												
	2	压实度	城市快速路、主干路>96%	1000m²	1	检验报告编号：芯样 001										4	4	100
	3	面层厚度	+10～−5	1000m²	1	+5	0	+2	−1							4	4	100
	4	弯沉值	≯设计规定	每车道、每 20m	1	检验报告编号：弯沉 017										10	10	100
一般项目	1	纵断高程(mm)	±15	20m	1	+5	−2	+20	+2	+4						5	4	80
	2	中线位移(mm)	≤20	100m	1	10										1	1	100

续表

检查项目	序号	检查内容		检验依据/允许偏差（规定值或±偏差值）	检验频率		检查结果/实测点偏差值或实测值												
					范围	点数	1	2	3	4	5	6	7	8	9	10	应测点数	合格点数	合格率（%）
一般项目	3	平整度（mm）	标准差 δ 值	快速路、主干路 ≤1.5	20m	3	1	1.2	1	0.5	0.8	1	1.2	1	0.5	2	15	13	86.7
							0.5	1.8	1	1.2	1								
	4	宽度（mm）		≮设计值	40m	1	√	√	√								3	3	100
	5	横坡		±0.3%且不反坡	20m	6	−0.4	+0.2	−0.3	−0.1	−0.1	+0.2	−0.1	−0.3	−0.2	−0.1	30	26	86.7
							+0.2	−0.4	+0.1	+0.2	+0.2	−0.4	+0.2	+0.1	−0.2	+0.2			
							−0.2	0	+0.2	−0.2	−0.2	0	−0.2	+0.4	−0.2	−0.2			
	6	井框与路面差（mm）		≤5	每座	1	/	/	/								/		
	7	抗滑	摩擦系数	符合设计要求	200m	1	测试报告编号：摆式 001										1	1	100
			构造深度	符合设计要求	200m	1	检验报告编号：砂铺 002										1	1	100
平均合格率（%）				93.34%															
施工单位检查评定结论				合　　格　　项目专业质量检查员：王某															
监理（建设）单位意见				合　　格　　监理工程师： （或建设单位项目专业技术负责人）：　李某　2009 年 8 月 15 日															

4.2.8 预制块人行道面层检验批质量检验记录表

表 A.0.1　　　　　　　　　　　　　　　　　　　　　　　　　　　编号：050002 01

检查项目	序号	检查内容	检验依据/允许偏差（规定值或±偏差值）(mm)	范围	点数	1	2	3	4	5	6	7	8	9	10	应测点数	合格点数	合格率（%）
工程名称			南方大道Ⅰ标段道路工程	分部工程名称		北侧人行道					分项工程名称					预制块人行道		
施工单位			温岭市市政工程有限公司	技术负责人		张某					项目经理					陈正友		
分包单位			无	分包项目经理		无					施工班组长					无		
工程数量			L=100m　B=5m	验收部位（或桩号）		0K+000～0K+100					项目技术负责人					钟某		
交方班组			1组	接方班组		2组					检查日期					2009年8月20日		
				检验频率		检查结果/实测点偏差值或实测值												
主控项目	1	路床与基层压实度	≥90%	100m	2		检验报告编号：灌砂021									4	4	100
主控项目	2	砌块强度	强度符合设计要求	同批号1000m²	1组		出厂试验报告编号：试验005									1	1	100
主控项目	3	砂浆抗压强度	平均值符合设计要求，任一组不低于设计值85%	同标号1000m²	1组		试验报告编号：试验统计表003									1	1	100
主控项目	4	盲道铺砌	应正确铺砌	全数检查		符合设计要求												
一般项目	1	平整度(mm)	≤5	20m	1	4	2	4	2	2	2	1	4	8	2	10	9	90
一般项目	2	横坡（%）	±0.3%且不反坡	20m	1	+0.2	−0.4	+0.1	+0.2	+0.2	−0.4	+0.2	+0.1	−0.2	+0.2	10	8	80
一般项目	3	井框与面层高差(mm)	≤4	每座	1	3	3	2	2							4	4	100

续表

检查项目	序号	检查内容	检验依据/允许偏差（规定值或±偏差值）(mm)	检验频率		检查结果/实测点偏差值或实测值												
				范　围	点数	1	2	3	4	5	6	7	8	9	10	应测点数	合格点数	合格率(%)
一般项目	4	相邻块高差(mm)	≤3	20m	1	2	1	1	2	2	2	4	2	2	5	10	8	80
	5	纵缝直顺度(mm)	≤10	40m	1	8	5	5	12	5	8					6	5	83.3
	6	横缝直顺度(mm)	≤10	20m	1	8	5	3	13	5	5	4	6	8	8	10	9	90
	7	缝宽（mm）	+3；−2	20m	1	+1	+2	+1	−5	+1	−1	+3	−1	−3	+1	10	8	80
平均合格率（%）			86.19%															
施工单位检查评定结论			合　　格　　　项目专业质量检查员：王某															
监理(建设)单位意见			合　　格　　　监理工程师： （或建设单位项目专业技术负责人）：　李某　2009年8月20日															

注：本表由施工项目专业质量检查员填写，监理工程师（建设单位项目技术负责人）组织项目专业质量检查员等进行验收，并应按上表进行记录。

4.2.9 路缘石检验批质量检验记录表

表 A.0.1　　　　编号：080001 01

<table>
<tr><td colspan="3">工程名称</td><td>南方大道Ⅰ标段道路工程</td><td colspan="2">分部工程名称</td><td colspan="5">附属构筑物</td><td colspan="5">分项工程名称</td><td colspan="3">北侧路缘石</td></tr>
<tr><td colspan="3">施工单位</td><td>温岭市市政工程有限公司</td><td colspan="2">技术负责人</td><td colspan="5">张某</td><td colspan="5">项目经理</td><td colspan="3">陈正友</td></tr>
<tr><td colspan="3">分包单位</td><td>无</td><td colspan="2">分包项目经理</td><td colspan="5">无</td><td colspan="5">施工班组长</td><td colspan="3">无</td></tr>
<tr><td colspan="3">工程数量</td><td>L=100m</td><td colspan="2">验收部位（或桩号）</td><td colspan="5">0K+000～0K+100</td><td colspan="5">项目技术负责人</td><td colspan="3">钟某</td></tr>
<tr><td colspan="3">交方班组</td><td>1组</td><td colspan="2">接方班组</td><td colspan="5">2组</td><td colspan="5">检查日期</td><td colspan="3">2009年8月25日</td></tr>
<tr><td rowspan="2">检查项目</td><td rowspan="2">序号</td><td rowspan="2">检查内容</td><td rowspan="2">检验依据/允许偏差（规定值或±偏差值）(mm)</td><td colspan="2">检验频率</td><td colspan="13">检查结果/实测点偏差值或实测值</td></tr>
<tr><td>范围</td><td>点数</td><td>1</td><td>2</td><td>3</td><td>4</td><td>5</td><td>6</td><td>7</td><td>8</td><td>9</td><td>10</td><td>应测点数</td><td>合格点数</td><td>合格率(%)</td></tr>
<tr><td rowspan="2">主控项目</td><td>1</td><td>混凝土路缘石强度</td><td>符合设计要求</td><td>每种、每检验批</td><td>1组</td><td></td><td></td><td colspan="8">出厂检验报告、复检报告编号：A013</td><td>1</td><td>1</td><td>100</td></tr>
<tr><td></td><td></td><td></td><td></td><td></td><td></td><td></td><td></td><td></td><td></td><td></td><td></td><td></td><td></td><td></td><td></td><td></td><td></td></tr>
<tr><td rowspan="4">一般项目</td><td>1</td><td>直顺度(mm)</td><td>≤10</td><td>100m</td><td>1</td><td>8</td><td>5</td><td></td><td></td><td></td><td></td><td></td><td></td><td></td><td></td><td>2</td><td>2</td><td>100</td></tr>
<tr><td>2</td><td>相邻块高差(mm)</td><td>≤3</td><td>20m</td><td>1</td><td>2</td><td>4</td><td>1</td><td>2</td><td>0</td><td>2</td><td>2</td><td>2</td><td>4</td><td>1</td><td>10</td><td>8</td><td>80</td></tr>
<tr><td>3</td><td>缝宽(mm)</td><td>±3</td><td>20m</td><td>1</td><td>+2</td><td>−1</td><td>0</td><td>+2</td><td>+1</td><td>+4</td><td>+1</td><td>+5</td><td>0</td><td>+2</td><td>10</td><td>8</td><td>80</td></tr>
<tr><td>4</td><td>顶面高程</td><td>±10</td><td>20m</td><td>1</td><td>−12</td><td>−5</td><td>−1</td><td>0</td><td>+1</td><td>−12</td><td>−8</td><td>+5</td><td>+5</td><td>−4</td><td>10</td><td>9</td><td>80</td></tr>
</table>

续表

检查项目	序号	检查内容	检验依据/允许偏差（规定值或±偏差值）(mm)	检验频率		检查结果/实测点偏差值或实测值												
				范　围	点数	1	2	3	4	5	6	7	8	9	10	应测点数	合格点数	合格率（%）
平均合格率（%）			85%															
施工单位检查评定结论			合　　格　　项目专业质量检查员：王某															
监理（建设）单位意见			合　　格　　监理工程师： （或建设单位项目专业技术负责人）：　李某　2009 年 8 月 5 日															

注：本表由施工项目专业质量检查员填写，监理工程师（建设单位项目技术负责人）组织项目专业质量检查员等进行验收，并应按上表进行记录。

4.2.10 护栏检验批质量检验记录表

表 A.0.1　　　　　　　　　　　　　　　　　　　　编号：080009 01

<table>
<tr><td colspan="3">工程名称</td><td>南方大道Ⅰ标段道路工程</td><td colspan="2">分部工程名称</td><td colspan="5">附属构筑物</td><td colspan="5">分项工程名称</td><td colspan="3">护栏</td></tr>
<tr><td colspan="3">施工单位</td><td>温岭市市政工程有限公司</td><td colspan="2">技术负责人</td><td colspan="5">张某</td><td colspan="5">项目经理</td><td colspan="3">陈正友</td></tr>
<tr><td colspan="3">分包单位</td><td>/</td><td colspan="2">分包项目经理</td><td colspan="5">/</td><td colspan="5">施工班组长</td><td colspan="3"></td></tr>
<tr><td colspan="3">工程数量</td><td>L=100m</td><td colspan="2">验收部位（或桩号）</td><td colspan="5">0K+000～0K+100</td><td colspan="5">项目技术负责人</td><td colspan="3">钟永兵</td></tr>
<tr><td colspan="3">交方班组</td><td>1组</td><td colspan="2">接方班组</td><td colspan="5">2组</td><td colspan="5">检查日期</td><td colspan="3">2009年9月5日</td></tr>
<tr><td rowspan="2">检查项目</td><td rowspan="2">序号</td><td rowspan="2">检查内容</td><td rowspan="2">检验依据/允许偏差（规定值或±偏差值）(mm)</td><td colspan="2">检验频率</td><td colspan="13">检查结果/实测点偏差值或实测值</td></tr>
<tr><td>范　围</td><td>点数</td><td>1</td><td>2</td><td>3</td><td>4</td><td>5</td><td>6</td><td>7</td><td>8</td><td>9</td><td>10</td><td>应测点数</td><td>合格点数</td><td>合格率（%）</td></tr>
<tr><td rowspan="4">主控项目</td><td>1</td><td>护栏材质</td><td>符合设计要求</td><td>每种、每批</td><td>1</td><td></td><td></td><td></td><td></td><td colspan="6">出厂检验报告：合 012</td><td>1</td><td>1</td><td>100</td></tr>
<tr><td>2</td><td>立柱材质</td><td>符合设计要求</td><td>每种、每批（2000根）</td><td>1</td><td></td><td></td><td></td><td></td><td colspan="6">出厂检验报告：合 013</td><td>1</td><td>1</td><td>100</td></tr>
<tr><td>3</td><td>柱基混凝土</td><td>符合设计要求</td><td>每 100m^3</td><td>1组</td><td></td><td></td><td></td><td></td><td colspan="6">试验报告编号：抗压统计 012</td><td>2</td><td>2</td><td>100</td></tr>
<tr><td>4</td><td>护栏柱置入深度</td><td>符合设计要求</td><td>全数检查</td><td></td><td colspan="10">符合设计要求</td><td></td><td></td><td></td></tr>
<tr><td rowspan="2">一般项目</td><td>1</td><td>顺直度(mm/m)</td><td>≤5</td><td rowspan="2">20m</td><td>1</td><td>4</td><td>2</td><td>2</td><td>0</td><td>2</td><td>2</td><td>2</td><td>4</td><td>6</td><td>2</td><td>10</td><td>9</td><td>90</td></tr>
<tr><td>2</td><td>中线偏位(mm)</td><td>≤20</td><td>1</td><td>10</td><td>5</td><td>15</td><td>10</td><td>5</td><td>20</td><td>15</td><td>10</td><td>10</td><td>5</td><td>10</td><td>10</td><td>100</td></tr>
</table>

续表

<table>
<tr><th rowspan="2">检查项目</th><th rowspan="2">序号</th><th rowspan="2">检查内容</th><th rowspan="2">检验依据/允许偏差（规定值或±偏差值）(mm)</th><th colspan="2">检验频率</th><th colspan="13">检查结果/实测点偏差值或实测值</th></tr>
<tr><th>范　围</th><th>点数</th><th>1</th><th>2</th><th>3</th><th>4</th><th>5</th><th>6</th><th>7</th><th>8</th><th>9</th><th>10</th><th>应测点数</th><th>合格点数</th><th>合格率（%）</th></tr>
<tr><td rowspan="3">一般项目</td><td>3</td><td>立柱间距（mm）</td><td>±5</td><td rowspan="3">20m</td><td>1</td><td>4</td><td>2</td><td>2</td><td>4</td><td>7</td><td>6</td><td>2</td><td>2</td><td>2</td><td>2</td><td>10</td><td>8</td><td>80</td></tr>
<tr><td>4</td><td>立柱垂直度（mm）</td><td>≤5</td><td>1</td><td>1</td><td>2</td><td>2</td><td>1</td><td>4</td><td>2</td><td>6</td><td>2</td><td>2</td><td>1</td><td>10</td><td>9</td><td>90</td></tr>
<tr><td>5</td><td>横栏高度（mm）</td><td>±20</td><td>1</td><td>+5</td><td>+5</td><td>+5</td><td>−3</td><td>+10</td><td>+15</td><td>+5</td><td>−10</td><td>+25</td><td>+5</td><td>10</td><td>9</td><td>90</td></tr>
<tr><td colspan="3">平均合格率（%）</td><td colspan="16">90%</td></tr>
<tr><td colspan="3">施工单位检查评定结论</td><td colspan="16">合　格　　项目专业质量检查员：王某</td></tr>
<tr><td colspan="3">监理(建设)单位意见</td><td colspan="16">合　格　　监理工程师：
（或建设单位项目专业技术负责人）：　李某　2009 年 9 月 5 日</td></tr>
</table>

注：本表由施工项目专业质量检查员填写，监理工程师（建设单位项目技术负责人）组织项目专业质量检查员等进行验收，并应按上表进行记录。

4.2.11 分项工程质量验收记录表

A.0.2表　　　　　　　　　　　　　　　　　　　　　　　　编号：001

<table>
<tr><td>工程名称</td><td colspan="7">南方经济技术开发区2号道路工程</td></tr>
<tr><td>施工单位</td><td colspan="7">温岭市市政工程有限公司</td></tr>
<tr><td>单位工程名称</td><td colspan="3">道路工程</td><td>分部工程名称</td><td colspan="3">路基</td></tr>
<tr><td>分项工程名称</td><td colspan="3">土方路基（挖方）</td><td>检验批数</td><td colspan="3">10</td></tr>
<tr><td>分包单位</td><td>无</td><td colspan="2">分包项目经理</td><td>无</td><td colspan="2">施工班组长</td><td>无</td></tr>
<tr><td>项目经理</td><td>陈正友</td><td colspan="2">项目技术负责人</td><td>钟某</td><td colspan="2">制表人</td><td>林某</td></tr>
<tr><td rowspan="2">序号</td><td rowspan="2" colspan="2">检验批部位、区段</td><td colspan="2">施工单位自检情况</td><td colspan="3">监理（建设）单位验收情况</td></tr>
<tr><td>合格率(%)</td><td>检验结论</td><td>合格率(%)</td><td colspan="2">检验结论</td></tr>
<tr><td>1</td><td colspan="2">0K+000～0K+100</td><td>91.12</td><td>合格</td><td>91.12</td><td colspan="2">合格</td></tr>
<tr><td>2</td><td colspan="2">0K+100～0K+200</td><td>93.00</td><td>合格</td><td>93.00</td><td colspan="2">合格</td></tr>
<tr><td>3</td><td colspan="2">0K+200～0K+300</td><td>92.30</td><td>合格</td><td>92.30</td><td colspan="2">合格</td></tr>
<tr><td>4</td><td colspan="2">0K+300～0K+400</td><td>94.13</td><td>合格</td><td>94.13</td><td colspan="2">合格</td></tr>
<tr><td>5</td><td colspan="2">0K+400～0K+500</td><td>94.00</td><td>合格</td><td>94.00</td><td colspan="2">合格</td></tr>
<tr><td>6</td><td colspan="2">0K+500～0K+600</td><td>92.50</td><td>合格</td><td>92.50</td><td colspan="2">合格</td></tr>
<tr><td>7</td><td colspan="2">0K+600～0K+700</td><td>93.23</td><td>合格</td><td>93.23</td><td colspan="2">合格</td></tr>
<tr><td>8</td><td colspan="2">0K+700～0K+800</td><td>93.00</td><td>合格</td><td>93.00</td><td colspan="2">合格</td></tr>
<tr><td>9</td><td colspan="2">0K+800～0K+900</td><td>94.30</td><td>合格</td><td>94.30</td><td colspan="2">合格</td></tr>
<tr><td>10</td><td colspan="2">0K+900～1K+000</td><td>93.13</td><td>合格</td><td>93.13</td><td colspan="2">合格</td></tr>
<tr><td>11</td><td colspan="2"></td><td></td><td></td><td></td><td colspan="2"></td></tr>
<tr><td>12</td><td colspan="2"></td><td></td><td></td><td></td><td colspan="2"></td></tr>
<tr><td colspan="2">平均合格率（%）</td><td colspan="3">93.07%</td><td colspan="3">93.07%</td></tr>
<tr><td>施工单位检查结果</td><td colspan="3">合格
项目质量检查员：王某
项目技术负责人：钟某
2008年9月24日</td><td>验收结论</td><td colspan="3">合格
监理工程师：方某
（建设单位项目专业技术负责人）：
2008年9月25日</td></tr>
</table>

注：本表由施工单位制表人填写，监理工程师（建设单位项目技术负责人）组织施工单位项目技术负责人及质量检查员等进行验收，并应按上表进行记录。

4.2.12 分项工程质量验收记录表

A.0.2表　　　　　　　　　　　　　　　　编号：002

工程名称	南方经济技术开发区2号道路工程				
施工单位	温岭市市政工程有限公司				
单位工程名称	道路工程		分部工程名称	路基	
分项工程名称	石方路基（填石）		检验批数	10	
分包单位	无	分包项目经理	无	施工班组长	无
项目经理	陈正友	项目技术负责人	钟某	制表人	林某

序号	检验批部位、区段	施工单位自检情况		监理（或建设）单位验收情况	
		合格率(%)	检验结论	合格率(%)	检验结论
1	0K+000～0K+100	88.88	合格	88.88	合格
2	0K+100～0K+200	93.00	合格	93.00	合格
3	0K+200～0K+300	92.30	合格	92.30	合格
4	0K+300～0K+400	94.13	合格	94.13	合格
5	0K+400～0K+500	94.00	合格	94.00	合格
6	0K+500～0K+600	92.50	合格	92.50	合格
7	0K+600～0K+700	93.23	合格	93.23	合格
8	0K+700～0K+800	93.00	合格	93.00	合格
9	0K+800～0K+900	94.30	合格	94.30	合格
10	0K+900～1K+000	93.13	合格	93.13	合格
11					
12					
平均合格率（%）		93.04%		93.04%	

施工单位检查结果	合格 项目质量检查员：王某 项目技术负责人：钟某 2008年9月24日	验收结论	合格 监理工程师：方某 （建设单位项目专业技术负责人）： 2008年9月25日

注：本表由施工单位制表人填写，监理工程师（或建设单位项目技术负责人）组织施工单位项目技术负责人及质量检查员等进行验收，并应按上表进行记录。

4.2.13 分项工程质量验收记录表

A.0.2表　　　　　　　　　　　　　　　　　　　　编号：003

<table>
<tr><td>工程名称</td><td colspan="7">南方经济技术开发区2号道路工程</td></tr>
<tr><td>施工单位</td><td colspan="7">温岭市市政工程有限公司</td></tr>
<tr><td>单位工程名称</td><td colspan="3">道路工程</td><td colspan="2">分部工程名称</td><td colspan="2">路基</td></tr>
<tr><td>分项工程名称</td><td colspan="3">路肩</td><td colspan="2">检验批数</td><td colspan="2">10</td></tr>
<tr><td>分包单位</td><td>无</td><td colspan="2">分包项目经理</td><td colspan="2">无</td><td>施工班组长</td><td>无</td></tr>
<tr><td>项目经理</td><td>陈正友</td><td colspan="2">项目技术负责人</td><td colspan="2">钟某</td><td>制表人</td><td>方某</td></tr>
<tr><td rowspan="2">序号</td><td rowspan="2" colspan="2">检验批部位、区段</td><td colspan="2">施工单位自检情况</td><td colspan="3">监理(建设）单位验收情况</td></tr>
<tr><td>合格率(%)</td><td>检验结论</td><td>合格率(%)</td><td colspan="2">检验结论</td></tr>
<tr><td>1</td><td colspan="2">0K＋000～0K＋100</td><td>80.00</td><td>合格</td><td>80.00</td><td colspan="2">合格</td></tr>
<tr><td>2</td><td colspan="2">0K＋100～0K＋200</td><td>93.00</td><td>合格</td><td>93.00</td><td colspan="2">合格</td></tr>
<tr><td>3</td><td colspan="2">0K＋200～0K＋300</td><td>92.00</td><td>合格</td><td>92.00</td><td colspan="2">合格</td></tr>
<tr><td>4</td><td colspan="2">0K＋300～0K＋400</td><td>91.00</td><td>合格</td><td>91.00</td><td colspan="2">合格</td></tr>
<tr><td>5</td><td colspan="2">0K＋400～0K＋500</td><td>94.00</td><td>合格</td><td>94.00</td><td colspan="2">合格</td></tr>
<tr><td>6</td><td colspan="2">0K＋500～0K＋600</td><td>92.50</td><td>合格</td><td>92.50</td><td colspan="2">合格</td></tr>
<tr><td>7</td><td colspan="2">0K＋600～0K＋700</td><td>91.00</td><td>合格</td><td>91.00</td><td colspan="2">合格</td></tr>
<tr><td>8</td><td colspan="2">0K＋700～0K＋800</td><td>93.00</td><td>合格</td><td>93.00</td><td colspan="2">合格</td></tr>
<tr><td>9</td><td colspan="2">0K＋800～0K＋900</td><td>90.00</td><td>合格</td><td>90.00</td><td colspan="2">合格</td></tr>
<tr><td>10</td><td colspan="2">0K＋900～1K＋000</td><td>91.00</td><td>合格</td><td>91.00</td><td colspan="2">合格</td></tr>
<tr><td>11</td><td colspan="2"></td><td></td><td></td><td></td><td colspan="2"></td></tr>
<tr><td>12</td><td colspan="2"></td><td></td><td></td><td></td><td colspan="2"></td></tr>
<tr><td colspan="2">平均合格率（%）</td><td colspan="3">90.75%</td><td colspan="3">90.75%</td></tr>
<tr><td>施工单位检查结果</td><td colspan="3">合格
项目质量检查员：王某
项目技术负责人：钟某
2008年9月24日</td><td>验收结论</td><td colspan="3">合格
监理工程师：林某
(建设单位项目专业技术负责人)：
2008年9月25日</td></tr>
</table>

注：本表由施工单位制表人填写，监理工程师（建设单位项目技术负责人）组织施工单位项目技术负责人及质量检查员等进行验收，并应按上表进行记录。

4.2.14 分项工程质量验收记录表

A.0.2 表　　　　　　　　　　　　　　　　　　　　　　编号：006

<table>
<tr><td>工程名称</td><td colspan="5">南方经济技术开发区道路工程</td></tr>
<tr><td>施工单位</td><td colspan="5">温岭市市政工程有限公司</td></tr>
<tr><td>单位工程名称</td><td colspan="2">道路工程</td><td>分部工程名称</td><td colspan="2">面层</td></tr>
<tr><td>分项工程名称</td><td colspan="2">热拌沥清混合料面层</td><td>检验批数</td><td colspan="2">10</td></tr>
<tr><td>分包单位</td><td>南方交通建设有限公司</td><td>分包项目经理</td><td>王某</td><td>施工班组长</td><td>张某</td></tr>
<tr><td>项目经理</td><td>陈正友</td><td>项目技术负责人</td><td>钟某</td><td>制表人</td><td>方某</td></tr>
<tr><td rowspan="2">序号</td><td rowspan="2">检验批部位、区段</td><td colspan="2">施工单位自检情况</td><td colspan="2">监理(建设) 单位验收情况</td></tr>
<tr><td>合格率(%)</td><td>检验结论</td><td>合格率(%)</td><td>检验结论</td></tr>
<tr><td>1</td><td>0K+000～0K+100</td><td>93.34</td><td>合格</td><td>93.34</td><td>合格</td></tr>
<tr><td>2</td><td>0K+100～0K+200</td><td>93.00</td><td>合格</td><td>93.00</td><td>合格</td></tr>
<tr><td>3</td><td>0K+200～0K+300</td><td>94.30</td><td>合格</td><td>94.30</td><td>合格</td></tr>
<tr><td>4</td><td>0K+300～0K+400</td><td>94.13</td><td>合格</td><td>94.13</td><td>合格</td></tr>
<tr><td>5</td><td>0K+400～0K+500</td><td>94.00</td><td>合格</td><td>94.00</td><td>合格</td></tr>
<tr><td>6</td><td>0K+500～0K+600</td><td>94.50</td><td>合格</td><td>94.50</td><td>合格</td></tr>
<tr><td>7</td><td>0K+600～0K+700</td><td>95.23</td><td>合格</td><td>95.23</td><td>合格</td></tr>
<tr><td>8</td><td>0K+700～0K+800</td><td>93.00</td><td>合格</td><td>93.00</td><td>合格</td></tr>
<tr><td>9</td><td>0K+800～0K+900</td><td>94.30</td><td>合格</td><td>94.30</td><td>合格</td></tr>
<tr><td>10</td><td>0K+900～1K+000</td><td>95.13</td><td>合格</td><td>95.13</td><td>合格</td></tr>
<tr><td>11</td><td></td><td></td><td></td><td></td><td></td></tr>
<tr><td>12</td><td></td><td></td><td></td><td></td><td></td></tr>
<tr><td colspan="2">平均合格率（%）</td><td colspan="2">94.09%</td><td colspan="2">94.09%</td></tr>
<tr><td>施工单位检查结果</td><td colspan="2">合格
项目质量检查员：王某
项目技术负责人：钟某
2008 年 9 月 24 日</td><td>验收结论</td><td colspan="2">合格
监理工程师：林某
(建设单位项目专业技术负责人)：
2008 年 9 月 25 日</td></tr>
</table>

注：本表由施工单位制表人填写，监理工程师（建设单位项目技术负责人）组织施工单位项目技术负责人及质量检查员等进行验收，并应按上表进行记录。

4.2.15 分部（子分部）工程检验记录表

A.0.3-1 表　　　　　　　　　　　　　　　　　　　　编号：001

<table>
<tr><td>工程名称</td><td colspan="2">南方经济技术开发区
2 号道路工程</td><td>分部工程
名称</td><td colspan="2">路基</td></tr>
<tr><td>施工单位</td><td>温岭市市政
工程有限公司</td><td>项目经理</td><td>陈正友</td><td>项目技术
负责人</td><td>钟某</td></tr>
<tr><td>分包单位</td><td>无</td><td>分包单位
负责人</td><td>无</td><td>分包项目
经理</td><td>无</td></tr>
<tr><td>施工员</td><td>张某</td><td>质量员</td><td>王某</td><td>日期</td><td>08 年 9 月 24 日</td></tr>
<tr><td>序号</td><td>分项工程名称</td><td>检验批数</td><td>合格率%</td><td colspan="2">质量情况</td></tr>
<tr><td>1</td><td>土方路基（挖方）</td><td>10</td><td>93.07</td><td colspan="2">合格</td></tr>
<tr><td>2</td><td>石方路基（填石）</td><td>10</td><td>93.04</td><td colspan="2">合格</td></tr>
<tr><td>3</td><td>路肩</td><td>10</td><td>90.75</td><td colspan="2">合格</td></tr>
<tr><td>4</td><td></td><td></td><td></td><td colspan="2"></td></tr>
<tr><td>5</td><td></td><td></td><td></td><td colspan="2"></td></tr>
<tr><td>6</td><td></td><td></td><td></td><td colspan="2"></td></tr>
<tr><td>7</td><td></td><td></td><td></td><td colspan="2"></td></tr>
<tr><td>8</td><td></td><td></td><td></td><td colspan="2"></td></tr>
<tr><td>9</td><td></td><td></td><td></td><td colspan="2"></td></tr>
<tr><td>10</td><td></td><td></td><td></td><td colspan="2"></td></tr>
<tr><td>11</td><td></td><td></td><td></td><td colspan="2"></td></tr>
<tr><td>12</td><td></td><td></td><td></td><td colspan="2"></td></tr>
<tr><td colspan="2">质量控制资料</td><td colspan="4">共 8 项，经审查符合要求 8 项。经核定符合规范要求 8 项</td></tr>
<tr><td colspan="2">安全和功能检验（检测）报告</td><td colspan="4">共核查 1 项，符合要求 1 项</td></tr>
<tr><td colspan="2">观感质量验收</td><td colspan="4">符合要求</td></tr>
<tr><td colspan="2">分部（子分部）工程检验结果</td><td>合格</td><td colspan="2">平均合格率（%）</td><td>92.29</td></tr>
<tr><td>参加验收单位</td><td>施工单位
项目经理：陈正友
制表人：方某
2008 年 9 月 25 日</td><td>监理(建设) 单位
总监理工程师（建设单位项目专业技术负责人）：李某
2008 年 9 月 25 日</td><td colspan="2">设计单位
项目负责人：
王某
2008 年 9 月 25 日</td><td>勘察单位
项目负责人：
周某
2008 年 9 月 25 日</td></tr>
</table>

注：本表由施工单位制表人填写，总监理工程师（建设单位项目专业技术负责人）组织施工项目经理和有关勘察、设计单位项目负责人进行验收，并应按上表进行记录（重要分部验收要求质量员、技术负责人参加）。

4.2.16 分部（子分部）工程检验记录表

A.0.3-1 表　　　　　　　　　　　　　　　　　　　编号：002

<table>
<tr><td colspan="2">工程名称</td><td colspan="2">南方经济技术开发区
2号道路工程</td><td>分部工程
名称</td><td colspan="2">基层</td></tr>
<tr><td colspan="2">施工单位</td><td>温岭市市政
工程有限公司</td><td>项目经理</td><td>陈正友</td><td>项目技术
负责人</td><td>钟某</td></tr>
<tr><td colspan="2">分包单位</td><td>无</td><td>分包单位
负责人</td><td>无</td><td>分包项目
经理</td><td>无</td></tr>
<tr><td colspan="2">施工员</td><td>张某</td><td>质量员</td><td>王某</td><td>日期</td><td>08年9月24日</td></tr>
<tr><td>序号</td><td colspan="2">分项工程名称</td><td>检验批数</td><td>合格率%</td><td colspan="2">质量情况</td></tr>
<tr><td>1</td><td colspan="2">水泥稳定基层</td><td>10</td><td>94.29</td><td colspan="2">合格</td></tr>
<tr><td>2</td><td colspan="2"></td><td></td><td></td><td colspan="2"></td></tr>
<tr><td>3</td><td colspan="2"></td><td></td><td></td><td colspan="2"></td></tr>
<tr><td>4</td><td colspan="2"></td><td></td><td></td><td colspan="2"></td></tr>
<tr><td>5</td><td colspan="2"></td><td></td><td></td><td colspan="2"></td></tr>
<tr><td>6</td><td colspan="2"></td><td></td><td></td><td colspan="2"></td></tr>
<tr><td>7</td><td colspan="2"></td><td></td><td></td><td colspan="2"></td></tr>
<tr><td>8</td><td colspan="2"></td><td></td><td></td><td colspan="2"></td></tr>
<tr><td>9</td><td colspan="2"></td><td></td><td></td><td colspan="2"></td></tr>
<tr><td>10</td><td colspan="2"></td><td></td><td></td><td colspan="2"></td></tr>
<tr><td>11</td><td colspan="2"></td><td></td><td></td><td colspan="2"></td></tr>
<tr><td>12</td><td colspan="2"></td><td></td><td></td><td colspan="2"></td></tr>
<tr><td colspan="3">质量控制资料</td><td colspan="4">共7项，经审查符合要求7项，经核定符合规范要求7项</td></tr>
<tr><td colspan="3">安全和功能检验（检测）报告</td><td colspan="4">共核查1项，符合要求1项</td></tr>
<tr><td colspan="3">观感质量验收</td><td colspan="4">符合要求</td></tr>
<tr><td colspan="3">分部（子分部）工程检验结果</td><td>合格</td><td colspan="2">平均合格率（%）</td><td>94.29</td></tr>
<tr><td>参加验收单位</td><td colspan="2">施工单位：
项目经理：陈正友
制表人：方某
2008年9月25日</td><td>监理(建设) 单位：
总监理工程师（建设单位项目专业技术负责人）：李某
2008年9月25日</td><td colspan="2">设计单位：
项目负责人：王某
2008年9月25日</td><td>勘察单位：
项目负责人：周某
2008年9月25日</td></tr>
</table>

注：本表由施工单位制表人填写，总监理工程师（建设单位项目专业技术负责人）组织施工项目经理和有关勘察、设计单位项目负责人进行验收，并应按上表进行记录（重要分部验收要求质量员、技术负责人参加）。

4.2.17 分部（子分部）工程检验记录表

A.0.3-1 表　　　　　　　　　　　　　　　　　　　　　　编号：003

<table>
<tr><td>工程名称</td><td colspan="2">南方经济技术开发区
2 号道路工程</td><td>分部工程
名称</td><td colspan="2">面层</td></tr>
<tr><td>施工单位</td><td>温岭市市政
工程有限公司</td><td>项目经理</td><td>陈正友</td><td>项目技术
负责人</td><td>钟某</td></tr>
<tr><td>分包单位</td><td>南方交通
建设有限公司</td><td>分包单位
负责人</td><td>金某</td><td>分包项目
经理</td><td>王某</td></tr>
<tr><td>施工员</td><td>张某</td><td>质量员</td><td>王某</td><td>日期</td><td>08 年 9 月 24 日</td></tr>
<tr><td>序号</td><td>分项工程名称</td><td>检验批数</td><td>合格率%</td><td colspan="2">质量情况</td></tr>
<tr><td>1</td><td>透层</td><td>10</td><td>100</td><td colspan="2">合格</td></tr>
<tr><td>2</td><td>热拌沥青混合料面层</td><td>10</td><td>94.09</td><td colspan="2">合格</td></tr>
<tr><td>3</td><td></td><td></td><td></td><td colspan="2"></td></tr>
<tr><td>4</td><td></td><td></td><td></td><td colspan="2"></td></tr>
<tr><td>5</td><td></td><td></td><td></td><td colspan="2"></td></tr>
<tr><td>6</td><td></td><td></td><td></td><td colspan="2"></td></tr>
<tr><td>7</td><td></td><td></td><td></td><td colspan="2"></td></tr>
<tr><td>8</td><td></td><td></td><td></td><td colspan="2"></td></tr>
<tr><td>9</td><td></td><td></td><td></td><td colspan="2"></td></tr>
<tr><td>10</td><td></td><td></td><td></td><td colspan="2"></td></tr>
<tr><td>11</td><td></td><td></td><td></td><td colspan="2"></td></tr>
<tr><td>12</td><td></td><td></td><td></td><td colspan="2"></td></tr>
<tr><td colspan="2">质量控制资料</td><td colspan="4">共 11 项，经审查符合要求 11 项；经核定符合规范要求 11 项</td></tr>
<tr><td colspan="2">安全和功能检验（检测）报告</td><td colspan="4">共核查 3 项，符合要求 3 项</td></tr>
<tr><td colspan="2">观感质量验收</td><td colspan="4">符合要求</td></tr>
<tr><td colspan="2">分部（子分部）工程检验结果</td><td>合格</td><td colspan="2">平均合格率（%）</td><td>97.05</td></tr>
<tr><td>参加验收单位</td><td>施工单位：
项目经理：陈正友
制表人：方某
2008 年 9 月 25 日</td><td>监理(建设）单位：
总监理工程师（建设单位项目专业技术负责人）：李某
2008 年 9 月 25 日</td><td colspan="2">设计单位：
项目负责人：王某
2008 年 9 月 25 日</td><td>勘察单位：
项目负责人：周某
2008 年 9 月 25 日</td></tr>
</table>

注：本表由施工单位制表人填写，总监理工程师（建设单位项目专业技术负责人）组织施工项目经理和有关勘察、设计单位项目负责人进行验收，并应按上表进行记录（重要分部验收要求质量员、技术负责人参加）。

4.2.18 分部（子分部）工程检验记录表

A. 0. 3-1 表　　　　编号：004

工程名称	南方经济技术开发区 2号道路工程		分部工程 名称	人行道	
施工单位	温岭市市政 工程有限公司	项目经理	陈正友	项目技术 负责人	钟某
分包单位	南方交通 建设有限公司	分包单位 负责人	无	分包项目 经理	无
施工员	张某	质量员	王某	日期	08年9月24日

序号	分项工程名称	检验批数	合格率%	质量情况
1	预制块人行道面层	10	90.5	合格
2				
3				
4				
5				
6				
7				
8				
9				
10				
11				
12				

质量控制资料	共4项，经审查符合要求4项；经核定符合规范要求4项		
安全和功能检验（检测）报告	共核查1项，符合要求1项		
观感质量验收	符合要求		
分部（子分部）工程检验结果	合格	平均合格率（%）	90.5

参加验收单位	施工单位： 项目经理：陈正友 制表人：方某 2008年9月25日	监理(建设)单位： 总监理工程师（建设单位项目专业技术负责人）：李某 2008年9月25日	设计单位： 项目负责人：王某 2008年9月25日	勘察单位： 项目负责人：周某 2008年9月25日

注：本表由施工单位制表人填写，总监理工程师（建设单位项目专业技术负责人）组织施工项目经理和有关勘察、设计单位项目负责人进行验收，并应按上表进行记录（重要分部验收要求质量员、技术负责人参加）。

4.2.19 分部（子分部）工程检验记录表

A.0.3-1 表　　　　　　　　　　　　　　　　　　　　　　编号：005

工程名称	南方经济技术开发区 2 号道路工程		分部工程 名称	附属构筑物	
施工单位	温岭市市政 工程有限公司	项目经理	陈正友	项目技术 负责人	钟某
分包单位	无	分包单位 负责人	无	分包项目 经理	无
施工员	张某	质量员	王某	日期	08 年 9 月 24 日
序号	分项工程名称	检验批数	合格率％	质量情况	
1	路缘石	10	90	合格	
2	护栏	10	94.5	合格	
3					
4					
5					
6					
7					
8					
9					
10					
11					
12					
质量控制资料		共 6 项，经审查符合要求 6 项；经核定符合规范要求 6 项			
安全和功能检验（检测）报告		共核查 1 项，符合要求 1 项			
观感质量验收		符合要求			
分部（子分部）工程检验结果		合格	平均合格率（％）	92.25	
参加验收单位	施工单位： 项目经理：陈正友 制表人：方某 2008 年 9 月 25 日	监理(建设) 单位： 总监理工程师（建设单位项目专业技术负责人）：李某 2008 年 9 月 25 日	设计单位： 项目负责人：王某 2008 年 9 月 25 日	勘察单位： 项目负责人：周某 2008 年 9 月 25 日	

注：本表由施工单位制表人填写，总监理工程师（建设单位项目专业技术负责人）组织施工项目经理和有关勘察、设计单位项目负责人进行验收，并应按上表进行记录。如有分包单位参加以增设签字栏（重要分部验收要求质量员、技术负责人参加）。

4.2.20 分部工程检验汇总表

A.0.3-2 表 编号：001

<table>
<tr><td colspan="2">工程名称</td><td colspan="5">南方经济技术开发区 2 号道路工程</td></tr>
<tr><td colspan="2">施工单位</td><td colspan="5">温岭市市政工程有限公司</td></tr>
<tr><td colspan="2">单位工程名称</td><td colspan="2">道路工程</td><td>分部工程名称</td><td colspan="2">无</td></tr>
<tr><td colspan="2">项目经理</td><td>陈正友</td><td>项目技术负责人</td><td>钟某</td><td>制表人</td><td>方某</td></tr>
<tr><td>序号</td><td colspan="3">外观检查</td><td colspan="3">质量情况</td></tr>
<tr><td>1</td><td colspan="3">路基：共 4 项；综合评价：好</td><td colspan="3">符合要求</td></tr>
<tr><td>2</td><td colspan="3">基层：共 1 项；综合评价：好</td><td colspan="3">符合要求</td></tr>
<tr><td>3</td><td colspan="3">面层：共 2 项；综合评价：一般</td><td colspan="3">符合要求</td></tr>
<tr><td>4</td><td colspan="3">人行道：共 2 项；综合评价：好</td><td colspan="3">符合要求</td></tr>
<tr><td>5</td><td colspan="3">附属构筑物：共 5 项；综合评价：好</td><td colspan="3">符合要求</td></tr>
<tr><td>6</td><td colspan="3"></td><td colspan="3"></td></tr>
<tr><td>7</td><td colspan="3"></td><td colspan="3"></td></tr>
<tr><td>8</td><td colspan="3"></td><td colspan="3"></td></tr>
<tr><td>9</td><td colspan="3"></td><td colspan="3"></td></tr>
<tr><td>10</td><td colspan="3"></td><td colspan="3"></td></tr>
<tr><td>11</td><td colspan="3"></td><td colspan="3"></td></tr>
<tr><td>12</td><td colspan="3"></td><td colspan="3"></td></tr>
<tr><td>序号</td><td colspan="3">分部（子分部）工程名称</td><td>合格率（%）</td><td colspan="2">质量情况</td></tr>
<tr><td>1</td><td colspan="3">路基</td><td>92.29</td><td colspan="2">合格</td></tr>
<tr><td>2</td><td colspan="3">基层</td><td>94.29</td><td colspan="2">合格</td></tr>
<tr><td>3</td><td colspan="3">面层</td><td>97.05</td><td colspan="2">合格</td></tr>
<tr><td>4</td><td colspan="3">人行道</td><td>90.5</td><td colspan="2">合格</td></tr>
<tr><td>5</td><td colspan="3">附属构筑物</td><td>92.25</td><td colspan="2">合格</td></tr>
<tr><td>6</td><td colspan="3"></td><td></td><td colspan="2"></td></tr>
<tr><td>7</td><td colspan="3"></td><td></td><td colspan="2"></td></tr>
<tr><td>8</td><td colspan="3"></td><td></td><td colspan="2"></td></tr>
<tr><td>9</td><td colspan="3"></td><td></td><td colspan="2"></td></tr>
<tr><td>10</td><td colspan="3"></td><td></td><td colspan="2"></td></tr>
<tr><td>11</td><td colspan="3"></td><td></td><td colspan="2"></td></tr>
<tr><td>12</td><td colspan="3"></td><td></td><td colspan="2"></td></tr>
<tr><td colspan="2">平均合格率（%）</td><td colspan="5">93.3</td></tr>
<tr><td colspan="2">检查结果</td><td colspan="5">外观综合评价：好　　综合结论：符合要求</td></tr>
<tr><td colspan="4">施工负责人：陈正友 2008 年 9 月 24 日</td><td colspan="3">质量检查员：王某 2008 年 9 月 24 日</td></tr>
</table>

注：本表由施工单位制表人填写，施工负责人和质量检查员进行核对确认，并应按上表进行记录。此表的检查结果填写到单位（子单位）工程质量竣工验收记录表内。

4.2.21 单位（子单位）工程质量竣工验收记录表

表 A.0.4 编号：001

工程名称	南方经济技术开发区 2 号道路工程				
施工单位	温岭市市政工程有限公司				
道路类型	沥青混凝土		工程造价	8800 万元	
项目经理	陈正友	项目技术负责人	钟某	制表人	方某
开工日期	2007 年 08 月 10 日		竣工日期	2008 年 8 月 24 日	

序号	项目	验收记录	验收结论（监理或建设单位填写）
1	分部工程	共 5 分部，经查 5 分部，符合标准及设计要求 5 分部。	合格
2	质量控制资料核查	共 36 项，经审查符合要求 36 项。经核定符合规范要求 36 项	完整并符合要求
3	安全和主要使用功能核查及抽查结果	共核查 7 项，符合要求 7 项，共抽查 7 项，符合要求 7 项，经返工处理符合要求/项。	符合要求
4	观感质量检验	共抽查 14 项，符合要求 14 项，不符合要求/项。	符合要求
5	综合验收结论	合格	

参加验收单位	建设单位	监理单位	施工单位	设计单位	勘察单位
	（公章） 项目负责人： 陈正友 2008 年 9 月 28 日	（公章） 总监理工程师： 王某 2008 年 9 月 28 日	（公章） 单位负责人： 陈某 2008 年 9 月 28 日	（公章） 项目负责人： 王某 2008 年 9 月 28 日	（公章） 项目负责人： 张某 2008 年 9 月 28 日

4.2.22 工程质量（安全）保证体系审查表

<table>
<tr><td>单位
工程名称</td><td colspan="6">南方经济技术开发区2号道路工程</td></tr>
<tr><td>施工单位</td><td colspan="2">温岭市市政工程有限公司</td><td>建设单位</td><td colspan="3">南方经济技术开发区南方建设公</td></tr>
<tr><td>监理单位</td><td colspan="6">天一市政建设管理咨询有限公司</td></tr>
<tr><td rowspan="17">机构人员</td><td rowspan="5">施工单位</td><td>职务</td><td>姓名</td><td>专业职称</td><td>执业资格证书</td><td>证书编号</td></tr>
<tr><td>项目经理</td><td>陈正友</td><td>工程师</td><td>项目经理</td><td>0113692</td></tr>
<tr><td>技术负责人</td><td>钟某</td><td>工程师</td><td>工程师</td><td>026868</td></tr>
<tr><td>专职质检员</td><td>王某</td><td>助工</td><td>质检员</td><td>331050220500177</td></tr>
<tr><td>专职安全员</td><td>华某</td><td>助工</td><td>安全员</td><td>331050520500149</td></tr>
<tr><td rowspan="3">建设单位</td><td>项目负责人</td><td>金某</td><td>总指挥</td><td></td><td></td></tr>
<tr><td>项目专业技术负责人</td><td>沈某</td><td>工程师</td><td></td><td></td></tr>
<tr><td>项目管理员</td><td>王某</td><td>工程师</td><td></td><td></td></tr>
<tr><td rowspan="4">监理单位</td><td>项目总监</td><td>李某</td><td>监理工程师</td><td>注册证</td><td>0113660</td></tr>
<tr><td>监理工程师</td><td>洪某</td><td>监理工程师</td><td>注册证</td><td>0113688</td></tr>
<tr><td>见证取样员</td><td>国某</td><td>监理员</td><td>工程师</td><td>0088888</td></tr>
<tr><td></td><td></td><td></td><td></td><td></td></tr>
<tr><td rowspan="4">勘察设计单位</td><td>勘察项目负责人</td><td>张某</td><td></td><td></td><td></td></tr>
<tr><td>勘察技术负责人</td><td>俞某</td><td></td><td></td><td></td></tr>
<tr><td>设计项目负责人</td><td>王某</td><td></td><td></td><td></td></tr>
<tr><td>结构设计负责人</td><td>宋某</td><td></td><td></td><td></td></tr>
<tr><td colspan="3">检测单位名称（合同文号）</td><td colspan="2">检测单位资质编号</td><td colspan="2">计量认证书编号</td></tr>
<tr><td colspan="3">天天建工试验中心（测08-068）</td><td colspan="2">浙建检—001</td><td colspan="2">浙计量—001</td></tr>
<tr><td>审查意见</td><td colspan="6">符　合　要　求</td></tr>
</table>

项目监督工程师（质监站该项目负责人）：陈某　　　　2008年9月24日

4.2.23 城镇道路工程强制性条文执行情况检查记录表

工程名称：南方经济技术开发区 2 号道路工程　　　　检查日期：2008 年 9 月 24 日

<table>
<tr><th rowspan="2">项目</th><th rowspan="2">条号</th><th rowspan="2">条款号①</th><th rowspan="2">检 查 内 容</th><th colspan="2">检查结果</th></tr>
<tr><th>符合</th><th>不符合</th></tr>
<tr><td rowspan="2">基本规定</td><td rowspan="2">3</td><td>3.0.7</td><td>施工中必须建立安全技术交底制度，并对作业人员进行相关的安全技术教育与培训。作业前主管施工技术人员必须向作业人员进行详尽的安全技术交底，并形成文件</td><td>符合</td><td></td></tr>
<tr><td>3.0.9</td><td>施工中，前一分项工程未经验收合格严禁进行下一分项工程施工</td><td>符合</td><td></td></tr>
<tr><td rowspan="2">土方路基</td><td rowspan="2">6</td><td>6.3.3</td><td>人机配合土方作业，必须设专人指挥。机械作业时，配合作业人员严禁处在机械作业和走行范围内。配合人员在机械走行范围内作业时，机械必须停止作业</td><td>符合</td><td></td></tr>
<tr><td>6.3.10</td><td>挖方路基应遵守下列规定：
1. 挖土时应自上向下分层开挖，严禁掏洞开挖。作业中断或作业后，开挖面应做成稳定边坡；
2. 机械开挖作业时，必须避开构筑物 \ 管线，在距管道边 1m 范围内应采用人工开挖；在距直埋缆线 2m 范围内必须采用人工开挖；
3. 严禁挖掘机等机械在电力架空线路下作业。需在其一侧作业时，垂直及水平安全距离应符合电力架空线路的最小安全距离</td><td>符合</td><td></td></tr>
<tr><td rowspan="2">沥清混合料面层</td><td rowspan="2">8</td><td>8.1.2</td><td>沥青混合料面层不得在雨雪天气及环境最高温度低于 5℃时施工</td><td>符合</td><td></td></tr>
<tr><td>8.2.20</td><td>热拌沥青混合料路面应待摊铺层自然降温至表面温度低于 50℃后，方可开放交通</td><td>符合</td><td></td></tr>
<tr><td>铺砌式面层</td><td>11</td><td>11.1.9</td><td>铺砌面层完成后，必须封闭交通，并应湿润养护，当水泥砂浆达到设计强度后，方可开放交通</td><td>符合</td><td></td></tr>
<tr><td>冬雨期施工</td><td>17</td><td>17.3.8</td><td>当面层混凝土弯拉强度未达到 1MPa 或抗压强度未达到 5MPa 时，必须采取防止混凝土受冻的措施，严禁混凝土受冻</td><td>符合</td><td></td></tr>
<tr><td colspan="3">检查结论</td><td colspan="3">检查结论：符合要求
施工单位技术负责人：钟某　　总监理工程师：李某
施工单位项目经理：陈正友　　（建设单位项目负责人）：沈某
2008 年 9 月 25 日　　2008 年 9 月 25 日</td></tr>
</table>

注：①《城镇道路工程施工与质量验收规范》CJJ 1—2008。

4.2.24 单位（子单位）工程质量控制资料核查记录表

工程名称		南方经济技术开发区2号道路工程	施工单位	温岭市市政工程有限公司			
序号	项目	资　料　名　称	份数	施工单位		监理（建设）单位	
				审查意见	审查人	核查意见	核查人
1	通用部分	图纸会审、设计变更、洽商记录	5	符合要求	钟某	符合要求	李某
2		工程定位测量、放线记录	2	符合要求	钟某	符合要求	李某
1	路基分部	土方路基压实度检测报告	12	符合要求	钟某	符合要求	李某
2		土方路基弯沉值检测报告	4	符合要求	钟某	符合要求	李某
3		原材料合格证/出厂检验报告（砂、石、土工材料等）	36	符合要求	钟某	符合要求	李某
4		原材料进场复检报告	12	符合要求	钟某	符合要求	李某
5		砂垫层材料进场检验报告	0	/			
6		软土路基压实度检测报告	0	/			
7		复合地基承载力检验报告	0	/			
8		隐蔽工程验收记录、施工记录	1	符合要求	钟某	符合要求	李某
9		分项分部工程质量验收记录	10	符合要求	钟某	符合要求	李某
1	基层分部	原材料合格证/出厂（场）检验报告	11	符合要求	钟某	符合要求	李某
2		原材料进场复检报告	4	符合要求	钟某	符合要求	李某
3		基层、底基层压实度检验报告	8	符合要求	钟某	符合要求	李某
4		基层、底基层试件7d无侧限抗压强度报告	6	符合要求	钟某	符合要求	李某
5		基层、底基层弯沉检测报告	4	符合要求	钟某	符合要求	李某
6		级配碎石及级配碎砾石的颗粒检验报告	0				
7		级配碎石及级配砾石压碎指标检测报高	0				
8		级配碎石及级配碎砾石的压实度检验报告	0				
9		级配碎石及级配碎砾石的弯沉检验报告	0				
10		沥青混合料马歇尔击实试件密度报告	0				

续表

序号	项目	资料名称	份数	施工单位		监理（建设）单位	
				审查意见	审查人	核查意见	核查人
11	基层分部	沥青混合料弯沉检测报告	0				
12		级配单（石灰土、砂砾碎石、石灰粉煤灰钢渣）	0				
13		隐蔽工程验收记录、施工记录	1	符合要求	钟某	符合要求	李某
14		分项分部工程质量验收记录	8	符合要求	钟某	符合要求	李某
1	面层分部	对天气、环境温度控制记录	1	符合要求	钟某	符合要求	李某
2		对原混凝土路面与基层空隙处理修补记录	0				
3		测量复测记录	2	符合要求	钟某	符合要求	李某
4		原材料合格证、出厂检验报告	16	符合要求	钟某	符合要求	李某
5		原材料进场复检报告	8	符合要求	钟某	符合要求	李某
6		沥青混合料产品抽样检验方案	2	符合要求	钟某	符合要求	李某
7		沥青混合料压实度检验报告	4	符合要求	钟某	符合要求	李某
8		沥青混合料弯沉检验报告	2	符合要求	钟某	符合要求	李某
9		热拌沥青混合料配合比设计资料	3	符合要求	钟某	符合要求	李某
10		混凝土及铺砌面层原材料合格证、出厂检验报告	0				
11		进场复检报告	0				
12		水泥混凝土试块强度报告（含抗折）	0				
13		砂浆试块强度报告	0				
14		钢筋、传力杆隐蔽记录	0				
15		热拌沥青混合料面层通车前温度控制记录	2	符合要求	钟某	符合要求	李某
16		抗滑构造深度检测记录	4	符合要求	钟某	符合要求	李某
17		施工记录	1	符合要求	钟某	符合要求	李某
18		分项分部工程质量验收记录	8	符合要求	钟某	符合要求	李某

续表

序号	项目	资料名称	份数	施工单位		监理（建设）单位	
				审查意见	审查人	核查意见	核查人
1	广场与停车场部	料石出厂检验报告或复试报告	0				
2		预制混凝土砌块强度报告	0				
3		砂浆强度报告	0				
4		沥青混合料原材料出厂合格证、出厂检验报告	0				
5		沥青混合料原材料进场复试报告	0				
6		产品抽样检验方案	0				
7		沥青混合料面层压实度检验报告	0				
8		沥青混合料面层弯沉检测报告	无				
9		水泥混凝土面层强度报告	无				
10		施工记录	无				
11		分项分部质量验收记录	无				
1	人行道铺筑分部	料石出厂检验报告或复试报告	无				
2		预制混凝土砌块强度报告	2	符合要求	钟某	符合要求	李某
3		砂浆强度报告	8	符合要求	钟某	符合要求	李某
4		沥青混合料原材料出厂合格证、出厂检验报告	无				
5		沥青混合料原材料进场复试报告	无				
6		产品抽样检验方案	无				
7		沥青混合料面层压实度检验报告	无				
8		沥青混合料面层弯沉检测报告	无				
9		水泥混凝土面层强度报告	无				
10		施工记录	1	符合要求	钟某	符合要求	李某
11		分项分部质量验收记录	4	符合要求	钟某	符合要求	李某

续表

序号	项目	资料名称	份数	施工单位		监理（建设）单位	
				审查意见	审查人	核查意见	核查人
1	人行地道结构	挖方地基承载力检测报告/填方压实度检测报告	无				
2		原材料出厂合格证、出厂检验报告、进场复检报告	无				
3		钢筋焊接检验报告	无				
4		隐蔽工程验收记录	无				
5		混凝土强度试验报告	无				
6		预制钢筋混凝土墙板顶板出厂合格证强度报告	无				
7		砂浆强度试验报告	无				
8		防水层产品性能检验报告	无				
9		施工记录	无				
10		分项分部工程质量验收记录	无				
1	挡土墙分部	地基承载力检测报告	0				
2		原材料出厂合格证、出厂检验报告、进场复检报告	0				
3		预制构件出厂合格证、出厂检验报告	0				
4		挡土墙板焊接检查记录	0				
5		隐蔽工程检查验收记录	0				
6		混凝土强度试验报告	0				
7		砂浆强度试验报告	0				
8		施工记录	0				
9		分项分部工程质量验收记录	0				
1	附属构筑物分部	地基承载力检测报告（钎探记录）	0				
2		原材料出厂合格证、出厂检验报告、进场复检报告	1	符合要求	钟某	符合要求	李某
3		预制构件出厂检验报告（包括检查井盖、雨水井篦）	4	符合要求	钟某	符合要求	李某

续表

序号	项目	资料名称	份数	施工单位		监理（建设）单位	
				审查意见	审查人	核查意见	核查人
4	附属构筑物分部	隔离墩焊接检查记录	2	符合要求	钟某	符合要求	李某
5		隐蔽工程检查验收记录倒虹管闭水试验记录	0				
6		回填土压实度检验记录	0				
7		混凝土强度试验报告	2	符合要求	钟某	符合要求	李某
8		砂浆强度试验报告	0				
9		声屏障降噪效果检测报告	0				
10		防眩板效果检测记录	0				
11		施工记录	1	符合要求	钟某	符合要求	李某
12		分项分部工程质量验收记录	4	符合要求	钟某	符合要求	李某
结论：完整并符合要求（共36项） 施工单位技术负责人：钟某 施工单位项目经理：陈正友 2008年09月24日				总监理工程师：李某 （或建设单位项目负责人） 2008年09月25日			

4.2.25 安全和使用功能检验资料核查表

工程名称		南方经济技术开发区2号道路工程	施工单位	温岭市市政工程有限公司			
序号	项目	资料名称	份数	施工单位		监理（建设）单位	
				审查意见	审查人	核查意见	核查人
1	路基分部	土方路基压实度检测报告	3	符合要求	钟某	符合要求	李秀强
2		软土路基压实度检测报告	0				
3		复合地基承载力检验报告（水泥搅拌桩均匀性检查报告）	0				
1	基层分部	基层、底基层压实度检验报告	6	符合要求	钟某	符合要求	李某
2		级配碎石及级配碎砾石的压实度检验报告	0				
3		级配碎石及级配碎砾石的弯沉检验报告	0				
4		沥青混合料弯沉检测报告	0				

续表

序号	项目	资料名称	份数	施工单位		监理（建设）单位	
				审查意见	审查人	核查意见	核查人
1	面层分部	沥青混合料压实度检验报告	3	符合要求	钟某	符合要求	李某
2		沥青混合料弯沉检验报告	3	符合要求	钟某	符合要求	李某
3		抗滑构造深度检测记录	2	符合要求	钟某	符合要求	李某
1	广场与停车场分部	预制混凝土砌块强度报告	0				
2		沥青混合料面层压实度检验报告	0				
3		沥青混合料面层弯沉检测报告	0				
1	人行道铺筑分部	料石出厂检验报告或复试报告	0				
2		预制混凝土砌块强度报告	2	符合要求	钟某	符合要求	李某
3		沥青混合料面层压实度检验报告	0				
4		沥青混合料面层弯沉检测报告	0				
1	人行地道结构分部	挖方地基承载力检测报告/填方压实度检测报告	0				
2		预制钢筋混凝土墙板顶板出厂合格证强度报告	0				
3		防水层产品性能检验报告	0				
1	挡土墙分部	地基承载力检测报告	0				
2		挡土墙板焊接检查记录	0				
1	附属构筑物分部	地基承载力检测报告（钎探记录）	0				
2		隔离墩焊接检查记录	2	符合要求	钟某	符合要求	李某
3		回填土压实度检验记录	0				
4		声屏障降噪效果检测报告	0				
5		防眩板效果检测记录	0				

检查结论：符合要求

施工单位技术负责人：钟某　　总监理工程师：王某

施工单位项目经理：陈正友　　（建设单位项目负责人）

2008 年 09 月 24 日　　2008 年 09 月 24 日

4.2.26 路基分部工程观感质量检查表

编号：01

序号	所在分项工程	检查内容及标准[①]		观察结果								质量评价		
				1	2	3	4	5	6	7	8	好	一般	差
1	土方路基	6.8.1-4	路床应平整、坚实，无显著轮迹、返浆、波浪、起伏等现象，路堤边坡应密实、稳定、平顺	√	√	0	√	√	√	√	√	√		
2	石方路基（路堑）	6.8.2-1-1	上边坡必须稳定，严禁有松石、险石											
3	石方路基（填石路堤）	6.8.2-2-2	路床顶面应嵌缝牢固，表面均匀、平整、稳定，无推移、浮石	√	√	0	√	√	√	0	√	√		
4	石方路基（填石路堤）	6.8.2-2-3	边坡应稳定、平顺，无松石	√	0	√	√	√	√	0	√	√		
5	路肩	6.8.3-1	肩线应顺畅、表面平整，不积水、不阻水	√	0	√	0	√	√	√	√	√		
6	路基处理（换填土）	6.8.1-4	路床应平整、坚实，无显著轮迹、返浆、波浪、起伏等现象，路堤边坡应密实、稳定、平顺											
7	路基处理（换填土）	6.8.4-3-2	反压护道的宽度、高度符合设计要求											
8	路基处理（土工材料）	6.8.4-4-3	下承层面不得有突刺、尖角											
9	路基处理（袋装砂井）	6.8.4-5-2	砂袋下沉时不得出现扭结、断裂等现象											
10	路基处理（塑料排水板）	6.8.4-6-2	塑料排水板下沉时不得出现扭结、断裂等现象											
观感质量综合评价： 好														
检查结论	检查结论：好 施工单位项目技术负责人：钟某 总监理工程师（或建设单位项目专业技术负责人）：王某 2008年9月25日													

注：本表应在该分部工程完工之后，进行检查验收，表中所列分项在被下一个分项掩盖之前必须进行隐蔽工程检查验收同时填写该表中的相关内容。质量评价中一旦出现“差”的结果，必须重做。√大于80%为好，0小于80%为一般，X为差。

①《城镇道路工程施工与质量验收规范》CJJ 1—2008。

4.2.27 基层分部工程观感质量检查表

编号：02

序号	所在分项工程	检查内容及标准①		观察结果								质量评价		
				1	2	3	4	5	6	7	8	好	一般	差
1	石灰稳定土，石灰、粉煤灰稳定砂砾（碎石），石灰、粉煤灰稳定钢渣	7.8.1-4	表面应平整、坚实、无粗细骨料集中现象，无明显推移、裂缝，接茬平顺，无贴皮、散料											
2	水泥稳定土类	7.8.2-4	表面应平整、坚实、接缝平顺，无明显粗细集料集中现象，无推移、裂缝、贴皮、松散、浮料	√	√	0	√	√	√	√	√	√		
3	级配砂砾及级配砾石	7.8.3-4	表面应平整、坚实，无松散和粗、细集料集中现象											
4	级配碎石及级配碎砾石	7.8.4-4	表面应平整、坚实，无推移、松散、浮石现象											
5	沥青混合料（沥青碎石）	7.8.5-4	表面应平整、坚实、接缝紧密，不应有明显轮迹、粗细集料集中、推移、裂缝、脱落等现象											
6	沥青贯入式基层	7.8.6-4	表面应平整、坚实、石料嵌锁稳定，无明显高低差；嵌缝料、沥青撒布应均匀，无花白、积油，漏浇等现象，且不得污染其他构筑物											
7														
8														
9														
10														
观感质量综合评价：好														
检查结论	检查结论：符合要求 施工单位项目技术负责人：钟某 总监理工程师（建设单位项目专业技术负责人）：王某 2008年9月25日													

注：本表应在该分部工程完工之后，进行检查验收，表中所列分项在被下一个分项掩盖之前必须进行隐蔽工程检查验收同时填写该表中的相关内容。质量评价中一旦出现"差"的结果，必须重做。√大于80%为好，0小于80%为一般，X为差。

①《城镇道路工程施工与质量验收规范》CJJ 1—2008。

4.2.28 面层（沥青混合料面层子分部）分部工程观感质量检查表

编号：03-01

序号	所在分项工程	检查内容及标准①		观察结果								质量评价		
				1	2	3	4	5	6	7	8	好	一般	差
1	热拌沥青混合料面层	8.5.1-3	表面应平整、坚实，接缝紧密，无枯焦；不应有明显轮迹、推挤裂缝、脱落、烂边、油斑、掉渣等现象，不得污染其他构筑物。面层与路缘石、平石及其他构筑物应接顺，不得有积水现象	√	√	0	√	√	√	√	√	√		
2	冷拌沥青混合料面层	8.5.2-4	表面应平整、坚实，接缝紧密，不应有明显轮迹、粗细集料集中、推挤、裂缝、脱落等现象											
3	透层、粘层、封层	8.5.3-3	封层油层与颗粒洒布应均匀，不应有松散、裂缝、油丁泛油、波浪、花白、漏洒、堆积、污染其他构筑物等现象	√	√	0	√	0	√	√	0		√	
4														
5														
6														
7														
8														
9														
观感质量综合评价：一般														
检查结论	检查结论：符合要求 施工单位项目技术负责人：钟某 监理工程师（建设单位项目专业技术负责人）：王某 2008 年 9 月 25 日													

注：本表应在该分部工程完工之后，进行检查验收，表中所列分项在被下一个分项掩盖之前必须进行隐蔽工程检查验收同时填写该表中的相关内容。质量评价中一旦出现“差”的结果，必须重做。√大于 80%为好，0 小于 80%为一般，X 为差。

①《城镇道路工程施工与质量验收规范》CJJ 1—2008。

4.2.29 人行道分部工程观感质量检查表

编号：05

序号	所在分项工程	检查内容及标准①		观察结果								质量评价		
				1	2	3	4	5	6	7	8	好	一般	差
1	料石人行道砌铺面层	13.4.1-4	盲道铺砌应正确											
2	混凝土预制块铺砌人行道面层	13.4.2-4	盲道铺砌应正确	√	√	0	√	√	√	√	√	√		
3		13.4.2-5	铺砌应稳固、无翘动，表面平整、缝线直顺、缝宽均匀、灌缝饱满，无翘边、翘角、反坡、积水现象	√	√	0	√	√	√	0	√	√		
4	沥青混合料铺筑人行道面层	13.4.3-4	表面应平整、密实，无裂缝、烂边、掉渣、推挤现象，接茬应平顺、烫边无枯焦现象，与构筑物衔接平顺、无反坡积水											
5														
6														
7														
8														
9														
观感质量综合评价：好														
检查结论	检查结论：符合要求 施工单位项目技术负责人：钟某 总监理工程师（建设单位项目专业技术负责人）：王某 2008 年 9 月 25 日													

注：本表应在该分部工程完工之后，进行检查验收，表中所列分项在被下一个分项掩盖之前必须进行隐蔽工程检查验收同时填写该表中的相关内容。质量评价中一旦出现“差”的结果，必须重做。√大于 80%为好，小于 80%为一般，X 为差。

①《城镇道路工程施工与质量验收规范》CJJ 1—2008。

4.2.30 附属构筑物分部工程观感质量检查表

编号：08

序号	所在分项工程	检查内容及标准[①]		观察结果								质量评价		
				1	2	3	4	5	6	7	8	好	一般	差
1	路缘石安砌	16.11.1-2	路缘石应砌筑稳固、砂浆饱满、勾缝密实，外露面清洁、线条顺畅，平缘石不积水	√	√	0	√	√	√	√	√	√		
2	雨水支管与雨水口	16.11.2-5	雨水口内壁勾缝应直顺、坚实，无漏勾、脱落。井框、井箅应完整、配套，安装平稳、牢固											
3		16.11.2-6	雨水支管安装应直顺，无错、反坡、存水，管内清洁，接口处内壁无砂浆外露及破损现象。管端面应完整											
4	排水沟或截水沟	16.11.3-4	砌筑砂浆饱满度不应小于80%											
5		16.11.3-5	砌筑水沟沟底应平整、无反坡、凹兜，边墙应平整、直顺、勾缝密实。与排水构筑物衔接顺畅											
6		16.11.3-7	土沟断面应符合设计要求，沟底、边坡应坚实，无贴皮、反坡和积水现象											
7	护坡	16.11.5-4	砌筑线型顺畅、表面平整、咬砌有序、无翘动。砌缝均匀、勾缝密实。护坡顶与坡面之间缝隙封堵密实	√	√	0	√	√	√	√	√	√		
8	隔离墩	16.11.6-3	隔离墩安装应牢固、位置正确、线型美观，墩表面整洁	√	√	0	√	0	√	√	0		0	
9	隔离栅	16.11.7-3	隔离栅柱安装应牢固											

续表

序号	所在分项工程	检查内容及标准①		观察结果								质量评价		
				1	2	3	4	5	6	7	8	好	一般	差
10	护栏	16.11.8-4	护栏柱置入深度应符合设计要求	√	√	0	√	√	√	√	√	√		
11		16.11.8-5	护栏安装应牢固、位置正确、线型美观	√	√	0	√	√	√	√	√	√		
12	声屏障	16.11.9-5	砌体声屏障应砌筑牢固，咬砌有序，砌缝均匀，勾缝密实。金属声屏障安装应牢固											
13	防眩板	16.11.10-2	防眩板安装应牢固、位置准确，遮光角符合设计要求，板面无裂纹，涂层无气泡、缺损											
观感质量综合评价：　好														
检查结论	检查结论：符合要求 施工单位项目技术负责人：钟某 总监理工程师（建设单位项目专业技术负责人）：王某 2008 年 9 月 25 日													

注：本表应在该分部工程完工之后，进行检查验收，表中所列分项在被下一个分项掩盖之前必须进行隐蔽工程检查验收同时填写该表中的相关内容。质量评价中一旦出现“差”的结果，必须重做。√大于 80%为好，小于 80%为一般，X 为差。

①《城镇道路工程施工与质量验收规范》CJJ 1—2008。

附录 城镇道路工程文件档案一览表（建设工程文件总目录）

卷序	卷内文件	卷内目录		系统编号
第一卷	工程准备文件档案资料	第一册	立项文件	0101
		第二册	建设用地征地拆迁文件	0102
		第三册	勘察、测绘、设计文件	0103
		第四册	招投标文件	0104
		第五册	开工审批文件	0105
		第六册	财务文件	0106
第二卷	工程监理文件档案资料	第一册	监理规划	0201
		第二册	监理月报	0202
		第三册	监理会议记录	0203
		第四册	进度控制	0204
		第五册	质量控制	0205
		第六册	造价控制	0206
		第七册	分包资质管理	0207
		第八册	监理通知	0208
		第九册	合同与其他事项管理	0209
		第十册	监理工作总结	0210
第三卷	工程施工文件档案资料	第一册	施工技术准备文件	0301
		第二册	施工现场准备	0302
		第三册	设计变更洽商记录	0303
		第四册	原材料质量证明文件	0304
		第五册	施工试验记录	0305

		第六册	施工记录	0306
		第七册	预检记录	0307
		第八册	隐蔽工程检查验收记录	0308
		第九册	工程质量检验评定记录	0309
		第十册	功能性试验记录	0310
		第十一册	质量事故及处理记录	0311
		第十二册	工程竣工测量资料	0312
第四卷	竣工图			04
第五卷	工程竣工验收文件档案资料	第一册	工程竣工总结	0501
		第二册	工程竣工验收记录	0502
		第三册	工程声像、缩微、电子档案	0503

第一卷 工程准备文件档案资料

追溯编号	文件名称	页码
0101	第一册 立项文件	
010101	项目建议书	★
010102	项目建议书审批意见及前期工作通知书	★
010103	可行性研究报告及附件	★
010104	可行性研究报告审批意见	★
010105	关于立项有关的会议记要、领导讲话	★
010106	专家建议文件	★
010107	调查资料及项目评估研究资料	★
0102	第二册 建设用地征地拆迁文件	
010201	选址申请及选址规划意见通知书	★
010202	用地申请报告及县级以上人民政府城乡建设用地批准书	★
010203	拆迁安置意见、协议、方案等	★
010204	建设用地规划许可证及其附件	★

010205	建设用地文件	★
010206	国有土地使用证	★
0103	第三册　勘察、测绘、设计文件	
010301	工程地质勘察报告	★
010302	水文地质勘察报告、自然条件、地震调查	★
010303	建设用地钉桩通知单	★
010304	地形测量和拨地测量成果报告	★
010305	申报的规划设计条件和规划设计条件通知书	★
010306	初步设计图纸和说明	
010307	技术设计图纸和说明	
010308	审定设计方案通知书及审查意见	★
010309	有关行政主管部门批准文件或取得的有关协议	★
010310	施工图及其说明	
010311	设计计算书	
010312	政府有关部门对施工图设计文件的审批意见［施工图审查合格书］	★
0104	第四册　招投标文件	
010401	勘察设计招投标文件	
010402	勘察设计承包合同	★
010403	施工招投标文件	
010404	中标通知书	
010405	施工承包合同	★
010406	工程监理招投标文件	
010407	中标通知书	
010408	监理委托合同	★
0105	第五册　开工审批文件	
010501	建设项目列入年度计划的申报文件	★
010502	建设项目列入年度计划的批复文件或	

	年度计划项目表	★
010503	规划审批申报表及报送的文件和图纸	
010504	建设工程规划许可证及其附件	★
010505	建设工程开工审查表	
010506	建设工程施工许可证	★
010507	施工单位的开工报告	
010508	投资许可证、审计证明、缴纳 绿化建设费等证明	★
010509	工程质量监督手续	★
010510	工程安全监督手续	
0106	第六册　财务文件	
010601	工程投资估算资料	
010602	工程设计概算资料	
010603	施工图预算资料	
010603	施工预算	
010603	工程结算资料	

第二卷　工程监理文件档案资料

0201	第一册　监理规划	
020101	监理规划	★
020102	监理实施细则	★
020103	监理部总控制计划	
020104	监理部人员安排一览表（含人员岗位证书复印件）	→
0202	第二册　监理月报	★
0203	第三册　监理会议记录	★
0204	第四册　进度控制计划、变更、核查单	
020401	工程开工/复工审批表	★

020402	工程开工/复工暂停令	★
020403	工程延误签证单	
020404	工期索赔预算书	
0205	第五册　质量控制	
020501	不合格项目通知书	★
020502	施工单位整改回单	
020503	质量事故报告及处理意见书	★
0206	第六册　造价控制	
020601	预付款报审与支付	
020602	月付款报审与支付	
020603	设计变更、洽商费用报审与确认	
020604	工程竣工决算审核意见书	★
0207	第七册　分包资质管理	
020701	分包单位资质资料	
020702	分包单位现场人员确认表（质量资料中责任人员签字手迹印鉴）	
020703	供货单位资质资料	
020704	试验单位资质资料	
0208	第八册　监理通知	
020801	有关进度控制的监理通知	
020802	有关质量控制的监理通知	
020803	有关造价控制的监理通知	
0209	第九册　合同与其他事项管理	
020901	工程延期报告及审批	★
020902	费用索赔报告及审批	
020903	合同争议、违约报告及处理意见	★
020904	合同变更资料	★

0210　　第十册　监理工作总结
021001　专题总结
021002　月报总结
021003　工程竣工总结 ★
021004　质量评估意见报告→●观感质量综合评价意见 ★

第三卷　工程施工文件档案资料

0301　　第一册　施工技术准备文件
030101　施工组织设计
030102　安全组织设计
030103　项目管理手册
030104　技术交底
030105　图纸会审记录 ★
030106　施工预算的编制和审查
030107　施工日志

0302　　第二册　施工现场准备
030201　控制点交接记录
030202　控制网设置资料
030203　工程定位测量资料 ★
030204　工程定位测量复核记录 ★
030205　导线点、水准点测量复核记录 ★
030206　工程轴线、定位桩、高程测量复核记录 ★
030207　路堑开挖线测量资料
030208　施工安全措施
030209　施工环保措施
030210　施工节能、减排措施

0303　　第三册　设计变更、洽商记录
030301　设计变更通知单 ★
030302　工程洽商记录 ★

030303 工程联系单

0304 第四册 原材料质量证明文件

[原材料：砂、石、砌块、水泥、钢筋（材）、石灰、沥青、涂料、混凝土外加剂、防水材料、焊接材料商品混凝土、粉煤灰混合料、沥青混合料、混凝土预制构件、钢结构构件等材料的出厂（场）合格证、出厂（场）检验报告、进场复试报告，考虑到质量保证资料的审查和核查的统一性，本册按分部进行分类收集和整理]

030401 第一分册 路基分部 ★
030402 第二分册 基层分部 ★
030403 第三分册 面层分部 ★
030404 第四分册 广场与停车场分部 ★
030405 第五分册 人行道分部 ★
030406 第六分册 人行地道结构分部 ★
030407 第七分册 挡土墙分部 ★
030408 第八分册 附属构筑物分部 ★

0305 第五册 施工试验记录

030501 砂浆（试块）抗压强度试验报告汇总表 ★
030502 混凝土（试块）强度试验报告汇总表 ★
030503 钢筋（材）焊接、连接检验报告汇总表（含焊工检验报告） ★
030504 填土密实度检验报告汇总表 ★
030505 路基强度试验报告汇总表 ★
030506 回填土、路床压实度及土质的最大干密度和最佳含水量试验报告 ★
030507 石灰类、水泥类、二灰类无机混合料基层的标准击实试验报告 ★
030508 道路基层混合料强度试验记录 ★

030509	道路面层压实度试验记录	★
030510	混凝土配合比通知单	
030511	混凝土试块强度试验报告	★
030512	混凝土试块抗渗、抗冻试验报告	★
030513	混凝土试块强度统计、评定记录	★
030514	砂浆配合比通知单	★
030515	砂浆（试块）抗压强度试验报告	★
030516	砂浆试块强度统计评定记录	★
030517	商品混凝土出厂合格证、复试报告、混凝土强度评定报告	★
030518	钢筋（材）焊、连接试验报告	★
0306	第六册　施工记录	
030601	地基钎探记录及钎探位置图	★
030602	地基与基槽验收记录	★
030603	地基处理记录及示意图	★
030604	喷粉桩（水泥搅拌桩）位置平面示意图	★
030605	打桩记录	★
030606	桩基检验报告（复合地基、均匀性、钻孔等）	★
030607	构筑物沉降观测记录	★
030608	施工测温记录	
0307	第七册　预检记录	
030701	模板安装预检记录	
030702	模板拆除预检记录（拆模强度检验）	
0308	第八册　隐蔽工程检查验收记录	
0309	第九册　工程质量检查评定记录	
030901	检验批质量检验记录	
030902	分项工程质量检验记录	

030903　分部（子分部）工程检验记录　★
030904　单位工程（分部）工程检验汇总表　★
030905　分部工程观感质量验收记录　★
030906　质量控制资料核查记录　★
030907　单位（子单位）工程安全和使用功能检验资料核查及主要功能抽查记录　★
030909　单位（子单位）工程质量竣工验收记录　★

0310　第十册　功能性试验记录
031001　道路工程弯沉试验记录　★

0311　第十一册　质量事故及处理记录
031101　工程质量事故报告　★
031102　工程质量事故处理记录　★

0312　第十二册　工程竣工测量资料
031201　路面竣工测量记录及测量示意图　★
031202　构筑物竣工测量记录及示意图　★

第四卷　工程竣工图　★

第五卷　工程竣工验收文件档案资料

0501　第一册　工程竣工总结
050101　工程概况表　★
050102　工程竣工总结　★

0502　第二册　工程竣工验收记录
050201　单位（子单位）工程质量竣工验收记录（五方主体会签表）　★
050202　竣工验收证明书　★
050203　竣工验收报告　★

050204	竣工验收备案表	★
050205	工程质量保修书	★
0503	第三册　工程声像、缩微、电子档案	
050301	照片	★
050302	录音、录像材料	★
050303	缩微品	★
050304	光盘	★
050305	U盘	★

注：★按当地城建档案馆规定装订成册，经当地城建档案馆验收通过后保存。

参考文献

[1] 中华人民共和国住房和城乡建设部.《城镇道路工程施工与质量验收规范》GJJ 1—2008. 北京：中国建筑工业出版社出版，2008.

[2] 史官云. 现代城镇市政设施建设研究与实践. 北京：中国科学技术出版社出版，2008.

[3] 徐一骐. 工程建设标准化、计量、质量管理基础理论. 北京. 中国建筑工业出版社出版，2008.

尊敬的读者：

感谢您选购我社图书！建工版图书按图书销售分类在卖场上架，共设22个一级分类及43个二级分类，根据图书销售分类选购建筑类图书会节省您的大量时间。现将建工版图书销售分类及与我社联系方式介绍给您，欢迎随时与我们联系。

★建工版图书销售分类表（见下表）。

★欢迎登陆中国建筑工业出版社网站www.cabp.com.cn，本网站为您提供建工版图书信息查询，网上留言、购书服务，并邀请您加入网上读者俱乐部。

★中国建筑工业出版社总编室

电　话：010—58934845

传　真：010—68321361

★中国建筑工业出版社发行部

电　话：010—58933865

传　真：010—68325420

E-mail：hbw@cabp.com.cn

建工版图书销售分类表

一级分类名称（代码）	二级分类名称（代码）	一级分类名称（代码）	二级分类名称（代码）
建筑学（A）	建筑历史与理论（A10）	园林景观（G）	园林史与园林景观理论（G10）
	建筑设计（A20）		园林景观规划与设计（G20）
	建筑技术（A30）		环境艺术设计（G30）
	建筑表现・建筑制图（A40）		园林景观施工（G40）
	建筑艺术（A50）		园林植物与应用（G50）
建筑设备・建筑材料（F）	暖通空调（F10）	城乡建设・市政工程・环境工程（B）	城镇与乡（村）建设（B10）
	建筑给水排水（F20）		道路桥梁工程（B20）
	建筑电气与建筑智能化技术（F30）		市政给水排水工程（B30）
	建筑节能・建筑防火（F40）		市政供热、供燃气工程（B40）
	建筑材料（F50）		环境工程（B50）
城市规划・城市设计（P）	城市史与城市规划理论（P10）	建筑结构与岩土工程（S）	建筑结构（S10）
	城市规划与城市设计（P20）		岩土工程（S20）
室内设计・装饰装修（D）	室内设计与表现（D10）	建筑施工・设备安装技术（C）	施工技术（C10）
	家具与装饰（D20）		设备安装技术（C20）
	装修材料与施工（D30）		工程质量与安全（C30）
建筑工程经济与管理（M）	施工管理（M10）	房地产开发管理（E）	房地产开发与经营（E10）
	工程管理（M20）		物业管理（E20）
	工程监理（M30）	辞典・连续出版物（Z）	辞典（Z10）
	工程经济与造价（M40）		连续出版物（Z20）
艺术・设计（K）	艺术（K10）	旅游・其他（Q）	旅游（Q10）
	工业设计（K20）		其他（Q20）
	平面设计（K30）	土木建筑计算机应用系列（J）	
执业资格考试用书（R）		法律法规与标准规范单行本（T）	
高校教材（V）		法律法规与标准规范汇编/大全（U）	
高职高专教材（X）		培训教材（Y）	
中职中专教材（W）		电子出版物（H）	

注：建工版图书销售分类已标注于图书封底。